여행
하는
인문학자

여행하는 하는 인문학자

타클라마칸에서
티베트까지
걸어서 1만 2000리
한국 최초의
중국 서부 도보 여행기

공원국

민음사

낯선 곳으로의 여행, 연애 배우기

시원하지만 황량하고 거칠거나, 아름답지만 높고 춥거나. 나의 여행지는 대개 그런 곳이었고, 앞으로도 그럴 것이다. 금수강산에 태어난 이로서 누가 이런 곳을 좋아서 다닐까? 그러나 누가 시킨 것도 아닌데, 두 아이의 아빠가 된 지금도 길 위에 있는 것을 보면 실은 길 위의 생활을 즐기는 것 같다.

차마고도라는 말도 생소했던 여러 해 전, 운남에서 티베트로 들어가는 길 여강(麗江)에서 짐을 풀었다. 출발부터 지친 나에게 나시족 서예가 양지무 선생은 이런 글귀를 적어 주었다.

청년 시절의 고생은 황금보다 중하다.

누가 어쩌겠는가, 자기 좋아서 하는 일을. 『논어』에 공자의 연애관이 나와 있는 것을 아실는지.

그를 아는 것은 좋아하는 것만 못하고, 좋아하는 것

은 즐기는 것보다 못하다.

 뒤집어 보면 이 말은 이런 뜻이다. 알아야 좋아하게 되고, 좋아하게 되면 그로 인해 행복하게(樂) 된다. 물론 공자의 연애 상대는 학문이겠지만 뜻은 매한가지다. 알아가고, 호감을 갖고, 그로 인해 행복하게 된다. 물론 그로 인해 아프기도 하겠지만.
 역사 여행은 이방인의 사연을 들으러 가는 탐험이다. 우리네 보통 사람의 세포마다 놀랍게도 정교한 연애 유전자가 숨어 있다. 그의 사연을 귀로 들으면 머리로 이해하고, 이해하면 가슴으로 공감하고, 공감하면 온몸으로 사랑하게 되는 것이다. 어떤 때는 사랑의 대상이 갑자기 여러 개가 들어와서 어지럽지만, 모두 조금씩 색깔이 다르고 느낌이 다르다.
 거친 자연과 함께 살아가는 사람들에게는 아픈 사연이 많다. 함께 아파하면서 오히려 행복으로 가게 되는 역설은 우리 뇌가 아니라 심장만 아는 일인 듯하다. 공부를 하는 것도 그런 것 아닐까? 공자 말씀을 이렇게 읽어 본다.

> 읽는 것은 마음을 두는 것만 못하다. 마음을 두는 것은 실제로 하는 것만 못하다.

 지난가을 양 선생의 외손녀가 서울의 내 집으로 찾아왔다.

고기를 먹지 않는 나를 위해 '고기 맛이 나는 고향의 죽순'을 가지고 왔다. 된장찌개에 '대나무 고기'를 넣으면 고원의 향기가 진동한다. 칠순에 만나 이제 팔순이 된 선생은 정작 질긴 고기를 들지 못하지만, 만 리 밖에서 나의 '고기'를 준비한다.

우리가 알고 있는 지식에 얼마나 창의성이 결여되어 있는지 알면 모두들 깜짝 놀랄 것이다. 예컨대, 전문가를 자처하는 사람들도 중국 하면 습관적으로 북경을 입에 올리지만, 사실 북경의 천편일률적인 마천루와 국영 방송에서 나오는 선언들에서 얼마만큼의 진실을 볼 수 있을까?

양 선생을 알고 나는 20세기 초반 나시-티베트 '로빈후드'들의 활동에 관한 자료를 정리했다. 공식 명칭은 마적(馬賊)인데 실은 20세기의 고원의 아나키스트들이었다는 것이다. 마음속의 샹그릴라를 현실 속으로 불러오고 싶은 욕심은 아직 실현되지 않았지만, 100년의 시간과 만 리의 공간을 넘어 히말라야 동쪽 끝자락을 말 타고 달리는 사내들의 마음속으로 들어갈 수 있다면 얼마나 멋질까? 또 100년 후 만 리 동쪽의 얼간이가 자신들을 뒤쫓고 있다는 것을 알면 그들은 뭐라고 할까? 본체만체할까, 말이라도 걸어 줄까?

"당신들 마적이오, 아니면 의적이오?"

"일단 조직으로 들어와 보시오."

이런 상상 속에서 나는 또 다른 사랑으로 빠져든다.

나는 서부로 간다

알타이, 천산(天山), 쿤룬, 히말라야. 서부는 산이다. 고비, 타클라마칸, 준가르, 텡그리. 서부는 사막이다. 낙추(那曲), 쿠쿠노르(청해(靑海)), 이리(伊犁), 기련(祁連). 서부는 초원이다. 메콩, 장강, 황하, 이르티시, 타림, 얄룽창포. 서부는 강이다. 그리고 또 서부는 그 이상의 무언가다.

굳이 확실히 해 두자면 내 여행의 대상은 중국의 서부다. 그래도 중국의 서부라는 말은 궁상맞다. '거친 서부(wild west)'를 굳이 아메리카의 서부로 부르는 사람이 없는 것과 마찬가지로. 알타이 너머 몽골 세계로, 이르티시 건너 시베리아 세계로, 천산 따라 투르크 세계로, 파미르 지나 페르시아·아라비아 세계로, 히말라야 올라 인도 대륙으로. 그렇게 서부는 온갖 세계로 연결되어 있다.

걸출했던 한 사상가의 문구를 원용하여 스스로 묻고 대답해 본다.

> 서부란 무엇인가?
> 그것은 하나의 완벽한 세계다.
>
> 지금까지 서부는 우리에게 무엇이었나?
> 거의 아무것도 아니었다.
>
> 이제 서부는 무엇이 되려고 하나?
> 무언가가 되려고 한다.

말, 낙타, 고산, 초원, 사막, 모래 폭풍, 눈사태가 있다. 지구에서 가장 큰 산, 가장 큰 초원, 가장 큰 사막, 가장 무서운 폭풍도 있다. 그러나 내가 말하는 '무언가'는 그런 것이 아니다. 서부에는 우리에게 놀랄 만큼 친근하고, 또 놀랄 만큼 이질적인 삶들이 있다. 나는 지금 서부를 묘사하는 것이 아니라 서부의 움직이는 삶들을 서술하려고 한다. 서부가 우리에게 정말 무엇인가가 되도록.

나의 기록 방식

여행은 2003년부터 여러 차례에 걸쳐 이루어졌으나, 최근(2011년 3월~4월)의 여행을 중심으로 소급하여 정리했다. 책에 기록된 것은 대체로 네 번의 장기 여행 경험을 토대로 한 것이다. 글은 여행의 순서와는 상관없이 쓰였다.

대화는 대부분 현장에서 기록한 것이다. 당일 저녁에 정리한 것도 있고, 며칠 지나 기억에 의존한 대화도 더러 있다.

인물들은 꼭 감춰야 할 이유가 없으면 모두 실명으로 기록했다. 따로 그들의 동의를 구하지 않고 실명을 쓰는 것을 사과한다. 지명과 인명은 어원이 중국어일 때는 우리식의 한자어로, 아닐 때는 현지의 발음을 존중하여 표기했다. 예를 들어 '和田(화전)'은 호탄으로, '雲南(운남)'은 운남으로 표기하는 식이다.

서부는 광대한 땅이다. 이 세계들은 역사·문화적으로 서로 이어져 있으면서도, 지리적으로는 커다란 강과 산맥을 따라 나누어져 있다. 이 방대한 세계를 묘사하기 위해 서북과 서남 세계를 나누었다. 서북이란 히말라야 북부에서 타르바가타이와 알타이 산맥의 남부까지, 즉 지금의 티베트 고원과 신강성(新疆省) 일대를 지칭하기로 한다. 바로 이 책에서 다루는 지역이다. 서남이란 티베트 고원의 동부 가장자리에서 장강 상류 분지까지 이르는 지역, 즉 지금의 운남과 사천성 일대를 일컫기로 하는데, 이곳은 다음 책에서 묘사할 예정이다. 물론 현재의 행정 구역에 그다지 구애되지는 않고 필요에 따라 지역을 넘나들 것이다.

이 책이 다룰 지역은 다시 위구르 세계, 몽골(준가르) 세계, 티베트 세계로 나뉜다. 그러나 이 세 세계는 뿌리와 줄기처럼 서로 연결되어 있어서 쉽사리 나누지 못할 때가 더 많다.

다시 보는 서부 지도

서부. 이 표현이 몹시 불명확하다는 것을 통감한다. 내키지 않지만 기준을 잡기 위해 중국의 서부라는 표현을 쓴다. 서부는 중국 이상이기에, 차라리 몇 개의 산맥과 기후대를 마음에 두고 있는 것이 낫다. 하지만 교과서에 쓰이는 평면 지도로는 유라시아 대륙의 방대한 지역을 차지하고 있는 이 둥근 땅덩어리를 묘사할 방법이 없다. 그래서 북쪽으로 갈수록 그림이 왜곡되고 우리들의 상상력도 따라서 고갈된다. 하지만 서너 개의 상식으로 지도를 교정하면 이 세계를 대충 머릿속으로 그릴 수 있다.

> 상식 1. 횡으로 중국의 흑룡강성 최동단에서 신강성 최서단 파미르 고원까지의 거리는 파미르 고원에서 지중해까지 거리의 거의 두 배다. 따라서 신강성 끝에서 유럽 세계까지의 거리는 우리가 생각하는 것보다 훨씬 짧다.
>
> 상식 2. 시베리아는 전체 아시아의 3분의 1 크기다. 시베리아를 제외한 우랄 산맥 서쪽의 러시아는 대략 현재 중국의 반 정도 크기다. 그래서 원래 러시아인들이 살지 않았던 투르크 지역과 시베리아를 제외하면 러시아 세계는 우리의 상상만큼 크지 않다.
>
> 상식 3. 아시아의 정중앙은 알타이 산맥이다. 알타이 산맥 중심부에서 동쪽으로 태평양까지의 거리와 서쪽으로 흑해까지의 거리는 거의 같으며, 산맥의 동서로 비슷한 생태계의 초원이 펼쳐져 있다. 즉 알타이 동서로 오늘날의 국경선에 관계없이 거의 비슷한 생태적·인문적 세계가 이어진다.

그래서 초원의 북쪽은 모두 시베리아라고 생각해도 무방하며, 알타이 정상에 서면 아시아의 거의 모든 초원을 한눈에 파악할 수 있다. 알타이를 기준으로 동서로 태평양과 지중해까지 이어진 초원과 북쪽으로 시베리아의 삼림까지 포함하는 이 거대한 세계가 투르크 – 몽골 세계이며 이 세계는 아랍, 페르시아, 지중해, 중국 등의 모든 문명과 접하고 있다. 초원 세계와 연결되지 않은 유일한 현대 문명이라면 신생 아메리카 문명뿐일 것이다.

차례

낯선 곳으로의 여행, 연애 배우기 5

하수(下手)의 여행 15
인연 17
공감 21

1 오아시스의 눈물―타림 분지

1 티무르 봉 가는 길 악당을 만나다 28 | 스파이가 되다 38

2 위구르란 누구인가? 북정의 당나귀 44 | 작은 부족에서 초원의 강자로 48 | 영리한 유목 제국 54 | 제국의 몰락과 대탈출 59

3 돌아 나올 수 없는 사막 타클라마칸, 자전거로 건너다 출발 전야 버스 안 64 | 사막 첫째 날―봉황을 타고 사막으로 67 | 둘째 날―모래 바다 속으로 83 | 셋째 날―모래 바다에 누워 별의 바다를 바라다 92 | 마지막 날―옥룡(玉龍)의 눈물을 보며 101 | 슬픈 옥룡, 위룽카스 105

4 복을 주는 지혜를 찾아 오아시스―눈물(雪水)이 눈물(淚)이 되는 곳 112 | 사냥개들의 기록 116 | 지혜의 도시, 카슈가르 125

5 위구르 세계를 떠나며 순면 같은 사람들 150 | 무슬림 술꾼과 함께 153 | 맨발의 농민 156 | 어른을 만나다 158

2 초원의 빛 — 알타이에서 천산까지

1 준가르를 찾아서 사라진 그들은 어디에? 166 | 알타이를 오르다 169 | 누가 코끼리를 쏘았나? 178

2 초원의 목격자들 낙타는 힘이 세다 184 | 말 탈 줄 아나? 192

3 몽골끼리 싸우지 말자 흔들리는 몽골 206 | 산림에서 초원으로 215

4 우루무치, 격투의 추억 지하 세계를 경험하다 226 | 그들은 말하지 않았다 235

5 초원에 드리운 노을 형의 복수를 위하여 242 | 전사와 파리 247

6 사라진 준가르 서몽골의 배꼽, 우루무치 260 | 우루무치 습격 사건 266 | 무너지는 코끼리 272 | 허풍쟁이 전쟁 시인의 학살극 277

7 준가르 세계를 떠나며 몽골 주당들 290 | 아르샤티의 마지막 밤 295 | 진실을 찾는 여행 300

3 고원의 봄—티베트

**1 라싸로
가는 길**
작전 타임 308 | 고원으로 들어서다 316

**2 알 수 없는
일들**
알 수 없는 짐승 324 | 알 수 없는 사람들 329 |
알 수 없는 것에 대한 사랑 334

**3 하늘의 법이
땅에서 길을 잃다**
3월 14일, 그날 338 | 하늘에서 내려온 사람들
340 | 하늘의 법으로 땅을 다스리다 343 | 혼돈
의 고원 347

**4 남쵸의
악몽**
하늘의 호수 남쵸에서의 밤 362 | 준가르가 나
타났다 370

**5 달라이 라마는
어디에?**
달라이 라마를 놓아주세요 378 | 세 번의 부재
384

**6 하늘 아래
땅 위에**
지옥 혹은 천국 408 | 해방? 언어도단 410 |
천국도 지옥도 아닌, 인간 세계 416

7 라싸 일지
순박한 전사들의 거리 424 | 엎드리는 의미 438

**8 티베트를
떠나며**
—— 442

사막에서 쓴 편지 459

하수下手의 여행

키만 한 배낭을 메고
말도 통하지 않는 곳에서
끊임없이 호기심을 발동하는 그들.
집 나온 지 벌써 몇 달이 되었건만
아직도 의연하다.
저 느긋함은 어디서 오는 것일까.
그들의 몸속에는 원초적인 모험심이 있다.
여행의 프로들이다.
중국의 서부.
고원과 사막에서 보낸 나날로 치자면
나도 몇 손가락 안에 들 것이다.
그러나 평범한 나는 항상 외롭고
출발할 때부터 돌아올 생각을 한다.
여행에 관한 한 나는 아마추어다.

길에서는 음식 정(情)에 약하다.
어쩌다 국수를 내주는 사람이
살짝 미소만 지어도 마냥 기쁘니.
어쩌다 웃는 사람이 여인이라면
심장이 두근거린다.
배고픈 이에게 먹을 것을 주는 여인.

사랑하지 않을 수 없다.
나 같은 사람은 고수가 될 수 없다.

잠은 거의 허름한 여관에서 해결한다. 외딴 여관.
술 상대가 없으면 여관 주인을 찾아 술판을 벌인다.
"왜 여기에 여관을 연 거요?"
"……."
"한잔합시다. 내가 살 테니."
여관 주인치고 사연 없는 사람이 있으랴.
그 사연에 밤이 가고, 새벽이 오면 객은 떠난다.
이미 정이 잔뜩 든 채로.
정들면 고되다.
그나마 있던 담담함이나 의연함도 사라진다.
나는 여행의 하수다.
그래도 나는 움직인다. 왜?
지구는 둥글다.
이 완벽한 공의 표면에 있는 어떤 지점도
중심이 될 자격이 있다. 어디가 중심일까?
속 좁은 어용학자들이 아무리 자기가 중심이라
주장해도, 세계의 모든 지역은 지구상의 한 점일 뿐.
어디에서 출발해도 목적지까지 갈 수 있다.
모든 지점은 끝없이 연결된 사슬의 한 고리다.
나는 이 고리 저 고리를 건너다니는 나그네다.

인연

"우리 누나 소개시켜 줄게요. 미인이에요."

"친누나?"

"그럼요. 방학이니까 돌아왔을 거예요."

티베트 참도(昌都)에서 사천 성도(成都)로 가는 길, 한밤중에 배가 아파서 빠메이(八美)라는 작은 동네에 내렸다. 거리에 불은 거의 다 꺼졌고, 유일하게 불이 켜진 작은 식당을 찾아가서 허기를 달랬다. 2층은 여관이다. 거기에 티베트인 '불량 청년'들을 만났다. 침대 하나에 사내 셋이 누워서 안주도 없이 맥주를 마신다.

술이 고픈 나이들이다. 한잔 샀다. 그중 한 녀석은 눈빛이 좋다. 구레나룻이 살짝 볼을 덮은 얼굴이 앳되었다. 이름이 자타이(甲泰)라고 했다. 붙임성 좋게 묻는다.

"등산할 때 입는 옷이네요?"

"왜, 산 좋아하나?"

"우리 집은 산속에 있어요. 매일 산을 올라요."

'산을 좋아한다.' 그 무렵 나는 산과 술을 말하는 사람은 무턱대고 좋아했다. 한잔한 김에 여행을 위해 새로 구한 등산복을 건네주었다. 입혀 놓으니 멋있다. 그러자 누나 이야기를 했다. 내가 마음에 들었다고. 아버지는 촌장이란다.

그때는 미인이 아니라도 여자는 다 좋은 미혼 시절이었다. 그런데 미인이라니. 실제로 산 넘고 물 건너 그 집을 찾아갔다. 어머니를 뵈었다. 깊숙하고 맑은 눈은 아름다웠지만 수척한 얼굴이었다.

"자타이 만났어요?"

"네."

"어디서요?"

"빠메이에서."

"……좀 안내해 주실래요? 그 애 형이 찾으러 나설 건데."

어머니의 한숨이 새어 나온다. 그 상황에서 어여쁘다는 자타이의 누나를 생각할 겨를이 없었다. 하루를 묵고 형과 함께 오토바이를 타고 그를 찾아 나섰다. 무작정 나서긴 했지만 이 황망한 곳에서 가출한 청년을 어디서 찾는단 말인가? 허리께부터 눈을 덮어쓰고 있는 산들이 계곡 옆으로 도열하고 있는 곳, 이곳은 고산이다.

그러나 그것은 기우였다. 이 고지식한 청년들은 큰 길을 따라 움직이고 있었다. 실은 그들이 갈 수 있는 길이란 고작 신작

로뿐이었다. 결국 빠메이 도착하기 직전에, 길가에 드러누워 무료함을 달래고 있는 그들을 만났다. 어라, 그들 중 한 명이 잃어버린 내 바지를 입고 있었다. '내 바지를 가지고 가다니. 괘씸한 녀석들.'

그날 밤 녀석들에게 또 술을 샀다. 자타이는 미안해했다. 가끔씩 고개를 숙였다.

"네가 가지고 간 게 아니잖아."

위로했지만 대답이 없다. 눈이 좋았다. 그때 나는 녀석이 언젠가 우뚝 설 수 있으리라고 예감했다.

그리고 강산도 변한다는 시간이 지났다. 얼마 전 나는 어떤 중국인 여행객의 글을 통해 그를 만났다. 그 기막힌 우연의 중첩에 나는 흥분했다. 이렇게 쓰여 있었다.

> 자타이의 아내는 내가 지금까지 본 여자들 중에서 가장 착한 이다. 그녀는 앞에서 길을 안내하며 걷다가 갑자기 멈춰 섰다. 그러고는 어떤 조그마한 것을 고이고이 집어 들더니 다시 땅속에 살며시 묻었다. 정말이지 조심스러웠다. 나중에 알아보니 그녀가 땅속에 묻어 준 것은 지렁이였다.
> 그녀는 매일 여행객들을 데리고 산을 오르지만, 자기 말조차 아까워 타지 못했다. 그녀는 이 큰 산을

떠나서 살아갈 수 없을 것이다. 외부 세계는 그녀에게는 일종의 상처가 될 것이다. 문득 세상의 어떤 미인도 그녀 앞에서는 빛을 바랠 것이라는 생각이 들었다.

자타이, 그때 이미 알아보았다. 자네가 성공하리라는 걸. 세상에서 가장 착한 여자를 아내로 얻은 남자가 더 바랄 것이 무에 있겠나.

공감

 알타이(阿勒泰)에는 젊은 택시 운전사 마준(馬俊)이 있다. 걸어서 10분이면 통과하는 알타이 시내지만 택시들이 즐비하다. 대부분이 비어 있고, 이방인을 보면 호객을 한다. 마준의 차도 그 대열에 끼어 있었다. 그러나 젊은 마준은 말이 거의 없다. 그는 호객을 하지 않는다.
 "뚜라터까지 갔다가 오는 데 얼마면 되겠소?"
 "80원."
 "⋯⋯갑시다."
 방금 전 호객하던 아저씨는 200원을 달라고 했다. 가는 데 80원, 오는 데 80원, 그리고 기다리는 비용까지 합치면 200원이라고 했다. 나는 속으로 150원을 기대하고 있었다. 그런데 80원이라고? 길게 찢어진 눈. 날카롭지만 깊었다. 쿠얼러에서 쉽지 않은 군 생활을 한 그. 나와 똑같이 군대를 끔찍이 싫어한다. 그날 밤, 우리는 함께 술을 마셨다.
 "공 형, 카자흐족이 왜 손님을 좋아하는지 알아?"

"왜?"

"외로워서지."

그의 아내는 지금 북경에 있다.

"아까 뚜라터에서 나는 공 형을 보면서 자유를 느꼈어."

'자유? 나를 너무 좋게 봤군, 마 형.'

옆 좌석에서 떠들썩하게 맥주를 마시던 젊은이 둘이 혀 꼬부라진 소리를 내고 있었다.

"중국에는 사람이 너무 많아. 좀 죽어야 돼."

"맞아, 너무 많아. 좀 죽어야 돼."

마침 사천에서 대지진이 난 후였다. 술을 마시다 마준이 나지막이 내뱉었다.

"나쁜 새끼들. 젊은 새끼들이."

다 먹었는지, 아니면 장대 같은 마준이 내뱉는 중저음의 으르렁거리는 소리를 들었는지 젊은 녀석들은 슬금슬금 자리를 뜬다.

"여름에 내 카자흐 친구들은 위구르 무용수들을 데리고 천막에서 밤새 춤을 춰."

"비용은 어떡하고?"

"그 친구들은 안 쩨쩨해. 여름에 같이 가자."

물론 가야지. 나도 안 쩨쩨하다. 누가 보드카를 더 빨리 마시는지 내기할 것이고, 천막 속에서 춤도 춰 봐야지. 어렸을 때

마준은 탕바 호에서 잡은 트럭 짐칸보다도 더 긴 물고기를 보았다고 한다. 트럭에 실었더니 꼬리 부분은 그대로 밖으로 나오더란다. 그는 한숨을 쉬었다.

"그때는 그런 물고기가 있었어."

한족들이 마구 밀려들기 전까지 알타이는 그런 곳이었다고 한다.

자타이도 마준도 그 후로 보지 못했다. 그러나 반드시 다시 보게 될 것이다. 그들이 거기에 있는 한.

1 오아시스의 눈물

타림 분지

1
티무르 봉 가는 길

악당을 만나다

몇 해 전 파미르 고원으로 가면서, 무스타그아타 봉우리 아래 카라쿨 호수를 지척에 두고 다시 고질병에 걸렸다. 고소증(高所症). 고소증에 걸려 방황하는 가련한 중생에게는 장대한 빙하의 아버지도 그저 쓸데없이 커다란 얼음덩어리에 불과했다. 동서 투르키스탄을 연결하는 고원의 길 위에서 그렇게 허무하게 쓰러진 후 마음이 쓰렸다. 그리고 심기일전했다.

이듬해, 그러니까 2008년 늦은 봄 이번에는 대상을 바꾸어 천산 제일봉 티무르 봉에 도전하기로 했다. 여행 책자를 보니 걸어서 하루만 들어가면 7435미터의 천산 제일봉이 시야에 들어오고, 하루 더 가면 산자락에 빙하가 겹겹이 진을 치고 있어서 웅장함으로는 어떤 산과도 비교할 수 없다는 호들갑이 잔뜩 널려 있었다.

티무르 봉을 오르는 것은 겨우 4000미터도 제 힘으로 오른 적이 없는 나 같은 사이비 등반가에게는 언감생심이었다. 하지만 나도 생각이 있었다.

'산을 꼭 올라야 대순가? 가끔은 보는 산도 있다. 주렁주렁 울긋불긋한 장비를 매달고, 얼음에 구멍을 뚫어 가면서 시간을 죽이는 건 아무리 봐도 너무 서양적이다.'

사실 고백하자면 나도 그렇게 오르고 싶었다. 그러나 내 주제는 안다. 나의 심장과 팔다리가 올라갈 수 있는 임계점은 4000미터다. 꼭 4000미터 지점, 고소증이 찾아오기 직전에, 빙하에 구멍을 뚫고 매달려 사진이나 찍고 내려와 자랑을 실컷 할 생각이었다. 신강위구르 자치구에 왔다면 최소한 천산 최고봉은 봐야 체면을 차리는 것 아니냐. 그리고 산에 왔다면 얼음은 한번 만져 봐야지.

겨울용 침낭, 60미터 자일 한 동, 하니스, 퀵드로 열 쌍, 등강기, 무수한 수의 캐러비너, 캠 한 세트, 스크루 한 세트, 아이스바일 한 조. 거의 15킬로그램에 달하는 장비를 오직 티무르 봉을 위해 준비했다. 무거운 것은 대개 물 건너 온 것이고, 스크루는 우루무치에서 거금을 들여 샀다. 두 번의 실패란 없다. 준비는 완벽하다. 같이 간 이 형(李兄)에게 사진을 잘 찍어야 한다고 다짐에 다짐을 두었다.

악수에서 티무르 봉을 가려면 일단 자무(佳木)로 가서 타거라커(塔格拉克)로 가는 차를 알아봐야 한다. 우리는 세세한 계획을 세우지 않는다. 현지에 도착해서 생각할 따름이다. 자무에 가니 사람들이 말하길, 타거라커로 가는 차가 있기는 하지만 사람이 가득 차면 떠나는 봉고차란다. 아무려면 어떠랴, 겨우 반나절 길인데. 투르크식 밀가루 빵인 난을 잔뜩 사서 배낭에 넣고, 간이 정류소에서 맥주를 마시며 차를 기다렸다. 이번에는 해병대 출신의 든든한 조력자도 동행했으니 걱정이 없다.

하염없이 기다리니 가게 아주머니가 차가 왔다고 손짓한다. 구리 광산으로 일하러 가는 한족 농민공 한 명, 아마 그를 따라온 것으로 보이는 앳된 청년, 역시 일행인 티베트인 청년, 아줌마 한 명, 그리고 우리 일행 두 명이 탔는데도 차는 떠날 생각이 없다. 짐까지 실어서 발 디딜 틈도 없다. 그 후에 다시 아가씨 한 명이 타고 짐을 더 싣고서 오후 늦게야 차는 떠난다. 가는 곳마다 사람을 태우고 내리니 가끔은 열 명이 될 때도 있다. 하나 천산 제일봉을 보는데 그 정도 수고는 아낄 일이 아니다.

넓은 황무지를 건너 한 시간을 달리면 풀 한 포기 없는 붉은 흙덩어리 산들이 나온다. 천산 제일봉의 산자락이다. 이어지는 두 시간 동안 차는 계속 고도를 높인다. 먼지가 풀풀 나는 비포장도로를 달리던 차는 갑자기 오른쪽으로 방향을 돌린다. 그러고는 한참 계곡을 거슬러 올라간다. 앞에 무언가가 보인다. 협곡 가운데에 슬레이트로 바람을 막고, 벽돌 위에다 통나무 서까래를 올리고, 그 위를 다시 슬레이트로 덮은 가건물이 두어 채 늘어서 있다. 바람에 지붕이 날아가지 말라고 슬레이트 위로 벽돌과 나무토막을 쌓아 놓았다. 바로 구리 광산의 간이 숙소다. 이곳에서 짓궂은 농담을 좋아하는 농민공 아저씨와 순진하게 생긴 청년, 그리고 새까만 얼굴 위에 선글라스를 껴서 검은빛이 더 선연한 티베트 청년이 내렸다. 그들은 모두 구리 광산에서 일하는 사람들이다. 켜켜이 쌓인 싸구려 백주 병들이 나를 유혹한다. 여기서 하루만 묵으면 무수한 이야기들을 들을 수 있을 것 같다. 하지만 티무르 봉이 나를 기다리고 있으니 어쩔 수 없다.

덜컹거리는 산길을 하염없이 달리며 티무르 봉 생각을 했다. 산에서 하루 묵으면서 빙하를 구경하리라. 그러고 다시 얼마를 달리니 타거라커 마을이다. 아줌마 한 명이 다시 내리고 이제는 우리 둘뿐이다. 앞으로 몇 킬로미터 더 가서 등산로 입구인 목장으로 가야 한다. 그런데 일이 꼬이기 시작했다. 얼굴이 길쭉한 위구르족 기사가 운을 뗀다.

"목장까지 가려면 20원씩 더 내쇼."

"아까 목장까지 가는 데 50원이라고 했잖소?"

"20원씩 더 내요. 안 그러면 안 가요."

"아니, 그런 게 어디 있소? 원래 거기까지 가게 되어 있는 거잖소!"

"아니, 안 가도 돼요."

비록 40원을 더 쓰면 될 사소한 일이지만 그 말상 기사가 내심 패씸했다. 호기롭게 대꾸했다.

"우린 내리겠소."

"마음대로 하셔. 앞으로 8킬로미터는 더 걸어가야 될걸."

짐은 태산같이 많은데 다시 8킬로미터를 간다? 그래도 내뱉은 말이니 우리는 내린다. 그런데 이 형이 말린다.

"지금 어두워지는데 그 거리를 어떻게 걸어가냐? 그냥 40원 더 내."

사실 그 친구 입장이 이해가 안 되는 것도 아니다. 8킬로미터를 더 달리면 기름도 많이 들겠지.(물론 8킬로미터에 턱없이 못 미쳤지만.) 속이 쓰리지만 타협을 봤다. 그런데 차가 떠나지를 않는다. 그러더니 어떤 집으로 차를 몰고 가서 짐을 싣는다. 그리고 아주머니 한 분까지 태운다.

이럴 수가. 이미 목장까지 갈 사람이 있고, 싣고 갈 짐도 있는데 우리에게는 숨기고 안 갈듯이 연기를 했던 것이다. 그러더니 아주머니에게서 10원을 받는다. 괘씸한지고. 어떻게 골려 먹을 방법이 없을까. 하지만 지금은 저 친구가 갑(甲)이다. 조용히 목장에 도착한 후 한바탕 훈계를 해 줘야겠다. 얼마 후 목장에 도착했다. 이 친구가 다시 말을 건다.

"저기서 묵으면 된다. 밤이라서 산으로 들어갈 수가 없다."

"출입구만 가르쳐 주소. 그러면 알아서 들어가겠소."

산 입구에 입산 통제소가 있다는 건 나도 잘 알고 있다. 통제소를 지나자면 밤에 들어가야 한다. 산으로 들어가는 계곡은 두 갈래였다.

"출입구는 어딘가?"

"모른다."

"모른다고?"

기가 막힐 노릇이지만 이 친구는 안 가르쳐 준다. 이거 너무한 거 아닌가?

"저기가 어딘데 묵나?"

"우리 집이다."

다시 충격이다. 자기 집이 여기면서 고생해서 우리를 데려다주는 것처럼 연기를 하다니. 이번에는 참을 수 없다.

"싫다. 우리는 산으로 들어간다."

"여기는 변경인데. 외지에서 들어온 사람은 신고를 해야 돼. 안 하면 내가 신고한다."

오 거룩한 신고 정신이여, 할 테면 해라. 어쨌든 우리는 너희 집에서 절대로 잘 수 없다. 그 집에서 자다가 또 얼마나 봉변을 당하겠나. 출입구를 찾으려니 벌써 어둠이 깔리기 시작했고, 텐트에서 자자니 내일 새벽에 어떻게 해야 할지 난감했다. 다행히 악수에서 온 한족들이 묵는 민박집으로 들어갔다. 이 집은 악수에서 등산 장비점을 운영하는 손(孫)이 세낸 것이다. 이 인간들도 가관이다. 초등학교 동창이라는 이들이 남녀 쌍쌍으로

와서는 조용한 시골 마을을 들쑤셔 놓는다. 한밤중에 마당에 커다란 오디오를 설치해 놓고 춤을 춘다. 그러다 두어 번 경고를 받고는 술에 취해 잠이 들었다. 그래도 그 얌체 기사를 벗어난 것에 만족하여 우리는 단잠을 잤다. 티무르 봉이 기다리고 있지 않은가.

이튿날. 새벽에 통제소를 통과해야 한다. 아침 6시에 짐을 꾸리고 이쪽 길을 잘 아는 손 형의 지침을 받아 산으로 출발했다. 하지만 오산이었다. 통제소를 지키는 풍채 좋은 위구르인 퇴역 군인 아저씨는 연세가 있어서인지 이미 새벽에 일어나 있었다. 덩치도 얼굴도 커다랗고 하는 말도 무뚝뚝했지만 정이 있었다.

"변경 출입 허가증이 있어야 돼. 못 들어가."

그의 어투는 어린이를 가르치는 아저씨 같았다. 나는 상투적으로 쓰는 수법, 즉 너무 멀리서 산봉우리 하나를 보고 왔으니 들여보내 달라고 사정했다.

"일단 안 돼."

그러더니 그는 숙소로 돌아가 여기저기로 전화를 돌렸다. 이른 시간이라 관공서에는 출근한 사람도 없었을 것이다. 얼마간의 시간이 흐르자 그가 출입자 명부를 들고 돌아왔다.

"들어가라. 그러나 허가 없이 보내는 것이다. 당국에서 나가라고 하면 나가야 한다."

"나오라면 당장 나올게요."

고마운 사람이다. 이제 산으로 들어간다. 쉽지 않은 행운을 잡았다. 산에서 봉우리를 볼 수 있을 것이다. 아저씨, 쓰레기 하나도 버리지 않고 돌아올게요.

신나게 먼지 나는 길을 걸었다. 천산 제일봉을 보러 간다. 길은 하나밖에 없다. 계속 북쪽으로 이동하면 된다. 30분쯤 걸었을까? 뒤쪽에서 말 한 마리가 열심히 달려온다. 무슨 일일까?

"멈추시오. 멈추시오."

아뿔싸, 분명 좋은 일은 아닐 것이다. 와서 '먹을 것은 충분히 챙겼소?' 하고 물을 이유는 없을 테니까. 헐레벌떡 말을 달려 온 사람의 표정도 그다지 좋지는 않다. 입산 통제소에서 본 사람이었다.

"당국에서 연락이 왔소. 나가라고 합니다."

고지식하게 보고를 한 모양이다. 하지만 나가라면 나갈 수밖에 없다. 통제소장 아저씨도 별 수 없었을 것이다. 그래서 털레털레 다시 걸어 나왔다. 못내 아쉽다. 돌아가는 차는 한 대밖에 없다. 역시 그 위구르족 기사의 차다. 별로 타고 싶은 마음이 없다, 아니 절대로 타지 않을 것이다. 나가는 차가 하나밖에 없다고 했지만 단호하게 거부했다.

"그 친구 차는 안 탄다."

그대로 갈 수는 없어서, 말을 타고 하루 놀기로 했다. 다리가 긴 악수 말로 천산 목장을 한나절 뛰어다녔다. 말 위에서 연신 맥주를 들이켜는 목동의 표정이 익살스럽다. 그러나 우리는 달리는 말 등에 붙어 있다는 것만도 감사했다.

돌아가는 길에 길옆으로 쭉쭉 뻗어 있는 토벽을 등반하기로 하고 길을 따라 걸었다. 차가 걸리면 얻어 타고, 밤이 되면 잠을 잘 것이다. 편하게 생각했다. 고봉이란 애초에 사치였다. 일주일씩 걸리는 허가증을 기다릴 수는 없고, 변변한 직업인도 아닌 나에게 여유국이나 변경 관리소에서 우호적으로 나올 리도 없을 테니.

스파이가 되다

 두어 시간을 즐겁게 걸었다. 날씨도 좋고, 바람도 좋다. 그때 하얀 차 한 대가 언덕을 오른다. 경찰차다. 우리와는 상관없는 일이지. 이 골짜기에 무슨 일이 생겼나? 차는 우리는 지나쳐 언덕을 오른다. 그런데 언덕 위에서 멈춰 서서 뒤돌아 내려온다. 또 왜? 우리는 이미 산을 나섰다고. 아니나 다를까 차는 우리 옆에 선다. 그러고 누구나 아는 소리를 떠벌린다.
 "여기는 변경이고, 외국인은 출입할 수 없소이다."
 내가 외국인인지 어떻게 알았단 말인가?
 "그래서 돌아 나가고 있는 길이외다."
 "걸어서 나갈 수는 없고, 우리가 호송하겠소."
 이제는 할 말도 없다.
 "그런데 어떻게 우리가 여기 있는 것을 아셨소?"
 "신고가 들어왔소."
 "누가요? 혹시 자무까지 왕복하는 빵차 기사?"
 대답이 없고, 눈짓으로 끄덕인다. 역시 그 친구다. 우리가 자기 차를 타고 내려가지 않았기 때문에 고발한 것이다. 대단한 준법정신이요, 원수가 따로 없다. 들어오는 순간부터 지금까지 일을 꼬이게 한다. 그래 내려가는 차비를 아끼는 데 만족하자. 그러나 일은 간단히 끝나지 않는다.

졸지에 우리는 얼뜨기 스파이가 되었다. 바로 경찰서로 직행이다. 취조실. 나한테 몇 마디 묻더니 자기들끼리 토론을 벌인다. 그리고 어정쩡한 시골 경찰의 추론이 시작된다. 배낭에 들어 있는 것을 모두 쏟아 낸다.

"음, 도끼. 빙벽도 넘을 수 있겠군. 침낭도 있는데."

저분들이 뭘 생각하고 있는지 바로 이해가 됐다. 답답해서 한마디 해 줬다.

"하지만 식량을 보세요. 이틀 치밖에 없잖아요."

"음, 그냥 관광하러 이 먼 곳까지 왔소? 키르기스 국경이 바로 저긴데."

"우리는 겨울옷도 없어요. 그냥 산 밑까지 가려 했어요."

처음 보는 장비들 때문에 이들은 취조를 멈추지 않는다. 하지만 우리들의 어벙한 표정, 형편없는 몰골, 어눌한 말투, 키르기스와는 하등 관계가 없는 국적 등으로 볼 때 대단치 않은 인간들이란 결론을 내린 모양이다. 그러나 점심 먹는 것, 구경거리 찾아다니는 것 따위를 빼고는 거의 하는 일 없는 변경 관리소 경찰에게 우리는 좋은 소일거리였다. 자신들도 뭔가 한다는 것을 증명하기 위해 우리를 이용하려는 것이 역력하게 보였다.

우선 장비를 예쁘게 진열한 후 하나씩 사진을 찍고, 또 전체를 배열하고 찍는다. 그리고 장비의 용도를 하나하나 기록한다. 물론 우리가 월경할 능력이 안 되는 얼치기라는 것을 잘 알겠지만 보고서에 "월경 가능성이 있는 외국인들을 성공적으로 검거했다."라고 적을 수 있는 기회 아닌가. 아무려면 어떠리. 배는 고프고, 덕분에 차비를 아꼈으니 밖에 나가서 맥주나 할 생각이 간절하다. 드디어 증거 자료 채증이 모두 끝났다. 그런데 그게 다가 아니었나 보다.

"저쪽에 서세요."

하얗게 칠해진 회벽. 영화에서 범인들을 잡았을 때 줄무늬 옷을 입히고 사진을 촬영하는 것처럼 우리에게 명령한다.

"벽에 딱 붙어요."

'이 사람아, 회가 옷에 묻잖아.'

"턱을 당기고."

'이럴 줄 알았으면 면도 좀 할걸. 세수를 했으면 더 좋았을 텐데.'

이리저리 각도를 바꾸면서 여러 장을 찍었다. 이제는 배가 많이 고프다. 대장의 눈치를 살폈다.

"가도 되나요?"

고개를 끄덕인다. 이제 밥 먹으러 가야지. 제발 이 자료를 버리지 말고 잘 활용하시길. 마음속으로 그 위구르인 기사에게, '천산 제일 악당'이라는 영예로운 칭호를 올림으로써 보복했다. 이렇게 우리는 천산 제일봉 대신 천산 제일 악당을 경험했다.

신강을 여행하다 보면 위구르 사람들을 조심하라는 충고를 귀가 따갑도록 듣는다. 실제로 운전기사들에게 험한 꼴을 몇 번 당했다. 정말 그들은 경계해야 할 만큼 문제가 있는 사람들인가?

2
위구르란 누구인가?

북정의 당나귀

당나귀 한 마리가 폐허가 된 커다란 성벽 안에 외로이 묶여 이리 돌고 저리 돈다. 나의 시선을 느꼈는지 귀를 쫑긋 세우고 객을 쳐다본다. 묶여 있는 녀석이 호기심은 왜 그리 많은지, 눈을 빤히 들여다본다. 빙빙 돌다가 또 쳐다보고 또 쳐다본다. 구경거리는 녀석이 아니고 나인 것 같다. '너 이렇게 큰 외양간 본 적 있니?'

나도 응수한다. '초원을 달리는 준마도 못 되고, 그렇다고 외양간에 만족하는 암소도 못 된다. 갈기는 왜 그렇게 짧고, 머리는 왜 그렇게 크냐?'

하지만 당나귀란 놈은 얼마나 총명한지, 위구르 사람들은 말보다 더 귀하게 여긴다. 그래서인지 위구르의 봉이 김선달이라고 할 나수르딘 아판티는 당나귀를 타고 다닌다. 너무나 똑똑하고 주관이 강해서 황소보다 고집이 세다고 알려져 있지만, 차들이 쌩쌩 달리는 도시의 대로를 요리조리 빠져나가는 당나귀 수레를 본 사람들이라면 혀를 내두를 것이다. 그놈은 꼭 야생 동물과 인간 세상의 중간에 있는 짐승 같다.

 1137년 거란인들이 여진인들에게 쫓겨 베쉬발릭, 오늘날 북정(北庭)이라 불리는 곳에 나타났다. 몽골 고원에서 쫓겨나 서쪽에서 새 정착지를 찾는 중이었다. 그때 북정에는 이미 300년 전에 도착한 위구르가 자리 잡고 있었다. 거란인들은 자기들이 장차 아랍으로 들어갈 테니 위구르는 길을 열라고 말했다.

> 옛날 우리 태조께서 북방(몽골 고원)을 정복하실 때, 부쿠칸 성(卜古罕城)을 지나고, 사자를 감주에 보내어 그대들의 선조 오르무즈에게 조서를 내어 말씀하길, "그대가 옛날 그대들의 나라를 그리워한다면 짐이 나라를 회복시켜 줄 것이다. 그대가 그 땅으로 돌아갈 수 없다면, 짐이 그 땅을 차지하겠다. 나에게 있는 것은 그대에게 있는 것이나 마찬가지다."라고 했습니다. 그러자 그대 선조는 즉시 표를 올려 사양하며 말하길, "이곳으로 나라를 옮겨온 지 이미 10대가 넘었습니다. 군민(軍民)이 모두 옮겨 온 이 땅을 소중히 여기고 있으니, 돌아갈 수 없습니다."라고 했습니다. 그러니 그대들과 우리들의 우호 관계는 하루 이틀의 일이 아닙니다. 지금 우리가 장차 대식

(아랍)으로 가려 귀국에게 길을 빌려 줄 것을 요청하니, 우리의 뜻을 의심하지 마십시오. 「요사」

이 요청을 받은 위구르의 칸 빌게는 그다지 고민하지 않았다. 이미 오래전에 몽골 고원을 포기한 위구르인들이었다. 서쪽을 개척하기 위해 달려온 말 위의 전사들은 아직 초원의 기백이 있었다. 이미 곡식에 기대어 사는 일에 익숙해진 위구르인들이 상대하기는 버거웠다. 위구르인들은 순순히 거란인들에게 협조했다. 빌게는 말 600마리, 낙타 100마리, 양 3000마리를 원정군에게 지원했고, 그들을 안전하게 국경 밖으로 인도했다. 고창 위구르는 칸의 지위를 포기하고 카라 키타이(흑거란)의 속국이 되었다.

초원의 말이 오아시스의 당나귀로 굳어지는 순간이다. 그러나 이를 두고 퇴보나 굴욕이라 표현하는 것은 촌스럽다. 말보다 작아졌지만 훨씬 똑똑해졌기 때문이다. 오아시스에서는 당나귀가 낫다. 오아시스에 살면서 말이 되고자 한다면 굶어 죽을 것이다.

우리는 천산 기슭에서 출발하여 타클라마칸을 건너 위구르 세계가 가장 온전하게 보존되어 있는 사막 남부의 오아시스 지대로 들어가려 한다. 내가 책을 통하여 위구르에 대해 배운 것은 다음과 같다.

작은 부족에서 초원의 강자로

위구르는 한때 초원을 지배했던 강성한 유목 민족이었다. 그들의 뿌리에 관해 유일하게 남아 있는 중국 측의 사료를 믿는다면, 그들은 몽골 고원의 서북, 아마도 바이칼 호 서쪽에서 중앙아시아 전체와 남러시아 초원에 널리 분포하던 여러 투르크족의 어떤 일파였을 것이다. 중국의 사서에는 위구르가 고차정령(高車丁靈)의 한 일파로 등장한다.

몽골처럼 이 민족도 시작은 미미했으나, 전성기는 장대했다. 그들은 부족 연맹체의 복잡한 세력 재편 과정을 거쳐 8세기에 초원의 패자가 된다. 급기야 그들은 흉노가 최초의 유목 제국을 세운 후 몽골 제국 시기까지 이어진 북방 유목민들의 수도였던, 몽골리아 항가이 산맥 일대의 셀렝게-오르혼 유역에 자리를 잡았다.

서쪽으로는 좋은 목장을 끼고, 남쪽으로는 거대한 중국에서 재화를 끌어들이고, 동북의 삼림에 사는 사람들에게서는 조공을 받을 수 있는 위치인 이곳은 유목 제국의 주춧돌을 놓기에 가장 단단한 땅이었다. 운 좋게 들어선 제국은 마치 남쪽의 암소와 북쪽의 사슴을 모두 포식하는 범과 같은 지위를 누렸다. 위구르도 한때는 그런 제국의 일원이었다. 그런데 그들은 종전의 유목 선배들보다 오히려 더 지혜로웠던 것 같다. 그들은 초원에 있을 때부터 정주와 유목을 모두 이해했다.

6세기 중반기 돌궐의 비상(飛上)은 유라시아 초원에 투르크 돌풍을 불러일으켰다. 원래 유연(柔然)에 소속된 조그만 부족에서 출발한 돌궐은 6세기 중반 몽골리아는 물론 페르시아와 비잔틴까지 영향을 미치는 강대한 초원의 제국을 만들어 낸다.

물론 유목 제국의 제1목표지는 중국이었다. 그들은 곧 두 개(동서 돌궐)로 나누어졌지만 초원은 물론 정주 세계의 그 누구도 이들과 맞서려고 하지 못했다. 그들 스스로 "흥안령에서 아무다리야까지" 자기의 부족민들이 살게 했다고 자랑스럽게 말했다. 당시 위구르는 돌궐 통치하 초원의 한 조그만 부족이었다.

우연인지 필연인지 초원 제국들은 항상 정점에서 분열된다. 흉노 제국이 남북으로 분열되어 무너졌듯이 강대한 돌궐 제국도 분열로 무너지고 말았다. 중국의 오랜 분열 시대를 종식시킨 수(隋)나라 문제(文帝)는 궁정 투쟁의 대가답게 자신의 정치적인 능력을 십분 활용하여 동서 돌궐의 싸움을 붙였다. 한 번은 이쪽을 한 번은 저쪽을 지원하며 싸움을 조장하는 그의 능력에 휘말린 돌궐은 힘을 펴지 못했다. 오랜 싸움 끝에 서돌궐의 우세가 명백해지고 이제 그들이 중국을 손볼 차례가 된 듯했다. 그러나 그들의 완력도 정치 9단 앞에서는 무력했다. 수나라 문제는 슬그머니 철륵(鐵勒)을 부추겨 서돌궐의 후방을 교란하게 하는데, 이 철륵의 제 부족 중에서 위구르가 중요한 위치를 차지하고 있었다. 이어서 서돌궐은 투르크 민족들 사이에서 중심 역할을 하지 못하고 지리멸렬해지고 말았다. 위구르는 이렇게 돌궐의 후환거리로 역사의 무대에 등장한다. 그러나 그들이 돌궐을 대신해 초원에서 주도적인 역할을 하기에는 아직 긴 시간을 기다려야 했다.

수나라를 무너뜨린 당나라 태종은 한 술 더 뜨는 인물이었다. 그는 과감하게도 동돌궐 힐리 칸의 야영지를 급습해서 그를 포로로 잡았다. 초원 제국의 수장이 정주 제국의 수장에게 사로잡힌 일은 전에도 후에도 없는 일이었다. 태종이 죽은 후 그의 늙은 총신 소정방(蘇定方)은 아예 천산을 건너 추 강가에서 서돌궐의 칸을 잡아 장안으로 압송하고, 그 자리에 괴뢰 정권을 세워 두었다. 이 무렵 철륵 부락은 몽골리아의 중심지로 이동한 상태로, 때는 서기 660년 무렵이었다. 위구르의 입장에서 태종은 돌궐을 극복하고 초원의 강자로 떠오르는 데 일조한 조력자였다. 중국이 위구르를 이용한 것과 마찬가지로 위구르는 중국에 편승했다.

7세기 말 초원에는 또 하나의 변수가 등장했다. 바로 토번이라는 고원의 종족이다. 마치 하늘에서 쏟아져 내려오듯이 티베트 고원을 넘은 이들은 청해 고원의 완충지에 있는 선비족 계통의 유목민들을 복속시키고 단번에 당나라 서북부를 위협했다. 이른바 안서 4진(安西四鎭)으로 불리는 타림 분지 일대의 도시들이 당장 토번의 수중으로 떨어졌다. 언제나 북방을 견제하기 위해 많은 비용을 들여 서역을 경영했던 중국으로서는 심대한 타격이었다.

때맞추어 북쪽에서는 동돌궐이 부활했다. 태종이 북방을 경략한 뒤 겨우 반세기도 되지 않아 초원의 제국이 부활하자 당나라는 당황했다. 이 제2제국은 약탈과 화친을 반복하며 이미 약화된 당조를 끊임없이 괴롭혔다. 그들이 스스로 분열하지 않았다면 돌궐 제2제국은 훨씬 더 오래 지속되었을 것이다. 그러나 사냥감이 없어지면 자기들끼리 물어뜯는 들개처럼 이들은 또 분열했다. 10년 간격으로 두 카간이 신하에게 살해당했다. 초원에서는 한번 중심부가 무너지면 주변부는 순식간에 이탈하는 경향이 있다. 이 복잡한 알력 관계의 최종 수혜자는 바로 위구르였다.

돌궐이 분열할 조짐을 보이자 위구르는 다시 돌궐의 후방을 교란했다. 그들은 바스밀, 카를룩과 연합하여 돌궐의 칸에게 반기를 들었고, 744년 바스밀이 동돌궐의 마지막 칸을 죽임으로써 돌궐 제2제국도 막을 내린다. 드디어 철륵 부락의 일원이 아니라 위구르라는 이름이 역사에 등장할 차례다.

초원 시절 그들은 강력한 전사였다. 동시에 그들은 초원에서 평민들을 모으는 일의 중요함을 아는 노련한 민족이었다. 위구르의 제2대 카간 카를룩은 이렇게 말한다.(이하 비문의 해석은 정재훈, 『위구르 유목 제국사』(문학과지성사, 2005)의 부록에 의거하고, 의미를 명확히 하기 위해 몇 단어는 고쳤다.)

> 28세 뱀의 해(741년) 투르크(돌궐) 나라를 이렇게 흩어 놓았다. 이렇게 내가 부숴 버렸다. (중략)
> "오즈미쉬 테긴(동돌궐의 카간)이 우두르간으로부터 진군해 나아갔다."라고 하였다. (나는) "그를 잡아라."라고 말하였다. 그들을 따라갔다. 카라쿰(黑沙)을 넘었다.
> 이렇게 내가 그들을 격파했다. 투르크의 칸이 이렇게 없어지게 되었다. 투르크 보둔을 이렇게 안으로 들어오게 했다. 타리아트 비문
>
> 위취 카를룩이 나쁘게 생각하고 도망갔다. 포로를, 기병을 (중략) 텡그리가 잡아 주었다. 내가 카라 이길 보둔(平民)을 없어지지 않게 했다. 그들의 천막, 영지, 가축들을 내가 빼앗지 않았다. 내가 형벌을 명

령하였다. 내가 "살게 하여라! 내 자신의 보둔을!" 이라고 말하였다. 시네 우수 비문

이후 쥐의 해(748년)에 나의 조상들의 무덤에 있는 힘 있는 카라 보둔들이 말했다고 한다. "무덤은 당신의 것입니다. 힘은 분명 카라 슘(聖水)에 있습니다." 그들은 일어서서 나에게 카간의 이름을 붙였다. 타리아트 비문

단순해 보이는 이 글에서 고대 유목 제국의 수장이 가진 자질들을 모두 발견할 수 있다. 그는 말한다. 경쟁자를 극복하고, 배신자를 응징했다. 자기는 싸움이 좋아서가 아니라, 초원에 안정을 가져오고 백성들을 보호하기 위해 적을 쳤다고 한다. 그리고 말한다. 그는 하늘의 계시뿐 아니라 여러 백성들의 추대를 받아 칸이 되었다고.

영리한 유목 제국

 위구르는 영리한 부족이었다. 그들은 남의 힘을 이용하는 데 능란했다. 위구르 혼자의 힘으로 돌궐을 무너뜨린 것이 아니었다. 돌궐의 잔여 세력은 위구르에 눌려 있었지만 사막을 방패로 하여 언제나 다시 고개 들 준비를 했고, 일부는 당나라에 항복해서 대(對)북방 작전의 첨병 노릇을 했다. 반란의 동지들인 카를룩, 바스밀 세력이 위구르에게 신하로서 예속되었다고 해도 그들은 여전히 알타이 서쪽으로 이동해서 자립했다. 북방의 키르기스도 건재했으며, 동방의 거란은 위구르의 힘을 인정하면서도 당나라를 이용해서 위구르를 견제할 정도로 노련했다. 그리고 돌궐 시대에는 없었던 강적 토번이 서남방에서 등장했다. 토번은 위구르 혼자서 상대하기 벅찬 상대였고, 당나라도 위구르를 견제하기 위해 토번 세력을 이용하지 않을 정도로 무디지는 않았다.

 이 복잡한 세력 관계를 유지해 가면서, 위구르는 흉노나 돌궐보다 훨씬 더 외교적으로 노련한 민족이 되었다. 중국의 '이 이제이'는 그들에게 역으로 이용당했다. 그들이 외교력을 펼 기회는 곧 찾아왔다. 바로 안녹산의 난이다. 난이 일어났을 때 그들은 개입을 선포했다. 이 신생 유목 제국은 나름대로의 치밀한 계산이 있었다.

안녹산은 주로 몽골 고원의 동부 부락들이 주축이 된 군대에, 돌궐족 통라 부족의 돌격대를 거느리고 있었다. 그가 화북을 거쳐서 낙양으로 쳐내려오자 안녹산을 막기 위해 급조한 동정군의 부장이 바로 고구려 유민의 후예인 고선지(高仙芝)다. 알려진 대로 고선지는 제대로 싸우기도 전에 모함을 받아 참수되었고, 뒤를 이은 서돌궐 출신 가서한(哥舒翰)도 관중(關中)의 입구인 동관을 막지 못하고 패배한다. 그래서 당나라 현종은 사천으로 달아나게 되는데 때는 서기 756년이었다.

먼저 토번이 개입 의사를 밝혔다. 토번 6부의 철기병은 사기가 충천해 있었고, 안녹산의 부대를 구성하고 있는 각 부락들이 모두 동상이몽이라는 것을 알고 있었다. 중원으로 진출할 절호의 기회였다. 위구르도 이 기회를 놓치지 않았다. 안녹산을 잡아 당나라에게서 대가를 얻고, 잠재적 위협인 안녹산 휘하의 돌궐족 부대들도 해체시킬 이중의 포석이었다.

계산은 정확했다. 위구르의 개입은 즉각 전선의 상황을 바꾸었다. 안녹산에게서 떨어져 나간 돌궐 통라 부족의 기병대가 먼저 양국 연합군의 사이에 끼어 고사했다. 위구르의 카를룩 카간은 아들에게 정예 기병 4000을 딸려 보내서 안녹산의 잔당을 치게 했다. 위구르 기병대는 장안과 낙양 수복에 혁혁한 공을 세웠고, 유목민의 방식대로 낙양을 처절하게 약탈했다. 사실은 당나라 조정이 파병의 조건으로 낙양 약탈을 승인했던 것이다.

이 '적절한' 개입으로 카를룩 카간은 당나라로부터 정식으로 책봉을 받았을 뿐 아니라 당나라 공주를 부인으로 얻었다. 초원에서 위구르는 건드릴 수 없는 존재가 되었고, 이를 통해 당나라와의 무역을 독점하면서 중앙 권력을 강화할 수 있었다. 그들은 초원에 살았지만 정주 제국의 운영 원리도 응용해서, 마침 소그드 상인들을 따라 들어온 마니교를 수용하여 국교로 삼았다.

그러나 당나라가 위구르의 강성을 그대로 두고 볼 리는 만무했다. 위구르가 강할 수 있었던 첫 번째 이유는 초원의 세력들을 억누를 수 있는 그들의 군사적 역량이고, 두 번째 이유는 중국에서 얻는 재화, 그리고 실크로드 무역을 통한 상업적 이익 때문이었다. 중국은 강대해진 위구르 제국을 통제하기 위해 토번을 끌어들여 위구르를 견제하고, 위구르의 자금줄인 서역 상인들의 왕래를 방해하여 위구르를 고사시키는 방법을 쓰고 싶었다. 한데 당시 당나라는 이이제이를 실현하기에는 너무 약해져 있었다. 토번은 혼자서 당해 내기에는 역부족이었고, 일단은 위구르와 손을 잡고 토번의 침략을 막는 것이 급선무였다. 위구르는 당의 속셈을 알고 있었기에 선수를 치고자 했다.

그때 삼자 투쟁의 키워드로 떠오른 것이 바로 북정(北庭)이었다. 북정은 초원에서 오아시스를 통제할 때도 출발점이며, 중원에서 초원과 오아시스를 동시에 통제하려 할 때도 꼭 필요한 요충지였다. 중국이 북정을 완전히 틀어쥔다면 위구르는 서쪽으로 가는 길을 잃을 것이고, 위구르가 북정을 틀어쥔다면 유사시 중국이 아니라 오아시스에서 얻는 세금이나 무역로에서 얻는 수익으로 제국을 지탱할 수 있을 터였다.

당시 북정은 여전히 당나라 치하에 있었지만 하서의 중요 도시들을 모두 토번에게 내주었기 때문에 사실상 반(半)사막에 떠 있는 섬과 같았다. 위구르는 이번에도 치밀하게 계산했다. 명목상으로 당나라가 확보하고 있는 북정을 토번으로부터 지키고 그 대가를 받아 내면서, 기회를 봐서 북정을 차지할 요량이었다. 그래서 비록 동상이몽이었지만 일단 북정을 지키기 위한 위구르와 당의 동업자 관계는 유지되었다.

북정을 둘러싼 토번-카를룩 연합과 위구르-당 연합의 경쟁은 뜨겁게 달아올랐다. 그리고 위구르의 판단은 정확했다. 북정에서 토번을 제압하는 작전을 펼치는 와중에 당나라가 이미 북정을 관리할 처지가 아니라는 것을 파악했다. 위구르 원정군은 한편으로 토번을 격퇴하고, 이어서 당의 북정 절도사를 죽이고 북정을 차지했다. 연이어 그들은 북정을 기반으로 당이 통제권을 미쳤던 쿠처까지 진출했다. 이리하여 위구르는 이제 독자적으로 서방으로 통하는 길을 관리하게 된다. 토번은 적이면서도 결과적으로는 위구르에게는 약이 되었다. 위구르는 이렇게 강자들을 이용했다.

이후 9세기 초까지 위구르는 타클라마칸 사막을 건너 천산 남로를 장악하려는 토번으로부터 쿠처를 지켜 냄으로써 오른쪽으로 오아시스에 손을 얹고 아래로 중국의 등에 안장을 올린 형세를 누리게 되었다. 이후 타림 분지 남쪽은 토번이 장악하고 북쪽은 위구르가 장악한 형세가 몇십 년간 지속되었다.

제국의 몰락과 대탈출

정점에 이른 위구르 제국은 너무나도 갑작스럽게 붕괴했다. 제국은 무너뜨린 것은 강대한 토번도 당나라도 아니요, 바로 분열이었다. 흉노, 돌궐에 이어 위구르도 분열로 멸망했으니 초원 세계에서 강함이란 속절없이 무상했다.

돌궐 붕괴 시기와 마찬가지로 위구르 제국이 약해지자 곧 칸에게 책임이 돌아갔고, '무능한' 칸을 살해하려는 세력이 등장했다. 칸은 결국 살해당했으나 뒤를 이은 칸 역시 정통성을 인정받지 못했다. 칸의 정통성을 인정할 수 없는 집단은 외부 세력을 끌어들였다. 이번에 끌어들인 종족은 북방의 키르기스였다. 위구르 제국이 유지될 수 없어 보이자 거란 등 동쪽의 복속민들도 모두 들고 일어섰다. 결국 키르기스가 수도 카라 발가순에 입성하면서 상황은 종료되었다. 결국 이들은 몽골 고원에서 축출되어 사방으로 밀려났는데, 그때가 840년이었다.

이제 840년 그 시점에 서서 그들이 되어 보자. 우리는 이제 어디로 갈 것인가? 우리는 초원에서 가장 자부심이 큰 민족이다. 판단은 빨리 할수록 좋다. 초원에서 싸우다 진 자는 노예가 된다. 우리는 초원에 정주민의 제도를 들여와서 안착시킨 민족이다. 그러나 우리는 여전히 초원민이다. 이처럼 위구르는 이미 여러 가지 정체성을 가지고 있었다. 그들은 몇 덩어리로 나뉘어 각자 자신들이 생존의 땅이라고 생각하는 곳을 따라갔다.

일부는 고비 사막을 넘어 당나라로 갔다. 위구르의 정체성을 완전히 버리고 중국의 변병이 되기로 작정한 이들이었다. 일부는 초원을 찾아 알타이 산맥을 넘어 옛 동지인 카를룩을 찾아 떠나 아무다리아 강에 닿았다. 이들은 여전히 초원민의 전통을 간직하려는 이들로 나중에 역사에서 카라한 왕조라고 불리는 매우 수준 높은 이슬람 문명을 만든다.

한 무리는 새로 개척한 북정 일대와 투루판으로 가서 터를 잡았는데 그들을 고창 위구르라고 부른다. 그리고 일부는 더 서쪽으로 가서 쿠처에 이르렀고, 또 일부는 악수에 가서 갈림길에 부딪혔다. 일부는 그대로 서진하여 카슈가르까지 갔고, 일부는 타림하를 따라 사막을 건너 남하하여 호탄에 이르렀다. 악수와 호탄을 통해 카슈가르로 들어간 위구르는 카라한 왕조의 한 중추를 차지한다. 이 대탈출의 과정에서 한 세대 전 선배들이 개척해 놓은 북정은 그들이 신세계로 가는 데 톡톡히 제 구실을 했다. 북정에 서서 그들은 선택을 해야 했다. 어디로 갈 것인가.

이제 나는 호탄 오아시스를 선택한 위구르인들의 탈출로를 따라 여행을 떠날 것이다. 그것은 사막을 관통하는 고난의 길이었다. 이렇게 초원의 강자는 도망자 신세가 되었다. 그러나 그들은 패배자가 되어 사라지지 않았다. 이 극도로 유연한 민족은 살아남았고, 오아시스로 들어가 새 문명을 일구었다. 그들이 간 길을 따라가다 보면 오아시스의 혹독한 환경과, 피할 수 없는 부조리 속에서 그들이 보여 준 용기와 인내에 찬사를 보내게 될 것이다. 그들은 어떻게 변신했을까?

2011년 3월 나는 840년대 어느 날의 위구르인이 되기로 했다.
그들같이 타림 하를 따라 모래 폭풍이 몰아치는 극한의 사막을 건너기로 했다.
물론 2011년의 현실을 고려하여 여행의 방식과 수단을 좀 바꾸기로 했다.
위구르인들처럼 유연해진다는 핑계를 댔지만 대폭 바꾼 것 같기는 하다.
나의 이동 수단은 낙타 대신 자전거다. 허약한 도시 남성들이 낙타 고기를 보양식으로
찾으면서 낙타 값이 천정부지로 올랐다. 낙타 고기 대신 쪼그려 뛰기를 권하고 싶었지만
그들은 관절의 허약함을 핑계로 낙타 보신탕을 고집한다.
느린 걸음과 비싼 몸값의 낙타를 이용하면 나는 곧 파산할 것이다.
하긴 낙타가 나 같은 얼뜨기의 말을 듣는 호락호락한 짐승이라면 보양식으로
팔리지도 않을 것이다. 사막에 들어가면 낙타가 곧 나를 길들이려 할 것이 뻔했다.
그래서 변명 같지만 자전거를 택했다.
그리고 위구르인들과는 달리 혹한과 혹서를 피해서 화창한 초봄에 떠난다.
다행히 나를 쫓을 적은 없으니 느긋하게 날을 고를 수 있다.
봄에도 사막은 야영객을 냉동실에 집어넣을 정도로는 충분히 춥다.
예측할 수 없는 바람은 하찮은 내 몸뚱이를 모래 속에 묻어 버릴 수도 있을 것이다.
화창한 봄날도, 도시의 매연에 지친 나의 폐와
오랫동안 잔업을 해 본 적 없는 내 심장에는 버겁다.

3

돌아 나올 수 없는 사막 타클라마칸, 자전거로 건너다

瓦库勒 203

田 281

출발 전야
버스 안

오늘은 서기 2011년 3월 24일이다. 우루무치 장거리 버스 터미널에서 하루에 한 번씩 있는 버스는 사막 종단을 위한 준비 운동을 시키는 도구로 손색이 없다. 반(反)인간주의가 뚝뚝 묻어 나는 침대 버스. 공간을 최대한 활용하기 위해 'ㄴ' 자로 구부려 만든 침대에, 자유로운 호흡에 필요한 최소한의 공간을 간단히 무시하고 2층 3열로 최대한 짜 넣은 침대들이 무척 인상적인 차다.

침대 버스라는 이름에 걸맞게 이 버스에 타면 순식간에 잠이 온다. 수면인지 호흡 곤란으로 인한 일시적 졸도인지 모르겠지만, 침대 버스를 타고 최소한 수면 부족에 시달린 적은 없다. 하지만 이 차도 진보를 거듭하여 10년 전에 비하면 침대 길이가 거의 10센티미터는 늘어났다.

주행 중에 소변을 볼 수 없기 때문에 침대 버스를 탈 경우 물을 많이 마시면 안 된다. 반드시 주의해야 할 항목이다. 물론 버스를 타자마자 맥주를 들이켜는 고수들도 있지만 섣불리 따라 해서는 안 된다. 그들의 방광은 꼭 침대 버스에 맞게 진화되어 있다. 나처럼 자신 없는 사람은 입구가 넓은 음료수 병을 준비한다. 담배를 피우는 사람들이 꽤 있었으나 최근에 침대 길이가 10센티미터 늘어나면서 거의 없어졌다. 남을 배려하는 마음도 약 10센티미터 자란 것 같다. 허리가 좀 뻐근한 것과 호흡이 좀 곤란한 것을 빼면 하룻밤을 보내기에는 꽤 괜찮은 교통수단이다.

그런데 최근에는 휴대 전화가 등장해서 수면을 방해한다. 1200년 전 그때 사막을 건너던 위구르인들에 비하면 턱없이 호사스러운 이동이지만, 최소한 그 사람들은 휴대 전화 없는 밤의 고요는 즐겼을 것이니 그때보다 여행은 더 시끄러워졌다.

창밖으로 보이는 천산 남부의 반(半)사막으로 해가 지는 광경을 본다면 누구나 일순 말을 멈추게 된다. 햇빛이 황무지를 붉게 물들이고, 곧바로 숨을 타고 들어와 가슴속도 온통 붉게 물들인다. 보통 사람이라면 그 순간만은, 가죽으로 중요한 곳만 가리고 짐승들을 쫓아가던 시절 유전자에 기록된 야성의 끄트머리라도 살짝 느끼게 되는 것이다. 그러나 휴대폰과 사랑에 빠진 신인류는 그 오랜 야성의 기록마저 디엠비 전파에 모두 피살되도록 방치했나 보다. 밤이 늦도록 휴대폰과 놀면서 낄낄거린다. 친구여, 휴대폰에서 벗어나 사막의 고요를 즐기면 안 되나? 그 상황에서도 나는 잔다. 내일부터 힘들어질 테니까.

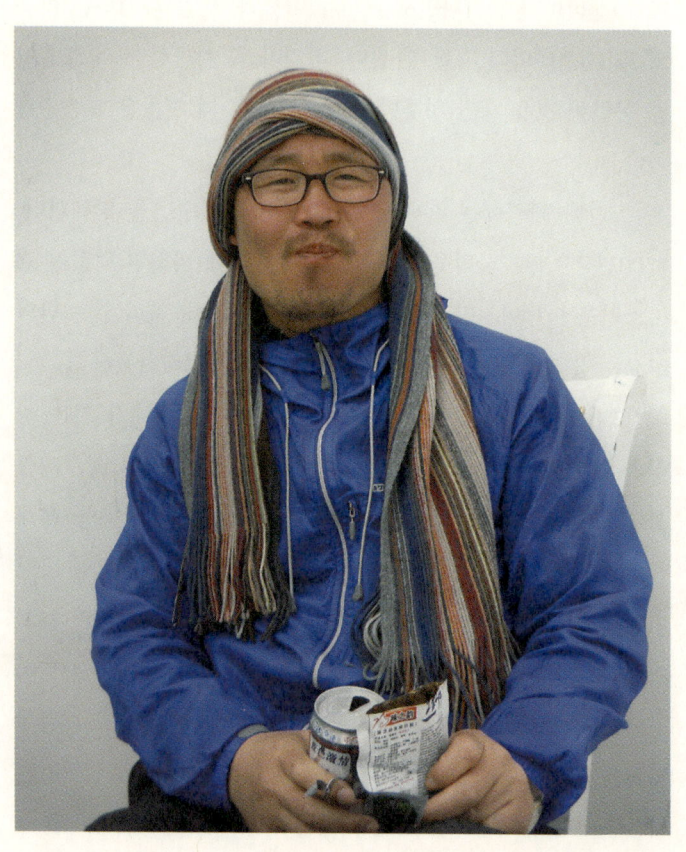

사막 첫째 날
—봉황을 타고 사막으로

 오후가 되어서야 버스는 아라얼에 도착했다. 타클라마칸을 가로지르는 450킬로미터의 사막 공로를 지나 3일 후에는 호탄에 도착할 것이다. 그럼 자전거는? 자전거는 아직 없다. 이제 현지에서 구입해야 한다. 자전거도 없고 구체적인 구간 운행 계획도 없지만, 언제나 넘치는 자신감과 인내심이 있다. 사실 한 번도 사막에서 자전거를 타 본 적이 없는데 무슨 구체적인 계획이 있을 수 있나? 다만 우루무치에서 동정심 넘치는 친구 장용이 한 충고가 떠오른다.
 "봄에는 모래 폭풍이 분다. 최소한…… 봄에는 쉽지 않아."
 장용 그대의 말은 모순이야. 여름에 가면 내 살은 계란처럼 익어 버릴 것이고 물은 두 배로 준비해야 되니 고생도 두 배다. 겨울에? 영하 20도의 추위 속에서 자전거를 달리다가 멈추면 곧장 저체온증이 올 수 있어. 그리고 그 혹독한 밤은 또 어떻게 보내란 말인가. 가을? 가을이나 봄이나 무슨 차이가 있나. 갈바람이 더 차갑겠지. 결론은 봄여름가을겨울 어느 날이나 자전거로 사막을 혼자 건너는 건 무리라는 것. 하지만 사막을 관통하는 도로가 있지 않은가. 그 도로는 시커머니 좀 인간미가 떨어지지만 끊어지지 않을 만큼 충분히 두꺼운 생명의 끈이다. 이론적으로는 남쪽으로 계속 내려가면 호탄 오아시스에 도착한다.

아라얼 시내에 내려서 자전거를 사러 간다. 그 전에 일단 밥을 먹어야지. 사막에 들어서면, 150킬로미터마다 있는 휴게소 두 개 말고는 아무것도 없다. 건물 해체 작업 중인 버스 정류장 옆 식당에서 위구르식 비빔면 빤멘(拌麵)을 시켰다. 인부들이 점심 식사를 한다. 나도 한마디 거들었다.

"면 많이 넣어 주세요."

주로 인부들에게 점심을 파는 이 식당의 밀가루 인심은 정말 좋다. 한국 짜장면으로 치자면 거의 3인분에 달하는 것을 보험용으로 배 속에 다 구겨 넣는다. 배 속에서 면이 부풀어 오르고 트림이 끄억끄억 나온다. 그래도 배에 음식을 저장해 두니 든든한 느낌이 든다.

아라얼은 명색이 시(市)라지만 시가지는 우리네 면 소재지보다 작다. 원래 몇 개의 병단이 모여 있던 곳에 사람들이 모이면서 만들어진 도시다. 물어물어 자전거 가게를 찾아간다. 소문에는 가게가 둘 있다고 한다. 키 작은 주인과 예쁘지는 않지만 마음씨 좋아 보이는 안주인이 있는 아담하고 괜스레 좋은 일이 생길 것만 같은 가게다.

자전거를 타 본 지가 언제던가. 거의 6~7년은 아예 안장에 올라 보지도 않았지. 앞으로 한 3일은 나와 같이할 자전거다. 그러나 호탄에 도착하면 남에게 줘 버릴 자전거다. 얼마짜리를 사야 할지 갈등이 생긴다. 비싼 것을 사면 사막에서 편할 것이요 남에게 줄 때도 체면이 설 것이로되, 항상 그렇듯이 나는 가난하다.

이럴 때는 일단, '기어는 어느 회사 제품인가요? 바퀴는 무슨 합금이지요?' 등등의 말들이 술술 나와야 하는데 내가 자전거에 대해 아는 것이라고는 밟으면 나간다는 것 정도.

'값은 싸고, 잘 나가는 것 주세요.' 하고 싶은데, 그러면 일단 한 수 접어주는 것이겠지. 다만 주인이 정직해 보여 안심이다. 사정을 설명하는 것이 제일 빠를 듯하다.

"사막 공로를 따라 호탄까지 가서는 남 줄 자전거인데요. 짐이 많으니까 가벼운 것이면 좋겠어요."

주인은 역시 정직한 표정으로 고민에 들어간다. 정직한 상인들이 실제로 고객을 위해 짓는 표정이다. 비록 사막 언저리 마을에서 작은 가게를 운영하는 사람이지만, 저런 표정을 갖추기 위해 오랜 수련의 시간을 보냈음에 틀림없다. 나도 한때 대단히 정직한 상인이 되려다 저런 표정을 갖기도 전에 몰락한 적이 있다.

그때 천장에 걸려 있는, 그 가게에서는 제일 폼 나는 자전거가 보였다. 경주용 자전거를 본뜬 것이다. 한 1000원(18만 원) 정

도 할까? 그 이상일지도. 일단 물어나 보자.

"저거 얼마지요?"

"550원요."

경주용 자전거처럼 생겼는데 550원? 더 물어볼 것도 없다. 사자.

상표는 '상해 봉황(鳳凰)'. '시마노 기어' 표시가 커다랗게 찍혀 있다. 일단 기어는 일제 무슨 유명 상표라는 뜻인 것 같다. 날렵한 자전거의 몸매가 썩 마음에 든다. 봉황처럼 우아하게 사막을 건넌다?

"짐실이 좀 달아 주세요."

정직한 주인은 이것저것 짐실이를 대 보더니 꼭 맞는 것이 없다고 밖으로 나갔다. 구해 온다나.

일단 그 시간에 나는 3일 치 양식을 사러 갔다. 오랜 앉은뱅이 생활로 체력이 예전 같지 않다. 최대한 열량은 높고 무게는 가벼운 것으로 사야 한다. 그렇다면 고기? 채식을 한 지가 오래되었고, 이제 곧 득도(?)를 앞두고 있는데 고기는 안 된다. 결국 나의 선택은 다시 위구르식 밀가루 빵(난) 5개. 그리고 건포도 1킬로그램. 밀가루 빵 5개에 15원, 건포도 1킬로그램에 25원. 총 40원 들었다. 둘 다 썩지도 않고 마구잡이로 쑤셔 넣을 수 있어서 편하다. 그런데 과연 이것으로 3일을 버틸 수 있을까? 평소의 습성대로 대충 자기 위안을 한다.

'어쨌든 밀가루에는 필수 영양분이 들어 있고, 건포도는 당(糖)이니까 달리면서 먹으면 바로 에너지로 전환되겠지. 게다가 비타민은 덤이지.'

안 돼도 어쩔 수 없다. 채식만 하는 사람에게 뭐 다른 선택은 없다. 그리고 물은 일단 4리터만 준비했다. 사람들을 만나면 무조건 구걸하고, 급하면 사막에 동물들을 위해 파 놓은 웅덩이의 물을 이용하자.

음식을 들고 자전거 가게로 들어가니, 아주머니의 걱정하는 기색이 역력하다. 뻘건 봉지에 밀가루 빵과 건포도를 담아 들고, 생수를 잔뜩 들고 나타난 모습이 영 미덥지 않은 모양이다.

"물은 왜 그리 많이 샀슈?"

최소한 사막을 건너려면 쫄쫄이 바지에 자전거용 모자라도 써야 하는 것 아닌가, 그리고 청량음료 전용 물통 정도는 준비해야지 하는 표정이다. 여하튼 나에게 그런 것은 없다. 자전거도 몇 년 만에 타는 건데.

"사진 한번 찍지요. 아주머니는 지금 사막 공로를 혼자서 건너는 최초의 한국인과 사진을 찍는 겁니다."

분명 최초는 아니겠지만 거드름을 피웠다.

"에, 한국인요?"

영 미덥지 않은 표정이다. 하기야, 매일 텔레비전에 나오는 미남들만 봤을 터이니 내가 한국인으로 보일 턱이 있나. 그래도 마음씨는 정말 비단 같은 사람들이다. 아저씨가 찍어 주고, 나와 아주머니가 함께 섰다. 에누리 없이 돈을 지불하고 부탁했다.

"저의 성공을 빌어 주세요. 혹시 걱정되면 경찰에 신고 좀 해 주시고요."

이렇게 출발했다. 오후 3시. 우선 210번 국도로 진입하는 것, 그리고 톨게이트에서 경찰의 제지를 뚫고 도로로 진입하는 것이 관건이다. 이런 잡다한 규제가 없었다는 점에서는 최소한 840년이 오늘날보다는 나았을 것이다.

"자동차 전용 도로요." 서로 눈을 마주치지도 않고 내뱉는 경찰의 이 한마디면 나는 도로에서 퇴출될 것이다. 그러면 나는 몇 마디 해명을 해 볼 테지만 경찰은 결코 자신의 의견을 바꾸지 않을 것이다. 그리고 절대적으로 그 결정은 그 당시 공안의 심리 상태에 달려 있다. 화장실에 가고 싶다거나 운전자와 실랑이를 벌였다거나 혹은 그 전날 여자 친구에게 안 좋은 소리를 들었다면 내가 가야 할 사막 공로는 자동차 전용 도로가 될 것이다. 금방 점심을 먹었거나 혹은 교대 시간이 가까워진 상태라면 그는 웃음만 지을 것이다. "큰 차 조심하셔." 정도의 덕담도 건넬지 모른다. 모든 것은 운에 달려 있다. 오늘 나는 그냥 못 들은 체하고 달릴 것이다. 그가 와서 제지하면 그때 생각하자.

일단 시가지의 네모난 건물들만 벗어나면 예리하기 그지없는 나의 동물적인 방향 감각이 발휘된다.

210번 국도를 찾는 것은 쉽다. 정남쪽으로 가면 되기 때문이다. 오후 3시, 신강에서는 태양이 남중하는 시간이다. 남쪽으로 30분 달렸다. 사람들은 모두 과객에게 친절하다.

"아저씨, 사막 공로로 어떻게 들어가요?"

"다리 건너서 오른쪽으로 틀어서 10분쯤 가. 그리고 막다른 길에서 왼쪽으로 꺾으면 큰길이 보일 거야. 그게 사막 공로야. 그런데 친구도 없이 어떻게 가누?"

"그러게요. 고마워요."

드디어 사막 공로에 들어섰다. 만들어진 지 겨우 4년밖에 안 된 노면은 매끈했다.

'이런 길이라면 1시간에 20킬로는 달릴 수 있겠군.'

남쪽으로 약 10킬로미터를 달리니 톨게이트가 나온다. 경찰이 있을 것이다.

마침 경찰이 운전자들의 면허증을 검사하고 있다. 자전거의 속도를 올렸다. 뒤도 돌아보지 않고 달린다. 경찰이 고개를 든다. 돌아보지도 않고 달렸다. 그리고 아무 일도 없었다. 따라올 것 같지는 않다. 절묘한 상황 포착이었다. 그도 당황했을 것이다. 처음부터 운이 좋다.

이제 첫 이정표가 등장했다. 호탄 417킬로미터. 그 정도야 이틀이면 주파할 수 있으리라. 하루 200킬로미터를 달려서 모

레 저녁에는 호탄에 도착할 것이다. 누구나 처음에는 기세당당하다. 그러나 곧 시간표는 수정되었다.

사막 공로에는 항상 미세한 모래가 깔려 있는데, 고속으로 달리는 차들이 갑자기 서려고 하면 쭉 미끄러진다. 그래서 도로 표면에 미끄럼 방지 처리를 해 놓은 구간이 거의 반은 된다. 미끄럼 방지 처리를 한 구간을 달리려면 최소한 힘을 30퍼센트는 더 소비해야 한다. 속도는 정말 끔찍하게 나지 않았다.

그래도 출발은 용감했다. 맞은편에서 달려오는 차들에 손을 흔들어 준다. 엄지손가락을 치켜세워 주는 운전자들을 보면서 힘을 낸다. 그래, 나는 사막을 달린다. 총 424킬로미터의 사막 공로를 달리는 것이다. 중간에 휴게소가 두 개 있으며, 그 외에 사람이 거주하는 곳은 전혀 없다. 사정없이 달리는 화물차 빼고는 이제부터 나의 친구는 없다.

3시간을 남쪽으로 달렸다. 모래막이를 설치하는 민공들의 숙소에서 물을 한 통 얻었다. 그리고 그들의 지지를 받았다. 털보 민공 한 명이 달리는 자전거를 보고 엄지손가락을 치켜세워 주었다. 그리고 환하게 웃었다.

저녁 8시 30분. 아직 밤이 찾아오지 않았다. 그러나 첫날은 신중해야 한다. 잠자리를 준비한다. 사막의 밤은 혹독하게 춥다고 들었다. 산에서 밤은 맞은 적은 많지만 사막은 처음이다. 바람이 불지 않아야 한다. 바람이 불면 위험하다. 텐트 없이 밤을 준비해야 한다. 온도가 떨어진다. 마음의 준비를 한다. 사막에서 밤을 맞이한다.

지금 저 아스팔트 길은 나에게는 생명의 길이다. 저 길이 없다면 이 깊은 사막에 들어온 이상 벗어날 길은 없다. 내일도 저 길은 저기에 있을 것이다. 저 길과 자전거가 있는 한 나는 두려울 것이 없다. 차들이 달리는 길을 벗어나, 호양목(胡楊木) 아래에 자전거를 숨기고 모래막이를 넘어가서 잠자리를 만들었다. 모래막이로 쓰다 남은 갈대를 한 단 가져가서 깔았다. 이 갈대는 오늘밤 변덕스럽고 차가운 사막의 모래로부터 내 온기를 지켜 줄 생명의 파수꾼이다. 사막에서는 모든 것이 생명과 직결된다.

정성을 다해서 갈대를 누빈다. 정성을 다해야 한다. 엉성하게 하면 체온을 잃는다. 그러다 반가운 손님을 한 명 만났다. 우아한 곡선을 그리며 아련한 빛 속을 나는 깨알만 한 날짐승. 날파리다. 밤 9시. 날파리 한 마리. 이 시간에 날파리가 있다면 아침 기온이 영하 7~8도 이하로 떨어지지는 않을 것이다. 그러니 얼마나 귀한 손님인가, 이 날짐승은. 앙증맞은 날갯짓이 객의 두려움을 털어 낸다.

물이 있고, 침낭이 있고, 또 거위 털 웃옷이 있다. 옷으로 발을 잘 감싸고, 침낭으로 들어간다.

별이 하나둘씩 떠오른다. 날은 점점 차가워진다. 그러나 두렵지는 않다. 날은 밝을 것이다. 얼마나 오랜 시간 동안 지구는 그 약속을 지켰던가. 밤이 가면 낮이 온다.

    10시. 몸은 고되지만 막상 잠은 오지 않는다. 사막의 메마른 공기가 폐부로 들어온다. 지금 나와 사막은 같은 대기, 같은 온도 속에서 숨을 쉬고 있다. 이 절대적인 고요. 나의 잠자리는 마련되었고, 마음은 고요하며, 육체는 고통을 견딜 준비가 되어 있다. 바람이 불려거든 불고 혹한이 찾아오려거든 찾아오소서, 이미 두려움의 경계는 넘어섰으니. 아니 좌우의 풍경에 압도되어 강제로 그 경계를 넘어서게 되었으니.

    11시. 완전한 어둠과 추위가 찾아든다. 물병의 물이 얼었다. 별은 밤하늘을 가득 덮었다. 북두칠성이 오른쪽 무릎께에서 왼쪽 어깨 쪽으로 움직이며 서서히 고도를 높인다. 너무나 고요하다. 이 건조한 대지 아래에는 지금도 썩지 않고 누워 있는 미라들이 수천 구는 있을 것이다. 편안하게 간 이도 있을 것이며, 고단하게 간 이도 있을 것이며, 혹자는 억울한 사연을 가진 이도 있을 것이다.

    정말 너무나 고요하다. 미라들이여 일어나서 나와 춤을 추자. 나는 그대들의 사연을 들어주고, 억울한 이의 호소도 들어주고 해원의 굿판을 벌여 주리라. 그러면 그대들은 나에게 오아시스처럼 맑은 마음, 그리고 사막같이 넓은 마음을 주오.

    끝없는 사막에서 우리는 몸뚱아리는 가없이 작다. 폭풍이 마음을 먹으면 나의 보잘것없는 잠자리를 모래로 덮는 것은 시간 문제일 것이다. 분노한 회오리바람이 달려들면 나의 배낭을 하늘로 말아 올라갈 수도 있을 것이다. 그러나 자연이 화를 내는 시간은 매우 적다. 대부분의 시간 동안 자연은 인간에게 관대하다.

사막에서 우리의 마음은 한없이 커진다. 자연에 압도되지 않는다면 자연은 언제나 우리에게 친구다. 우뚝우뚝 서서 사막의 밤을 지키는 호양목. 수세미 같은 잎, 헝클어진 머리칼 같은 가지, 뒤틀린 줄기는 인고의 세월을 증언하고 있다. 저 호양목만이 사막의 혹독한 환경을 견딜 수 있다. 자연은 나무를 죽이지 않는다. 다만 오랫동안 서 있을 수 있도록 단련할 뿐이다.

어두우면 어떤가? 태양은 지금 지구의 다른 쪽에 봉사하고 있을 것이다. 지금은 어둠이 친구다. 우리는 언제나 켜져 있는 불빛 속에서 밤의 의미를 잃어버렸다. 새들이 사랑하는 밤, 전갈이 먹이를 찾는 밤, 우리의 상상과 달콤한 휴식의 밤. 불빛으로 인해 우리는, 우리들 심장의 바닥에 깔려 있는 야행성 동물의 흔적을 잃어버렸다. 급기야 밤은 그저 두려움의 대상이 되었다. 그 밤이 없다면, 우리들 욕심의 바다에 그 누가 고요를 가져다줄 것인가. 밤이 없으면 인간으로 인해 지친 짐승들의 잃어버린 낮을 누가 보상해 줄 것인가? 그리고 밤이 없으면, 어떻게 온기의 의미, 공존의 의미를 알 수 있으랴. 우리들 36.5도짜리 따뜻한 피부를 가진 짐승들이 붙어서 체온을 유지해야 한다는

것을 또 누가 깨우쳐 줄 것인가?

 이역의 땅, 절대의 고독. 그 위에서 나는 36.5도를 유지하고 있다. 기적이 아닌가? 호탄 하(河)를 따라 내려간 선배들의 길을 밟는다는 엉뚱한 상상이 새삼 대견스럽다.

 오줌. 수분을 너무 많이 뺏겨서인지 오줌이 거의 나오지 않는다. 그래도 숙면을 위해 침낭에서 기어 나와 무릎을 꿇고 오줌을 날린다. 침낭에서 겨우 30센티미터 밖에 오줌이 떨어진다. 젠장 신성한 침대 옆에 오줌을 뿌리다니, 자전거 안장의 압박이 너무 심했나?

 이제 잔다. 은하수를 이불 삼아, 대지를 침대 삼아, 이 끝도 없는 별과 모래의 바다 가운데서 나는 잠을 청한다. 대지와 하늘은 너그럽기도 해라. 별들이 아늑하게 다가온다. 미라들은 나타나지 않았지만, 호연지기가 발끝에서 정수리까지 올라오는 꽤나 호쾌한 밤이었다.

둘째 날
— 모래 바다 속으로

아침에 일어나서 또 한 마리의 짐승 흔적을 발견했다. 깔고 잔 갈대 더미를 기어 나간 사막 딱정벌레의 흔적. 가느다란 발자국이 사막 한가운데로 나 있다. 나와 같이 밤을 보내고 새벽에 떠난 걸까? 아니면 그 한밤중 불청객을 피해 떠난 걸까?

조금 일찍 자전거에 올랐다. 갓 동이 튼 9시다. 페달을 밟을 때마다 점점 생각이 사라진다. 차가운 맞바람과 거친 노면이 완전히 진을 빼 놓는다. 배는 고프지만 똑같은 음식을 먹는 것도 고역이다. 그래도 건포도는 먹어야 한다. 그래야 힘을 쓴다.

달리는 길에 어제 보았던 민공들을 또 만났다. 사천성 사람 한 명, 하남성 사람 네 명이다. 달리는 나를 알아보고 손짓한다.

"어이, 쉬었다 가."

"네."

"물 마시고 가."

좋은 아버지들이다. 책임감 있는 맑은 눈빛이다. 우리는 이유도 없이 서로 웃음을 터뜨린다. '뭔 일로 사천성에서 이곳까

지 왔소?' 하고 눈으로 물으면, '뭔 일로 이런 고생을 사서 하시오?' 하는 묵언의 대답이 돌아온다.

"사막에서 며칠을 더 보낼 건가요?"

"내일이면 떠난다네."

"광동 사람?"

"한국 사람요."

"대단하네."

거의 물 1리터를 먹었다. 대추를 넣어 끓인 뜨거운 차였다. 사막에서 물을 얻어먹는 것은 보약을 얻어먹는 것과 마찬가지다. 배에 물을 가득 채우면 정말 안도감마저 느껴진다. 물을 무한정 가지고 다닐 수는 없기 때문에. 뱃가죽이 더 유연해서 한꺼번에 물을 더 우겨 넣을 수는 없을까, 아까운 물이 빠지지 않도록 오줌을 참을 수 없을까 하는 엉뚱한 생각들이 든다.

오후 4시, 아러러(阿熱勒) 휴게소에 도착했다.

세 끼를 건포도와 밀가루 빵으로 해결했더니, 뭔가 조미된 것이 심하게 먹고 싶었다. 컵라면 생각이 간절하다. 휴게소 안으로 들어가 부리나케 컵라면을 집어 들었다. 종업원 아가씨의 한마디가 나를 아프게 한다.

"뜨거운 물이 없어요."

"엥, 왜요?"

"정전."

"뭔 방법이 없을까요?"

"여름이면 물을 부어서 밖에 놔두면 익는데. 모래에 계란도 익힐 수 있는데."

하나 지금이 여름은 아니잖소. 미모는 아니지만 귀염성 있는 처자가 재치 있게 농담을 한다.

할 수 없다. 라면 대신 캔 맥주 두 개를 집어 들었다. 맥주로 수분을 보충하는 기분은 아는 사람만 알 것이다. 맥주의 포말이 세포 하나하나로 들어가 갈증을 해소하는 듯하다. 맥주의 이름은 '남색격정(藍色激情)', 유치한 이름만큼 객관적으로 맛이 형편없는 맥주였지만 최소한 이 사막에서는 독일산 수제 생맥주 못지않다.

"혼자 여기서 살면 무섭지 않소?"

"갈대 심는 일꾼들이 있으니까 괜찮아요."

"여기서 낙타라도 좀 보셨소?"

"낙타도 여기까지는 못 올걸요. 야생은 있다던데."

농담이라도 몇 마디 더 나누고 싶지만 아쉽게도 또 달려야 한다.

오늘 겨우 130킬로미터를 달렸다. 한심한 수준이다. 하지만 어쩔 수 없다. 일정을 하루 늘리는 수밖에. 좁은 안장 때문에 엉덩이가 느끼는 고통이 이만저만이 아니다.

오후 9시 10분. 다시 사구를 넘어가서 잠자리를 만든다. 역시 갈대를 한 단 가지고 가서 정성스럽게 깐다. 갈대 침대. 좀 원시적이지만 사막에서는 가장 과학적인 침대다. 갈대의 엄청난 보온력, 친숙한 감촉은 느껴 본 사람만 알 것이다. 게다가 뒤척일 때마다 심심하지 않을 정도의 소음을 제공한다.

누군가의 잠자리를 만든다는 것은 숭고한 일이다. 아기를 눕힐 자리를 준비하는 어머니, 지아비나 지어미의 이불을 까는 손에는 정성이 들어 있다. 그 옛날 아무런 자산도 없이 새 땅을 찾아가는 사람들은 목숨을 걸고 잠자리를 마련했으리라. 어설프게 준비하면 아침에 일어날 수 없다. 그래서 누군가의 밤을 준비한다는 것은 아름다운 일인 것 같다. 오늘은 나 자신의 밤을 준비하면서 정성을 다한다.

육중한 트럭들이 밤을 질주하는 소리가 들려온다. 삼장법사가 저 트럭들을 보았다면 어떤 반응을 보였을까? '거대한 괴물이 사막을 달린다. 그 달리는 괴물에게 부딪히면 어떤 살아 있는 것도 형체도 없이 부서지고 만다.'

그러니 그 괴물을 부리는 트럭 기사들, 특히 이 사막을 달리는 트럭 기사들은 정이 많다. 손을 흔들어 주는 사람들은 대부분 트럭 기사들이었다. 저 트럭 하나하나는 저마다의 사연을 싣고 달리고 있을 것이다.

즐거운 사막의 밤을 방해하는 것은 싸구려 침낭이다. 우루무치에서 150원 주고 산 침낭. 가격은 참으로 참하다. 겉에는 최대 영하 8도까지 견딜 수 있다고 쓰여 있다. 그런데 그건 사실 사람이 아니라 침낭이 견딜 수 있는 온도를 표기한 것 같다. 아니면 영하 8도에서 1시간을 견딜 수 있다는 뜻인지도.

이 침낭의 구조는 무척 특이하다. 어깨 부분이 좁아서, 침낭에 들어가려면 거위 털 재킷을 벗어야 한다. 벗지 않으면 지퍼를 잠글 수가 없다. 이 침낭의 형편없는 보온력을 감안할 때 재킷을 벗고 침낭 안으로 들어간다는 건 반팔 티셔츠를 입고 냉동실로 들어가는 것만큼 모험적이다. 한마디로 심각한 설계 결함을 지닌 침낭이다.

생각해 보았다. 정말 몰라서 저렇게 만든 것일까? 아니면 알면서도 저렇게 만든 것일까? 위탁 생산에 익숙한 회사들이 만들기 때문에, 침낭을 어떻게 만드는지 모르지는 않을 것이다. 알면서 저렇게 만들었다면 공정을 간편하게 하기 위해서일까, 아니면 재료를 절약하기 위해서일까?

침낭은 장난감이 아니다. 등반가들에게 침낭은 목숨의 파수꾼이다. 왜 목숨을 다루는 것들을 저렇게 만들까? 도저히 가격만으로는 설명할 수 없는 난제다. 이것이 바로 중국의 근본적인 문제다. 제품에 인간이 없다. 비인간적인 제품들이 넘친다. 비록 양이나 낙타가 사람을 위해 만드는 것은 아니로되, 양이나 낙타는 그렇게 허술한 가죽을 만들지 않는다.

찢어진 악어가죽처럼 도로에 엎드려 있는 산산이 부서진 타이어들. 혹은 코드만 남고 불에 탄 타이어들. 저 타이어들의 파편은 아마도 이 건조한 모래 위에서는 수백 년이 지나도 썩지 않을 것이다. 후손들에게 그 참상을 알려 주기 위해 일부러 치우지 않았는지도 모른다. 타이어는 운전자의 생명이다. 그런데도 생명을 저렇게 다룬다. 이 일상적인 간접 살인에 순간순간 전율한다. 그에 비하면 저 모래와 갈대는 얼마나 순정한가?

셋째 날
— 모래 바다에 누워 별의 바다를 바라다

몸 상태는 좋다. 한데 아침부터 코피가 난다. 너무 건조해서 그런 모양이다. 오늘은 목표를 정했다. 150킬로미터 이상을 달려야 한다. 그래야 내일 저녁에 호탄에 도착해서 휴식을 취할 수 있다. 물을 많이 먹으면서 달려야겠다. 오늘 휴게소를 다시 지날 테니까.

사막을 지나는 차에서 왕로길(王老吉)이라는 음료수 두 캔을 받았다. 고맙다. 무슨 성분이 들어 있는지 효과가 좋다! 오후 2시에 이미 물은 다 먹었다. 계산대로면 20킬로미터 이내에 휴게소가 나와야 한다. 안 나오면 쓰러진다.

이미 20킬로미터는 지나고 서서히 갈증이 불안감으로 바뀔 때 휴게소가 나왔다. 홍백산(紅白山)이라는 심드렁한 이름의 휴게소. 드디어 건포도와 밀가루 빵에서 벗어날 수 있다. 토마토 양념이 듬뿍 든 비빔면을 먹고 싶다. 식당에서 면을 한 그릇 시켰다. 기뻤다. 건포도에서 벗어나다니. 슬펐다. 맛이 건포도보다 못해서. 휴게소 음식은 중국 음식에 대한 모독이다.

사막에도 남북이 있다. 남쪽으로 내려갈수록 따듯하다. 봄을 맞으러 나는 이틀 동안 300킬로미터 남쪽으로 왔다. 파란 풀이 제법 보인다. 기어를 고정시키고 허벅지와 페달의 투쟁이 만들어 내는 지루한 파열음을 들으며 앞으로 나갔다. 용을 쓰고 허벅지에 힘을 넣으면 무릎 관절이 '그것밖에 안 되냐' 비웃고, 무릎 관절이 삐걱거리며 그 힘을 전달하면 종아리가 한심해한다. 마지막으로 발목이 '책임을 다 미룬다'고 죽는 소리를 하면 페달이 마지못해 돌아간다. 자전거가 생각이 있다면 분명히 나를 비웃고 있을 것이다.

바로 그때 행운의 신이 강림하셨다. '신강 72736'번 차로부터 기력 회복제 홍우(紅牛) 두 캔, 국화차 두 병을 받았다. 실로 귀한 선물이었다. 마침 물이 거의 떨어져 가던 차였다. 그 귀한 선물을 안길 때 그들끼리 주고받는 목소리도 시원스러웠다.

"음료수 남은 거 다 주자고."

사막에서 우리는 얼마나 선량해지는가. 특히, '다(都)'라는 부사는 최소한 사막에서는 눈물이 찔끔 날 정도로 감동을 자아냈다.

우황(牛黃)이 든 홍우는 각성 작용이 대단했다. 그날 저녁 정말 엄청나게 달릴 수 있었다. 드디어 노면이 자전거 바퀴를 끈적끈적 잡아끄는 느낌에서 벗어나 바퀴가 노면을 박차는 느낌이 온다. 가끔은 내가 자전거를 비웃을 때도 있었다. '경주용도 아닌 것이 흉내만 내 가지고. 삐걱거리는 소리 좀 보셔.' 솔직히 이날 마지막 두 시간은 거의 각성제의 힘으로 달렸다. 도핑 테스트가 있었다면 걸렸을 것이다.

저녁 8시가 다 된 시각. 오토바이 한 대가 지나간다. 오토바이가 있다는 건 좋은 소식이다. 마을이 가깝다는 얘기니까. 오토바이에 탄 위구르족 두 청년. 뒤에 탄 청년이 손을 내민다. 무슨 말인지 못 알아듣겠지만 뭔가 호의를 가지고 있다. 계속 손은 내밀며 뭐라고 한다. 드디어 알아들었다.

"손가락 잡아. 끌고 가 줄게."

표정으로 봐서 진심이었다. 나는 그의 손가락을 잠깐 잡았다가는 놓았다. 따듯하다.

"괜찮아 그냥 갈게."

"잡으라니까."

"괜찮다니까."

그들은 웃으면서 앞으로 달려간다.

서서히 밤이 다가온다. 사막에서의 세 번째 밤이다. 이제 두려움보다는 피로가 몰려온다. 온몸에서 나는 냄새라니. 정말 씻고 싶다. 약간 여유가 생겼는지 일상이 그리워진다. 한밤중에 몰래 먹는 라면 하나, 따뜻한 물 샤워, 양치질. 이런 자잘한 것들이 모두 그리워진다. 만약 지금 그중 하나라도 할 수 있다면

얼마나 좋을까?

　행복을 얻기 위해 실제로 약간의 결핍이 필요하다는 것을 사막에서 절실히 느낀다. 물과 온기의 부족이 물과 온기의 소중함을 느끼게 해 준다. 물과 온기가 넘치는 곳에서 물과 온기 때문에 행복을 느끼기란 얼마나 어려운가. 사실 그런 것들이 행복의 가장 기초적인 물질적 조건인데 말이다. 결핍으로 인해 나의 행복 기대치는 많이 낮아졌다. 절대적인 결핍과 절대적인 겸손의 밤이다.

　다행히 도로변 송신탑 옆에 자리를 잡고 누웠다. 좋은 친구 녀석 하나에게 문자를 보냈다.

　"사막이다. 춥다. 텐트도 없다."

　"별은 많이 보겠구나. 별똥별 보면 내 소원도 빌어 줘."

　녀석은 항상 이런 식이다. 첫날, 둘째 날은 별똥별을 보지 못했다. 친구를 위해 열심히 하늘을 쳐다보았다. 결국 아주 늦은 시각에 별똥별을 보았다. '너네 가족의 건강을 위해' 밤새 기다려 하나 본 별똥별을 녀석의 가족에게 안겼다. 그 헐렁한 유머에 대한 보답이다. 나를 위한 별똥별은 끝내 떨어지지 않았다.

　별. 오늘은 별이 좋다.

　우연이랄 수 있는가? 하늘 위의 별이, 지구라는 스스로 빛을 내지 못하는 행성의 표면, 또 그 위의 어느 모래 언덕 위에 누워 있는 점 같은 한 인간을 내려다본다. 오늘 밤, 수십만 년 전, 혹은 수백만 년, 심지어 수억 년 전에 저 별들의 표면을 떠난 빛들이 내 동공에 모인다. 840년 어느 날 밤에도 별은 사막에서 잠든 아이들의 얼굴을 비췄을 것이다.

모든 빛은 사연을 가지고 태어났으리라. 그 수만 개의 사연이 내 눈에 닿는다. 모두 다른 사연을 가진, 어떤 사건으로 인해 생겨난 저 빛들이 오늘 밤 똑같은 정직함으로 내 몸에 닿는다.

나는 빛을 내지 못한다. 그러니 저 별은 나를 보지 못할 것이다. 나의 미미한 빛은 이 광대한 공간에서 어떤 미약한 파동도 만들지 못하고 사라질 것이다. 설마 내가 빛을 내더라도 내 빛이 저 별에 닿는 순간 나는 이미 아득한 과거에 아득한 과거로 사라져 이미 존재하지 않을 것이다. 하지만 이 밤 나와 저 별은 이미 관계 속으로 들어간다. 내가 저 빛을 느끼고, 내 눈이 저 빛을 흡수하는 순간 나는 별의 사연을 듣고 있는 것이다. 그리고 그 비밀스러운 사연을 듣는 순간 나는 이미 별을 사랑하는 한 사람이다. 별이 나를 사랑하지 않아도 상관없다. 짝사랑도 있지 않은가?

이런 엉뚱한 생각을 한다. 침낭에 우리 아이들을 넣어서 여럿이 함께 별을 보게 하면 어떨까? 그 어떤 교육보다 비용이 적게 들고, 효과가 있을 것이다. 외부의 순수한 고요함, 똑같은 침낭 속에 들어 있다는 동질감, 스멀스멀 피어나는 좀 엉뚱한 상

상, 이유 없는 선량함, 그리고 경외심.

별을 보기 위해서는 약간의 서늘함과 적막을 감수해야 한다는 사실부터 가르쳐야 하지 않을까. 밖으로 나가 하늘에 있는 별을 보여 주는 대신, 방 안에서 별에 관한 그림책을 보여 주는 것이 오늘날의 교육이다. 사고는 피상적이며, 말은 많고, 그리고 끈기 없는 어린이들을 방 안에서 대량으로 만들어 낸다. 그러면서 어린이를 사랑한다고 한다. 책에 쓰여 있는 '별'과 내가 바라보고 있는 저 별은 같은 것일까? 그리고 밤하늘을 바라보는 어린이가 보는 별은 같은 것일까?

분명히 840년 그날 밤에도 에너지 넘치는 위구르 소년들은 낙타 가죽 아래서 함께 별을 보았을 것이다. 그리고 오늘날 우리가 알 수 없는 날것의 감성을 교류하며 친구가 되었을 것이다.

새벽에 바람이 분다. 열이 꽤 난다. 코피가 더 심해졌다. 부디 아무 일 없기를. 몇 시간만 바람이 그쳐 주기를. 윙윙거리는 소리, 원시의 소리, 잃어버린 소리. 약간의 두려움, 그리고 꼭 그 두려움에 맞설 만큼의 용기. 바람 앞에서 두려워 떨었다. 하지만 자연이 주는 두려움은 과격하지만 진실하다. 그것은 꼬리, 즉 환영이 없다. 밤이 가면 낮이 오고, 폭풍이 가면 고요가 온다.

다행해 날이 밝자 바람이 그쳤다. 기도가 통했던 것일까?

이제 겨우 90킬로미터밖에 남지 않았다.

마지막 날
— 옥룡 玉龍의 눈물을 보며

 아침에 코를 푸니 또 코피가 난다. 그러나 이미 마른 코피다. 겨우 90킬로미터밖에 남지 않았다는 사실이 엄청난 위안을 준다. 오늘 사막을 벗어난다. 페달을 한 번 밟을 때 10미터를 간다고 계산하면 이미 3만 5000번 페달을 밟은 것이다. 이제 사막이 싫다. 모래 언덕들은 끊임없이 반복되고, 간간이 서 있는 호양목도 거의가 죽어 있다. 자꾸 멈춰서 쉬게 된다. 건포도도 마지막이다. 주머니에 손을 넣어 보니 알을 셀 수 있을 지경이다.

 정오에는 급기야 사막에 드러눕고 말았다. 대낮의 햇빛이 좋다. 좀 따갑기는 해도 적당히 달구어진 모래에 누우면 두꺼운 이불 위에 누운 것처럼 아늑하다. 볕은 내리쬐고 가끔 지나가는 트럭들 소리밖에는 아무 소리도 없다. 땅속으로 끌려 들어가는 느낌이다. 누가 이런 호사를 누릴 것인가. 대낮에 사막에 누워 있는 이 호사를. 그러나 일어날 수가 없다. 몸에 힘이 빠지면서 생각은 더 느슨해진다.

 사막에 차들이 쉴 수 있게 만든 간이 주차장 쓰레기통 옆에 누웠다. 눕고 보니 옆으로 마른 똥이 수두룩하다. 가끔씩 결핍이 좋을 때가 있다. 극도로 건조한 모래가 물기를 재빨리 빼앗아 가 표면이 바짝 마른 똥은 냄새도 없고 귀엽기까지 하다. 어떤 것은 도넛 같고, 어떤 것은 빈대떡 같지만 아무 냄새도 나지 않는다. 색깔도 모래 빛으로 바뀌었다. 무시하고 그대로 누워서 쉬었다. 수분의 결핍이 때로는 사물의 속성을 이렇게 바꾸기도 한다. 가끔 사람도 한두 가지가 빠진다면 귀엽지 않을까? 지식을 가진 사람이 어눌하다면, 용모가 빼어난 사람이 투박하다면, 등등.

일어나서 다시 달린다. 다시 도로가 바퀴를 뒤로 끌어당긴다. 하지만 이제 얼마 남지 않았다. 한참 탄력이 오를 때에 낙타 녀석이 길을 막아선다. 자전거 따위는 아랑곳하지 않고 그냥 길을 막고 천천히 걸어간다. 하지만 반갑다. 낙타는 여행이 거의 끝났음을 알려 주는 친구다. 마을이 가깝다.

오후 2시 20분. 드디어 위롱카스(玉龍河)가 보인다. 이것이 바로 위대한 호탄 오아시스를 만든 그 물이다. 고난의 여정을 마친 그 피난민들을 멈추게 한 물이다. 자전거를 세워 놓고 물가로 가서 조약돌을 주웠다. 옥은 아니더라도 멀리 쿤룬 산에서 밀려온 돌일 것이다. 하얗고 예쁘다.

사람들은 항상 목적지 바로 앞에서 의지를 잃는다. 겨우 20킬로미터를 남겨 두었는데 갑자기 힘이 빠진다. 피로 회복제 홍우가 필요하다. 나는 이미 홍우 중독자가 되었다. 마지막 25에서 15킬로미터 구간의 사구는 압권이다. 이미 남쪽으로 400킬로미터 이상을 달려 내려왔기 때문에 한낮의 모래는 뜨겁다. 페달 한 번을 밟을 때마다 뜨거운 숨이 터져 나온다. '주유소에 가서 물을 먹자. 그리고 홍우를 한 캔 먹자. 그러고 최선을 다해서 달리자.'

호탄 8킬로미터 지점. 드디어 주유소가 등장했다. 물을 마시고, 홍우도 한 캔 마셨다. 이제 거의 다 왔다. 그제야 도로 가에 세워 놓은 자전거가 눈에 들어온다. 상해 봉황 자전거. 세세한 부분들은 약간 부족하지만, 타이어에서 기어까지 뼈대는 아무 문제가 없었다. 550원에 이런 자전거를 샀다는 게 뿌듯하다. 정말 안타까운 건 이 자전거가 자랑하는 일제 기어를 한두 번밖에 써먹지 못했다는 것이다. 어쩔 수 없다. 무사히 사막만 건너게 해 준다면 너는 나의 영원한 애마다.

홍우를 한 캔 더 마시고 다시 길을 재촉한다. 드디어 위룽카스 강변에 농부들이 보인다. 경운기 엔진을 개조한 차 한 대가 지나가고, 새까맣게 그을린 나를 보고 운전자가 손을 흔든다. 짐칸에는 농부들이 가득 탔는데, 그중에 위구르인 특유의 크고 까만 눈동자를 가진 아가씨도 있다. 또 장난기가 발동한다. 아가씨에게 뭔가를 한번 보여 줘야지.

자전거와 차의 대결이 펼쳐진다. 짐칸에 탄 사람들은 "힘내, 힘내." 소리치며 웃는다. 거의 500미터 정도 달려서 드디어 차를 추월했다. 그러나 이를 어쩌랴, 그러는 사이에 홍우의 효과가 거의 사라져 버렸으니. 이제부터는 아예 걷는 속도로 간다. 어차피 1시간이면 호탄에 도착할 테니까.

슬픈 옥룡, 위롱카스

 그러나 호탄 시내를 얼마 안 남긴 지점, 위롱카스 강변에서 보지 않아야 할 광경을 보았다. 코끼리는 상아 때문에 죽는다더니 옥룡은 옥 때문에 등이 터지고, 배가 갈라졌다. 어쩌면 저것이 바로 오아시스의 현실일지도.
 수백 대의 불도저들이 골재의 산을 만들어 놓았다. 한쪽에서는 끊임없이 포클레인들이 강에서 자갈을 퍼 올리고, 한쪽에서는 지름이 거의 1미터나 되는 파이프로 거세게 물을 뿜으며 돌을 씻고 있다. 쿤룬 산에서 시작하여 용광로처럼 뜨거운 태양을 피해 이곳까지 왔다가, 거세게 물을 빨아들이는 해면 같은 타클라마칸을 건너, 다시 천산 남쪽으로 따라 동쪽으로 달리며 타림 강으로 들어가는 위롱카스. 3년 전, 그저 위롱카스의 시작을 보기 위해 쿤룬 산의 골짜기를 올랐던 기억이 새로운데, 바로 여기에서 저렇게 유린당하고 있을 줄은 꿈에도 생각하지 못했다. 포클레인은 커다란 용의 등 위에 올라타 살을 파먹는 커다란 시궁쥐처럼 쉴 새 없이 땅을 파내고, 물을 들이켜고 뿜어내는 파이프들은 용의 피를 빠는 모진 뱀처럼 이리저리 긴 꼬리를 드리우고 있다. 이렇게 옥룡의 강은 사막으로 들어가기도 전에 모질게 헤쳐지고 있었다.

불도저가 기계적으로 앞뒤로 왔다 갔다 하며 씻은 돌을 쏟아부으면, 그 앞에서 옥을 식별하는 사람들이, 그야말로 꿔다 놓은 보리 짝처럼 서 있다. 그 눈빛만은 번쩍번쩍거리겠지. 3년 전에도 그런 모습의 단초는 있었다. 그러나 그때는 몇 대의 포클레인이 흩어져서 웅웅거리고, 포클레인을 고용하지 못하는 사람들이 곡괭이로 강바닥에 구멍을 뚫고 있었다. 그러나 지금은 곡괭이를 든 사람은 보이지 않는다. 국가는 이 광산에서 엄청난 소득을 얻고 있을 테지. 그러나 이렇게 쓰린 광산은 세상에 없으리라.

지금 이 장소에서, 저 수많은 노동을 저런 일에 쓸 때인가? 굳이 마르크스의 이원 경제론 따위를 들먹이지 않더라도, 저런 노동 속에서 삶이란 또 얼마만큼 낭비될 것인가? 사막에 갈대를 심는 노동은 이런 낭비성 노동 앞에서 또 얼마나 소외될 것인가. 돌무더기 속에서 갑자기 튀어나오는 노다지의 유혹 앞에서 뙤약볕에서 갈대를 파묻는 우직한 노동은 하찮아진다. 굴착, 살수, 감별 오직 이 세 과정으로 된 노동에서 어떤 구상, 어떤 아름다움, 어떤 생산성의 발전을 목도할 수 있는가? 중장비는 끊임없이 퍼 올리고, 펌프는 돌을 씻고, 사람은 멍하니 눈동자만

굴린다. 가끔 작업을 관리하는 이의 반문명적인 새된 소리가 돌멩이 사이를 뚫고 흩어진다.

자고 나면 천정부지로 뛰는 옥 값 때문에 쿤룬 산 자락의 오아시스들은 이렇게 유린되고 있다. 파헤쳐진 구덩이 사이로 물이 고이고, 그 물은 뜨거운 태양 아래 말라 버린다. 그러잖아도 수량이 적은 위룽카스는 모래 먼지와 섞여 흙탕물이 되고, 그 흙탕물은 다시 바닥에 쌓여 하상(河床)을 높인다. 하상이 높아지면 물은 달리지 못하고 흩어지고 마른다. 그 물에 기대어 살던 사람과 짐승들은 어디 하소연할 데가 없다. 국가가 채굴 허가를 내주었으니까.

자전거를 멈추고 망연자실해 있자니 벌써 옥 상인 한 명이 다가와 옥석을 보여 준다. 또박또박 대꾸해 주었다. "필요 없소." 말에 너무 힘이 들어갔는지 그는 다시 흥정할 생각도 하지 않는다.

그 옥은 어디로 갈까?

커다란 것은 화려한 건물의 현관이나 어떤 진열장으로 들어가 흐릿한 눈동자들의 눈요기가 되겠지. 말할 수 없이 복잡하고 기괴하며 무가치한 문양을 몸에 새기고 서 있는 그 옥에는, 쿤룬 산의 거친 소박함, 옥이 만들어질 때의 지구의 산고(産苦) 등은 이미 흔적도 없이 사라지겠지. 그저 죽음으로 가는 복잡한 문양을 간직하고 그야말로 죽은 돌이 되어 누워 있을 옥.

그보다 좀 작은 것들은 어떤 귀부인의 텅 빈 머리를 채울 단백질이 될 것이고, 그보다 작은 것은 그런대로 유복한 여염집의 보석함으로 들어가 잠을 잘 것이다. 그보다 한참 작은 것들만 젊은 연인들의 애끓는 정을 돕는 옥 본래의 역할을 하리라.

몇 시간 전에 나도 조약돌을 주웠다. 옥과 다른 점이라고는 조금 무르다는 것. 가끔 돌을 줍는 것은 이미 두 아이의 엄마가 된 나의 아내 때문에 생긴 습관이다.

10년이 다 돼 간다. 상해 박물관에서 그녀는 비닐봉지에 싼 무언가를 건넸다. "고향 가릉 강가에서 주웠어요."라고 말하며 쑥스러워했다. 비닐봉지 안에는 자그마하고 볼품없는 조약돌들이 들어 있었다. 촌스러운 고백이었지만 따뜻했다. 조약돌은 손때가 묻어 예쁘게 빛나고 있었다.

호탄 시내에 들어가면 만인에 대한 만인의 투쟁의 의미를 느끼게 된다. 하마터면 바로 사막이 그리워질 뻔했다. 어디를 가나 온통 옥 이야기, 옥 상인, 옥 캐는 사람들이다. 섬약한 오아시스의 경제에 옥 가격의 상승은 커다란 충격을 주었다. 그리고 그보다 더 섬약한 오아시스의 환경은 그로 인해 참담한 상처를 입었다. 위구르인들의 삶에 줄 충격에 대해서는 아직 예단하지 못하겠다. 누군가는 얻었을 것이고, 누군가는 아쉬워할 것이다. 그러나 내가 다음 장에서 이야기하고자 하는 '복을 주는 지혜'의 관점에서 오늘 본 호탄의 풍경은 유쾌하지 않았다.

호텔을 찾았다. 오래간만에 씻을 수 있다. 프런트에 있는 여직원 한 분에게 물었다.

"아드님 있으세요?"

"딸만 있네요."

"몇 살?"

"다섯 살."

그 옆에 나이가 조금 더 지긋한 분이 서 계신다.

"아드님 있으세요?"

"네."

"몇 살이에요?"

"열여섯 살."

그분께 자전거를 드렸다. 많이 좋아하신다. 아들이 누군지는 몰라도 자전거를 열심히 타기를 바란다. 자전거를 타면 다리가 튼튼해진단다.

사막에서보다 훨씬 고단했다. 그날 초저녁부터 아침 늦게까지 죽은 듯이 잠에 빠져들었다.

4
복을 주는
지혜를 찾아

오아시스
— 눈물^{雪水}이 눈물^淚이 되는 곳

사막은 살아 있는 것은 아무리 강한 것이라도 쉽사리 넘을 수 없는 모래로 된 벽 같다. 건너려면 빠지고, 올라가면 또 밀려난다. 한 움큼 퍼낸 자리는 바람과 중력에 의해 다시 메워지고, 한 치라도 쌓아 놓으면 곧 무너진다. 사막은 거대한 질투 덩어리. 높은 것은 낮게 만들고, 깊은 곳은 메운다. 이 메마른 질투 덩어리는 물을 간직한 것이라면 살아 있는 것이든 죽은 것이든 말리려고 한다.

그러나 사막은 평평하지 않다. 광풍이 불면 광대한 벌판 가운데서 생긴 미묘한 불균형에 의해 다시 언덕이 생긴다. 그것도 잠시일 뿐, 언덕은 또 무너진다. 그리고 그 옆에는 또 다른 언덕이 생긴다. 사막은 끊임없이 움직인다. 사막의 모래는 강건하다. 이 불굴의 전사는 피가 흐르는 심장을 가진 상대를 죽이고, 그 심장을 자신의 메마른 심장 속에 묻어 버린다. 그러면 얼마 전까지 펄떡펄떡 뛰던 상대의 심장은 몇 시간 안에 말라 버린다. 모래 전사는 이렇게 점점 더 강해진다.

그러나 사막에도 물이 있다. 물은 모래와 싸우고, 태양과 싸운다. 모래는 물을 덮어 버리지만, 모래 언덕이 가하는 억압의 틈바구니로 샘이 솟아난다. 솟아난 물은 풀, 키 작은 나무 따위의 친구들을 모으고 모래와 싸워 나간다. 모래 아래에서 물은 하염없이 기다리다, 모래가 낮아질 때 혹은 모래의 압력이 낮아질 때 모래를 뚫고 솟아 나온다. 하지만 물은 모래를 미워하지 않는다. 모래 이불이 없었다면 저 강렬한 태양에 물은 모두 말라 버렸을 테니까. 모래는 물을 빨아들이는 흡반이지만, 일단 빨아들인 후에는 물의 보호자가 된다. 질투 심한 여인이 제 남자는 끔찍이 아끼듯이.

물은 결국 하늘에서 오는 것. 사막에는 비가 거의 오지 않는다. 사막의 물은 빙하가 녹아내린 것이다. 그래서 쿤룬, 천산, 기련이 없다면 오아시스도 없을 것이다. 눈이 적게 오는 해, 오아시스는 괴롭다. 그래서 오아시스는 원래 '눈물(雪水)'이다.

물로 이루어진 생명이 사막에서 산다는 건 거대한 모래 벽 옆에 조그마한 셋방살이를 하는 격. 그 죽음의 벽의 눈치를 보며, 벽이 움직이기 전에 움직이고 멈추기 전에 멈춰야 한다. 그러나 그 벽을 떠나서는 살 수 없기에, 그 벽 아래 조그마한 옹달샘이 있기에, 생명들은 그 죽음의 벽 옆에서 삶을 일군다. 그렇게 생명들은 수만 년 동안 죽음과 경쟁해 왔다.

사막에서 물이 무엇을 의미하는지 알고 싶었다. 하릴없이 위롱카스가 시작되는 곳까지 올라갔고, 터덜터덜 카라카스의 시작을 찾아갔다. 콘체다리야가 끝나는 곳으로 내려가고, 흑하가 시작되는 곳으로 올라갔다. 물이 시작되는 곳으로 올라가고, 다시 사막으로 내려오는 일이 무슨 대수인가 싶지만 사막의 삶들에게 마음을 여는 가장 정직한 방법이기도 하다. 물을 따라 올라가다 물이 끝나는 곳에 달하면 마음속에는 아직 희망이 있다. '저 멀리 빙하가 있다. 물은 땅속에 있다. 물은 태양을 피해 땅속으로 흐르는 것이다.' 그러나 사막으로 들어간 물이 사라지는 모양을 볼 때는 폐 끝에서 타들어 오는 갈증 때문에 가슴이 막힌다. 폐의 물이 마르면, 주책없이 눈에서 물이 나온다. 물이 끝나는 곳에서는 마치 삶이 모래 속으로 잠겨 들어가는 모습을 보는 듯하다. 위롱카스의 옥 채취장에서 받은 느낌도 그런 것이었다.

기련산에 올라서 흑하의 발원을 따라 내려왔을 때, 사막의 마을들을 지날 때마다 물은 계속 줄어들었다. 저 물이 원래 '눈물'임을 나는 보았기에, 하얀 육각형의 결정들이 누런 모래 속으로 스며드는 것 같은 착각을 느꼈다. 사람들이 어지나 하(額濟納河)라고 부르는 강은 결국 바단지린 사막 초입에서 이미 개울로 바뀌고 말았다. 늦은 봄, 수로를 낀 목화밭은 물을 빨아들이며 뽀글뽀글 기쁨의 비명을 지른다. 아름다워야 할 소리다. 그러나 마치 커다란 하수구 속으로 삼켜지듯 물이 몇 걸음도 가지 못하고 무시무시한 속도로 빨려 들어가는 모습을 보면 그 뽀글뽀글 소리도 탐욕스럽게 들린다. 저 물은 더 멀리 가야 할 텐데. 하나 대지의 환희를 제지할 방법은 없다.

사막에서 인간은 그저 얹혀사는 것 같다. 투루판에서 나는 어떤 사람이 하는 이야기를 들었다.

"카레즈(인공 지하 수로)를 팔 때는 오랫동안 지하에서 촛불만 켜고 지내야 되지요. 그래서 눈이 먼 사람도 많아요."

희박한 공기, 희미한 불빛, 지하의 차가움, 장시간의 노동. 그 과정에서 무수한 사람들이 쓰러졌다. 처음에는 이해할 수 없었다. 왜 이곳을 떠나지 않는가? 그러나 여름의 포도밭을 보면 사람들의 마음을 조금은 알 수 있을 것 같다. 카레즈를 팔 때, 그 물에 대한 일방적인 사랑은, 다시 포도송이로 돌아온다. 저 포도 알 속에 갇힌 태양은 우물을 위협하는 그 태양이 아니요, 사람을 살리는 태양이다. 이 연약한 생태의 지반 위에서 인간이라는 강인한 동물이 포도라는 강인한 식물을 키워 낸다. 오아시스는 떠날 수 있는 곳이 아니다. 오아시스는 눈물(雪水)이며, 또 눈물(淚)이기 때문이다.

사냥개들의 기록

 오아시스인들은 모래와 태양도 친구로 만들 수 있다. 그러나 오아시스 밖의 인간을 친구로 만든다는 것은 그보다 더 어려운 일이었나 보다. 오아시스는 채색 유리병 같다. 얇고, 아름답고, 우아하며, 애잔하지만 쉽사리 썩지 않는다. 그러나 그 병처럼 쉽게 깨어진다. 아주 작은 충격에도 깨어지는 병, 그 병 속의 삶들도 그렇게 연약하다.

 오아시스 밖의 인간들은 거의 언제나 거칠다. 그들이 유목민이든 정주민이든, 그들은 오아시스라는 병을 잡아 흔들어 대면서 오아시스인들을 위협했다. 그때마다 오아시스인들의 삶도 요동쳤다. 그래서 누천년 동안 오아시스의 주인들이 바뀌어 왔다. 우루무치 박물관 2층에 진열된 3000년 전 오아시스인들의 미라를 보면, 오아시스에서의 연약한 삶들이 내 호흡으로 들어온다. 나는 그 미라들에게 말해 주곤 했다. '지금은 그대들과 완전히 다른 위구르라는 사람들이 살고 있다. 그들은 현명하고, 그대들의 땅은 그대로 있다. 아마도 그대들의 피도 많이 섞여

들어갔을 그들 위구르도 그대들처럼 오아시스의 삶을 이어 갈 것이다.'

누워 있는 그 사람들에 대한 예의로, 몇 가지 기록들을 짚고 넘어가야겠다. 기록을 들여다보는 것도 고역이다. 마치 사냥개들이 남긴 기록을 보는 것 같다. '몇 월 며칠 물었다.' 어떤 때는 등줄기를, 어떤 때는 목줄기를, 또 어떤 때는 새끼 밴 어미의 젖통을.『한서』,『후한서』를 위시한 한문으로 된 책들의 내용은 대개 그런 것이다. 그러나 좀 더 후대의 나름대로 양식 있는 인간이라고 자부하는 이가 쓴『자치통감』에는 약간의 반성도 들어 있다. 두어 개의 기록을 발췌해 본다.

> 누란의 왕이 죽자 흉노가 먼저 이 소식을 듣고, 인질로 잡고 있던 안귀(安歸)를 보내 왕으로 세웠다. 한(漢)나라가 사신을 보내 새 왕에게 입조하라고 했으나 왕은 사양하고 오지 않았다. 누란은 서역 나라들 중 가장 동쪽에 있어 한나라에 가까웠다. 백룡퇴 사막에 접해 있어 수초가 부족하나 항상 주동하여 길을 안내하고, 물과 양식을 지고 한나라 사신들을 영접하고 전송했다. 그런 차에 사신단 이졸들에게 물건을 약탈당하고 꾸지람을 듣게 되자, 결국 한나라와 통교하는 것을 불편하게 여기게 되었다. 후에 다

시 흉노의 반간(反間)이 되어 한나라의 사신을 여러 차례 죽였다. 안귀의 아우 울도기가 한나라에 투항하여 진상을 고했다. (중략)

한나라 사신 부개자(傅介子)가 누란과 구자에 이르러 왕들을 책망하니 그들은 모두 사죄하고 복종했다. 부개자가 대완에서 돌아오는 길에 구자에 이르렀을 때 오손으로 갔다가 돌아오는 흉노의 사절을 만났다. 그는 사졸들을 이끌고 흉노의 사절을 습격하여 죽이고, 돌아와 상주하여 중랑이 되었다.

부개자가 대장군 곽광에게 진언했다. "누란과 구자는 복종과 배신을 반복하니 그 왕을 주살하지 않으면 그들을 다스릴 수가 없습니다. 제가 구자를 지날 때 그 왕이 우리들 가까이 올 것이니 쉽게 제거할 수 있습니다. 원컨대 제가 그를 찔러 서역 여러 나라에 위세를 보이게 해 주십시오."

대장군은 이렇게 대답했다. "구자는 가는 길이 머니, 차라리 누란에서 계책을 시험해 보시오." 이리하여 부개자는 누란으로 파견되었다. 물건을 잔뜩 준비하고 가서 물건을 풀어 놓고 하사품이라 했다. 누란왕이 와서 물건을 보다가 함께 술을 먹고 대취했다. 그러자 부개자가 음모를 개시했다.

"천자께서 저를 보내시어 왕께 사적으로 보고를 올리라 하십니다."

왕이 일어나 장막 안으로 들어가자, 그는 장사 두 명을 따라 들어가게 해서 좌우에서 왕을 칼로 찌르니 칼이 가슴을 교차하여 뚫고 나가고 그는 선 채로 죽었다. 그의 중신들과 좌우의 사람들이 모두 놀라 달아나는데 부개자가 천자의 명을 알리며 위협했다.

"천자께서 나를 보내 왕을 죽이고, 지금 한나라에 있는 동생 울도기(尉屠耆)를 왕으로 세우라고 하셨다. 한나라의 군대가 곧 도착할 것이다. 감히 준동하여 스스로 나라를 망하게 하지 마라!"

당시에는 이런 일들이 벌어졌다. 이미 사과를 한 상대방 나라의 왕을, 공식적으로 사신으로 간 자가 암살했다. 이로써 서역의 오아시스들이 한나라의 말을 듣게 되었다고 부개자가 승진한 것은 물론이다. 그러나 중화주의의 관점에서도 이런 야비함은 용납할 수 없었나 보다. 그래서 『자치통감』의 저자 사마광은 왜 누란이 배신하게 되었는지의 과정을 밝히고 있다. 누란은 극도의 어려움 속에서도 물과 양식을 지고 한나라의 사신들을 섬겼으나, 그들의 핍박과 강탈 때문에 배신했다. 또 부개자란 인간의 행동을 고발하고 있다. 게다가 흉노의 사자는 오손으로 임무를 수행하러 갔다가 돌아오는 길이었는데 그 사자를 어떻게 죽인단 말인가? 또 사자로 가서 상대 나라의 국왕을 암살하는 것이 가당한가? 그래서 이렇게 말한다.

> 신 사마광 아뢰옵니다. 왕자가 융적을 대할 때는, 융적이 배반하면 그를 토벌하고 복종하면 용서하는 것입니다. 지금 누란의 왕이 이미 죄를 인정하고 복종했는데 다시 그를 쫓아 죽였으니, 후대에 배반하는 자들이 있어도 설복시킬 수 없게 되었습니다. 꼭 죄가 있다고 여기서 토벌하려면 의당 군사를 내어 정벌하여 그 죄를 밝히면 될 일입니다. 하나 이 경우 사자를 보내어 돈으로 유인한 후 암살했으니, 후대 여러 나라에 사신으로 가는 이들을 누가 믿을 것입니까? 이는 또한 대(大)한나라의 강성함을 가지고서 도적들이나 하는 술수로 만이(蠻夷)들을 대하였으니, 수치스럽지 않습니까? 어떤 이는 부개자가 대단한 공을 세웠다고 찬양하기까지 하는데, 지나친 생각입니다.

재미있는 것은 근대 학문의 세례를 받은 오늘날의 역사가들이 옛날의 사마광만도 못하다는 점이다. 후한 시절 서역 36국을 평정했기에 오늘날 중국에서 국민적 영웅으로 추앙받는 반초(班超)도 부개자보다 조금은 덜 적나라했으나 사실은 오십보백보의 인물이다. 기원전 50년 이후 흉노는 남북으로 갈려 남쪽은 한나라에 항복했고 북쪽은 선비족에게 눌려서 옛날의 위세를 잃어가고 있었다. 그럴 즈음 반초가 서역을 경영하겠다고 나선 것이다. 그가 출세 가도를 연 것도 '사신 살해'를 통해서였다.

기원후 73년 반초가 서역으로 사신으로 갔을 때 선선(鄯善)왕은 한나라의 사신을 극진히 대했다. 그러나 얼마 후 사신들 대하는 태도가 예전 같지 않았다. 반초는 즉각 북쪽에 흉노의 사신이 왔음을 짐작했다. 그는 선선국 도성에서 얼마 떨어진 곳에 주둔하던 흉노의 사절을 칠 생각을 품었다. 그는 사마(司馬)의 직을 담당하고 있었기에 군사를 부릴 수 있었다. 그는 한편으로는 걱정이 되어 선수를 치기로 했다. 이번에는 『자치통감』보다 『후한서』의 내용이 더 적나라하니 한번 읽어 보자.

> "그대들과 나는 지금 모두 이역만리 동떨어진 곳에 와서, 큰 공을 세워 부귀를 구하고 있네. 지금 오랑캐의 사자가 도착한 지 며칠이 지났는데, 선선왕 광이 우리를 대하는 태도도 이미 바뀌었네. 만약 왕이 명을 내려 우리를 잡아 흉노의 사신에게 넘긴다면 우리의 뼈는 저 승냥이, 이리 들의 밥이 될 걸세. 그

러니 어찌하면 좋겠나?"

그러자 좌중이 대답했다.

"지금 존망이 달린 험지에 처했으니, 죽고 사는 것은 모두 사마에게 달렸습니다."

반초도 대답했다.

"호랑이 굴에 들어가지 않으면 호랑이 새끼를 얻을 수 없네."

이렇게 말하고는 야습을 감행하여 흉노의 사자들을 불태우고 수급을 베었다.

한족이 쓴 역사책에도 이렇게 기록되어 있다. 흉노 사신들이 나쁜 마음을 품었는지는 알 수가 없으며, 그들을 급습한 것은 두려움 혹은 공명심 때문이었다. 그리고 은근히 진실을 드러낸다. 원래 의도는 크게 공을 세우고 한몫 잡자는 것이었다. 반초 일행들의 진술에 의존한 기록이니 실상은 더 적나라할 수도 있으리라. 그래서인지 『자치통감』은 "큰 공을 세워 부귀를 구하고 있네."라는 구절을 쑥 빼 버렸다. 쑥스러웠던 것일까? 만약 흉노가 힘이 남아 있었다면 이런 처사를 용납하지 않았을 것이다. 선선왕이 한나라의 위세에 눌리지 않았다면 남의 나라에서, 자신을 찾아온 사신들을 죽인 반초를 용납하지 않았을 것이다. 그러나 오아시스는 힘이 없었다.

오아시스의 슬픈 역사는 오아시스가 생긴 이래 사라지지 않았다. 흉노와 한나라가 번갈아 가며 오아시스를 침탈하던 시기가 지나자, 선비족이 오아시스로 들어와서 공납을 거뒀다. 그리고 돌궐이 들어왔다. 그다음이 위구르였다. 그러나 위구르인들은 초원에서 쫓겨나서 아예 고난의 땅 오아시스로 들어가는 모험을 감행했다. 오아시스는 초원과 중국 세계에게 항상 열세에 있다는 것을 알았을 터인데도 말이다. 오아시스는 바다의 섬처럼 서로 떨어져 있고, 꼭 섬처럼 한정된 인구만 먹일 수 있었다.

위구르인들이 오아시스로 들어가면서 오아시스의 투르크화가 진행되었다. 기존에 타림 분지 주변 오아시스에 살던 사람들은 위구르인과 동화되기 시작했다. 오아시스 선주민들에게 위구르는 반갑지 않을 존재였을 것이다. 그러나 오아시스에 들어간 위구르인들도 기존의 오아시스인들과 똑같은 어려움을 겪었다. 카라 키타이가 몰려왔고, 몽골이 휩쓸고 지나갔다. 차카타이 왕공들이 유목 지역에 웅거하고 세금을 걷었고, 이어서 준가르의 칸들이 오아시스를 지배했다. 그리고 만주인들이 들어왔다. 심지어 근대에는 파미르 너머 코칸트의 일개 군인 하나가 들어와 오아시스를 장악하기도 했다. 오아시스는 그럼에도 살아남았다. 아름다운 여인은 모질게도 수난을 겪었지만 살아남았다.

오아시스에 슬픔만 있었던 것은 아니다. 오아시스들은 동서를 잇는 비단길의 고리들이었을 뿐 아니라 그 자체로 하나의 세계였다. 위구르인들, 원래 초원의 전사였던 이들이 오아시스와 건조한 사막 주변에 들어와 어떤 지혜를 발휘했는지 알기 위해 대단한 노력을 들일 필요도 없다. 약간만 눈을 크게 뜨면 사막에서든, 벽돌 사이에서든 그들의 지혜는 은근한 빛을 발한다. 오아시스에서 위구르인들이 세운 지혜의 탑에 닿기 위해 카슈가르로 떠난다. 사냥개들의 기록이 아니라 사람의 기록을 보고 싶어서. 오아시스의 새 주인이 된 위구르인들은 그런 기록을 남겼다.

지혜의 도시, 카슈가르

제국의 흔적들

호탄에서 사막 언저리로 난 길을 따라 서쪽으로 하루를 가면 카슈가르에 도착한다.

타림 분지 최서단의 오아시스 카슈가르. 흙벽돌 집 옆의 콘크리트 건물, 재래시장 옆의 백화점, 택시와 당나귀가 섞여서 길을 지나는 모습들. 여러 시대, 여러 조류가 한곳에 모인 오아시스다. 하지만 시 중심에 서 있는 아타만 모스크는 여기가 이슬람 세계임을 웅변한다.

5월 초의 오아시스는 언제나 희뿌옇다. 꽤나 화려하게 치장한 높은 건물들도 먼지를 뒤집어쓰면 주변의 흙벽돌 집과 별반 차이가 없다. 파랗고 노란 간판들은 주변의 누런 빛깔들과 극명한 부조화를 이루며 서 있다.

누런 흙 위에, 누런 흙벽돌로 쌓은 옛날 집들은 역시 누런색의 느릅나무와 마주 서 있다. 건물의 선은 가로 아니면 세로의 단조로운 직선이다. 건물이 가슴에 던지는 파장은 잔잔하다. 건

물은 반쯤 뜯겨 있다. 건물은 마치 털갈이하는 낙타처럼 언덕에 웅크리고 있다. 빠진 털 사이로 보이는 맨살은 주위와 그다지 어울리지 못한다. 이리저리 험한 선을 그리며 뜯겨진 흔적, 떨어진 벽돌 사이에 있는 파란색 비닐봉지들, 무너지는 벽 사이로 이은 줄에 걸린 새하얀 수건, 반쪽이 무너진 터전을 아직 버리지 않고 빨랫줄을 매만지는 아주머니.

그 옆으로 요란한 경적을 울리는 고물 버스가 달려가면 가슴속에 파문이 인다. 포클레인의 파란 금속성과 푸석푸석한 황토벽의 느슨한 이미지는 마음속에서 조화를 이루지 못하고 부딪친다. 100년의 흔적을 지우는 데는 고작 하루도 걸리지 않는다. 카슈가르는 몇 개의 거리를 빼면 완전히 다시 새로 세워지고 있다. 남은 거리들은 달리는 차에 포위된 조그만 섬이 될 것이다.

1890년 영국 식민지 인도에서 촉망받는 '탐험가' 영허즈번드는 러시아를 견제하기 위한 사전 조사라는 거창한 구호를 들고 파미르로 떠났다. 겨울 파미르는 혹독하다. 11월 파미르에서 더 버티는 것이 불가능해지자 영허즈번드와 그의 동료 매카트니는 카슈가르로 내려간다. 힘은 빠졌으나 여전히 공식적인 카슈가르의 주인이었던 청나라의 관리들은 이들에게 숙소를 제공했다. 치니 바그, '중국 정원'이라는 이름의 근사한 집이었다. 그들이 도착하자 이미 카슈가르에 터를 잡고 있던 러시아 영사는 곧바로 첩보전에 들어간다. 오늘날 이 도시에 도착하면 사람들은 관습적으로 한때 러시아 대사관으로 쓰였던 서만 호텔이나 영국 대사관으로 쓰였던 치니 바그 호텔을 찾아간다. 남의 앞마당에서 으르렁거리며 싸우던 사냥개들의 흔적을 찾고 싶어서였을까?

중앙아시아에서 영국과 러시아가 펼쳤던 이른바 거대한 게임(Great Game)의 최종 승자는 엉뚱하게도 다 허물어져 가던 청나라였다. 청말 태평천국의 물결이 전국을 휩쓸 때, 혁명은 서서히 서쪽으로 전염되기 시작했다. 여기저기서 얻어맞던 만주족 정부는 신강을 통제할 힘이 없어 보였고, 신강의 위구르인들도 봉기에 가담했다. 그러나 혁명은 파미르 고원 서쪽 코칸트에서 온 야굽 벡이라는 일개 무부(武夫)에 의해 강탈당한다. 그러나 1877년 민중 봉기 진압에 악명을 떨치던 좌종당(左宗棠)의 군대가 다시 신강을 점령한 후 위구르 무슬림들은 또 한 번 배제되었다.

중국식 제국주의는 허약해 보이면서도 끈질기다. 영국과 러시아는 직접 칼을 들이댄다. 그러나 중국은 앞으로 껴안으면서 슬그머니 뒤로 칼을 들이댄다. 너무나 천천히 들이대기 때문에 아무도 그것을 알아차리지 못한다. 카슈가르에 가면, 심미적인 가치는 없지만 글자 그대로 중국식의 은근한 제국주의를 엿볼 수 있는 유적이 하나 있다. "서역 각 민족들의 지지와 자신의 대지대용(大智大勇)의 애국 열정으로 결국 서역 여러 나라들을 평정·안무하여, 조국 통일의 위대한 대업을 완성한" 반초 기념 공원이다.

사실은 1994년에 만든 기념 공원에 불과하지만 반초성(班超城)이라고 불러 고대의 유물과 비슷한 어감까지 갖추어 놓았다. 역사책에는 반초가 대체로 오늘날의 카슈가르일 것으로 보이는 소륵(疎勒)을 공략할 당시에, 항복을 권유하는 사신을 보내면서 "항복하지 않으면 왕을 잡아라."라는 명을 내렸다고 쓰여 있고, 역시 왕이 항복하지 않자 사신으로 간 이가 "갑자기 왕을 기습하여 잡고 위협했다."라고 쓰여 있다. 사신으로 갔다가 칼을 들이대는 것과 현지 민족들의 지지가 같은 뜻이 되는 게 의아하지만 그 정도의 언어도단은 모름지기 근대 국가라면 누구나 감행하는 것으로 너그러이 넘어가겠다. 그러나 반초와 함께 서역으로 떠난 36인의 석상은 '사회주의적 리얼리즘'의 관점에서 보아도 낙제감이다. 반초를 따르던 사람들의 키는 원래 반초와 비슷할 것이로되 반초의 조각상은 키가 다른 사람들의 두 배나 되고, 중앙의 높은 곳에 세워 놓았으니 '사회주의적 평등관'과도 별반 관계가 없는 것 같다. 반초가 점령한 곳의 사람들은 물론 위구르인이 아니니, 오늘날 위구르인들이 이의를 제기할 것 같지도 않지만, 사실적이지도 철학적이지도 않은 물건들을 보니 왠지 못 볼 걸 본 것 같은 느낌이 드는 건 어쩔 수 없다.

나는 이런 폭력과 억압의 흔적들 말고 다른 것을 찾고 싶었다. 카슈가르에 온 것은 노다지를 찾으려고 들어온 제국들의 유적을 찾기 위해서가 아니라, 사막과 고산이라는 혹독한 공간에서 피어난 장구한 지혜를 듣고 싶어서였다. 여기에 그 오래가는 지혜를 퍼뜨린 철인의 묘가 있다고 한다. 11세기 카슈가르에는 위대한 시인들이 활동했다고 한다. 당시 카슈가르는 서쪽으로 탈출한 위구르인들이 건설한 국가의 중심지였다. 카라한 왕조는 카라 키타이에 의해 무너질 때까지 오늘날의 동서 투르키스탄에 걸쳐 만들어진 위구르인 중심의 거대 왕조였다. 초기의 중심지는 파미르 서쪽의 발라사군이었고, 후기의 중심지는 동쪽의 카슈가르였다. 이 왕조는 오아시스 현지 문화의 기반 위에, 유목 위구르의 전통, 아랍의 무슬림 문화, 중국 문화까지 흡수하여 매우 특이한 이종 결합을 창출해 냈다. 그 꽃봉오리 위에 유수프 하즈 하지프라는 시인과 그의 작품 『쿠탓구 빌리크(Kutadgu Bilik)』, 즉 '복을 가져다주는 지혜'라는 뜻으로 한자로는 『복락지혜(福樂智慧)』라고 번역되는 책이 있다. 브리티시(British)니 라씨야(Russia)니 키타이(Kitai)니 하는 이름의 헐떡거리는 사냥개들의 비릿한 땀 냄새를 맡다가 지친 사람의 하나로서 복을 가져다주는 지혜를 갈구하지 않을 수 있으랴.

유수프 묘 — 선(善)은 공존하는 것

유수프의 묘당은 카슈가르 시내에 있다. 묘당으로 들어서면 갑자기 사라진 주위의 소음이 때문에 아늑함을 느낀다. 하얗고 파란 모자이크 타일로 몸을 두른 건물은 나름대로 화려하지만 산만하지 않다. 뜨거운 한낮에는 찾는 사람들이 거의 없어 적막할 지경이다. 원래 철인을 찾는 사람은 적은 것인가?

묘당 안에서 한 가족을 발견했다. 아버지와 딸 셋이 유수프의 묘당을 아주 조용히 돌아다닌다. 이 묘당에 우리들 다섯이면 적지 않다. 막내딸이 유수프의 조상 앞에서 사진을 한 장 찍어 달라고 부탁한다. 사진기를 가지고 오지 않았다고. 머리카락이 희끗희끗하지만 눈은 청년처럼 맑은 아버지, 약간 푸른빛이 도는 눈만 아니라면 한국의 얌전한 규수와도 별 차이가 없는 큰 딸, 깊고 푸른 눈에 연한 금빛이 도는 머리칼의 둘째 딸. 둥근 얼굴에 갈색 눈동자, 광대뼈가 두드러졌지만 붉은 빛이 도는 머리카락을 가진 막내딸. 오아시스의 대지에 여장을 푼 수많은 민족들의 흔적들을 보는 듯하다. 검은 머리, 노란 머리, 빨간 머리, 갈색 눈동자, 푸른 눈동자, 검은 눈동자. 온갖 꽃들이 한 집 화단에 피어난 듯하다.

나는 한자로 된 『복락지혜』를 한 권 구했다. 이것을 읽으면서 나는 무언가를 복원하고 싶었다. 늑대가 양을 잡아먹고, 범은 그 늑대를 잡아먹는 시절을 견뎌 온 곳에서, "명군이 나라를 다스리면, 나라 사람들은 가난에서 벗어나 부유해지고 면양과 늑대가 한 웅덩이에서 물을 먹게 된다."라는 그의 희망을 복원해 보고 싶다. 유수프는 정치(政治)가 다른 것들을 공존하게 만들 수 있다고 말한다. 그의 정치는 바로 선(善)이다. "선행은 산을 오르는 것 같아 어렵고도 어려우며, 악행은 산을 내려오는 것 같아 쉽고도 쉽다."라고 한 그의 말처럼, 사냥개가 되어 양들을 죽이고, 여우처럼 거짓을 퍼뜨리는 것은 쉽고도 쉽다. 그러나 사냥개와 여우는 산봉우리에 서지 못할 것이다. 철인의 말을 믿는다면, 오직 선(善)만이 우리를 봉우리로 데려갈 수 있다.

침대 버스에 누워 길을 가면서, 혹은 산을 오르면서도 이 무거운 책을 지고 다녔다. 그 책은 위구르인들의 지혜의 성전이다.

성자가 파미르를 넘어오다

고난을 길을 뚫고 오아시스로 들어온 사람들이 다 같은 것은 아니다. 반초는 사막을 건너서, 영허즈번드는 파미르를 넘어서 카슈가르에 왔다. 그들을 주머니에 칼을 숨기고 왔다. 그러나 그 주머니에 오래가는 지혜, 즉 선(善)은 들어 있지 않았다.

11세기 중엽 발라사군 출신의 시인 유수프가 높은 산을 넘어 카슈가르에 왔다. 그는 카라한 왕조의 플라톤이 되고 싶었다. 그는 왕조든 인생이든 지혜로 다스려진다고 믿었다. 그가 말하는 지혜는 오래가는 것이었다.

위대한 위구르어 잠언집에서 그는 네 등장인물 간의 대화를 통해 통치와 인생의 지혜를 설파한다. '달은 가득 찼다(월원

(月圓))'는 이름의 현자가 '해는 떠올랐다(일출)'라는 이름의 왕을 찾아간다. 현자는 최선을 다해 그를 보필했으며, 임종에 이르러 아들 '지혜로 칭송 받는(현명)'을 왕에게 맡긴다. 이들은 통치하는 이들이 갖추어야 할 덕목에 대해 토론한다. 그러나 이야기는 여기서 끝나지 않고 '깨달은(각성)'이 등장해서 인생의 궁극적인 목표란 무엇인가를 묻는다.

이 잠언집은 초원에서 밀려난 위구르인들이 불과 두 세기 만에 어떤 문명을 일구었는지를 웅변하는 지표다. 유수프가 한 일은 동서남북의 여러 민족들이 일군 성과들을 흡수하여 오아시스와 주변 반정주 목축 지대로 이루어진 위구르의 토양에 심는 것이었다. 그의 이야기를 듣는 것은 역사책을 읽는 것보다 더 직접적으로 위구르 세계로 들어가는 방편이다.(아래 인용 글들은 한자판 『복락지혜』(카슈가르, 2006)를 저본으로 번역했다.)

출사하려는 월원은 왕의 시신을 찾아간다. 그러자 왕의 시신(侍臣)이 답한다. 조급하지 말고 그저 담담하라고.

> 행운을 믿지 말고 선행에 힘쓸 일이요,
> 행운이란 오늘은 여기에 있다가, 내일은 저기로 가는 것이니.

행운을 얻었다고 득의양양하지 말 일이요,
행운이란 왔다가, 또 사라져 버릴 수 있으니.

행운을 얻은 자여, 행운을 계속 붙들고 싶으면,
널리 공덕을 닦고, 선행을 켜켜이 쌓으시라.

 월원은 담담히 기다렸다. 갈 길은 멀고, 시기는 언젠가 무르익기 마련이니까. 기다림 끝에 드디어 일출왕을 만났다. 인재에 굶주려 있던 왕은 월원을 보자 눈이 빛났다. 그리고 월원의 말 한마디 한마디에 왕은 기뻐했다. 실로 월원은 왕에게 행복을 가져다주는 사람이었다.
 그러던 어느 날, 일출왕은 근엄한 표정으로 말이 없었다.

국왕은 은으로 된 교의(交椅)에 앉아 있었다.
은 교의는 다리가 세 개 있었다.

국왕은 손에는 한 자루의 칼을 들고,
왼쪽에는 독약을 놓아두고, 오른쪽에는 사탕을 놓아두었다.

월원은 이를 보고 마음속에 두려움이 일었다.

두려워 아무 말도 못하고, 온몸을 떨었다.

가만히 얼마간 앉아 있던 국왕이 고개를 들고, 월원에게 말한다.
"그대는 어서 말을 하라.

우리 둘만이 서로 마주하고 있는데,
그대는 왜 말을 하지 않는가? 혀가 없는 것은 아니겠지?"

월원이 답했다.
"아, 행복의 군주시어, 저는 입을 열 용기가 없나이다.

이런 말이 있지요,
'군왕이 진노할 때는 그 가까이 가지 말라.
그 가까이 가면 재난이 떨어질 것이다.'라고요."

그러나 국왕은 거듭 채근했다. 월원은 이기지 못하고 드디어 국왕에게 묻는다.

"저는 알지 못하겠습니다.

왕께서는 왜 은으로 만든 교의에 앉아 계시는지요?

은으로 된 교의는 당신 왕의 신분과 어울리지 않습니다.
원컨대 그 의미를 알려 주십시오.

두 번째로, 왜 손에 칼을 들고 계신지요?
그 의미도 알려 주십시오.

그리고, 오른쪽에 사탕을 두고, 왼쪽에 독약을 두셨습니다.
그 의미도 알려 주십시오."

국왕이 대답했다.

"오늘 내가 이렇게 행동한 것은,
또한 나 국왕의 아름다운 본질을 보여 주기 위함이오.

그대는 보시오. 나는 정의와 예법을 대표하여,
그대에게 법도란 어떤 것인지 보여 주려 하오.

내가 앉은 은 교의는 다리가 세 개요.

세 개의 다리를 가진 물건은 기울어지지 않소.
세 개의 다리를 가진 물건은 한편으로 쏠리지 않소.

세 개의 다리 중 하나라도 올곧지 않으면,
의자는 넘어지고, 사람은 땅으로 곤두박질치게 되오.

세 개의 다리를 가진 물건은 바르고 곧소.
만약 네 개를 가졌다면 한쪽은 균형이 맞지 않을 것이오.

어떤 사물이든 바르고 곧다면, 그것은 반드시 아름다울 것이오.
어떤 사물이든 아름다운 것이라면, 그것은 반드시 바르고 곧을 것이오.

그대는 보시오, 나의 품성을. 바르고 곧소.
만약 정의가 왜곡된다면, 그것은 해(日)가 아니오.

나는 백사(百事)를 처리함에 바름을 근본으로 삼소.

그대가 베크(bek)이든 노예이든 간에.

내가 손에 칼을 든 것을 보시오.
이 칼은 내가 백사를 재판하는 무기요.

나는 이 칼을 들고 송사를 해결하며,
절대로 기일을 어기지 않소.

보시오, 오른쪽의 사탕을.
만약 어떤 이가 사기를 당해서 나에게 와서 정의를 구한다면,

그는 입에 사탕을 넣는 것같이 만족하여 돌아가게 될 것이며,
수심으로 찌푸린 눈썹을 풀고, 기쁨에 겨워하게 될 것이오.

보시오, 왼쪽의 독약을.
어떤 이가 방자하고 포학한 행동을 하며, 정의를 멸시한다면,

나는 그를 법으로 포박하여,
그의 눈썹이 고통으로 일그러지게 할 것이니, 마치
독약을 마신 것처럼 될 것이오.

나의 아들이든 친구들이든,
다른 지방의 사람이든 과객이든,

법도에 의해 그들을 모두 똑같은 사람으로 대할 것이고,
그들에게 판결을 내릴 때에는 추호도 다르지 않게 할 것이오.

사직은 정의의 기초 위에서 세워지는 것이니,
정의의 길은 사직의 근본이오.

군주가 인민을 대할 때 법에 의해 공평하게 한다면,
그 소원을 이룰 수 있을 것이며, 만사가 뜻대로 될 것이오."

일출왕은 왕의 본성이 정의임을 이야기했다. 왕의 본성은 억압과 탈취가 아니다. 월원과 일출왕은 그 정의를 실현하는 방도

들을 토론하고 서로 즐거워했다.

어느 날 월원은 피할 수 없는 죽음의 문턱에 닿아 일출왕에게 유언을 남긴다. 통치자의 본성인 정의는 법을 통해 실현되며, 법은 가혹해서는 안 된다고.

> "저는 어떤 명사(名士)가 이런 말을 하는 것을 들었습니다.
> 당신께서 그 말 속에서 교훈을 얻으시기를 바랍니다.
>
> '법을 제정하는 자는, 반드시 좋은 법만 만들 것이다.
> 가혹한 법을 만들면, 법을 만든 자 스스로를 죽일 것이다.'
>
> 명군이시여, 가혹한 법을 만들지 마소서.
> 가혹한 법을 만들면 남의 군주가 될 수 없나이다.
>
> 생전에 가혹한 법을 만든 이는,
> 죽은 후에 반드시 악명을 남기게 될 것이며,
>
> 생전에 좋은 법은 만든 이는,
> 아름다운 이름을 천고에 드날리게 될 것입니다.

사람들은 죽을 때 유산을 남깁니다.
저의 유산은 바로 이 유언입니다."

일출왕은 눈물을 흘리며 월원을 보내고, 그 아들 현명을 키워 낸다.

일출왕을 보좌하게 된 현명은 군주가 갖추어야 할 조건에 대해 이야기한다. 그가 하는 말은 아버지의 말에서 조금 더 나가 왕의 존재의 조건을 말하는 것이었고, 그것은 정주 사회를 다스리는 원리로서 정착민을 보호하는 것이었다.

"널리 배운 사람의 말을 들어보소서.

'폭군의 정권은 오래갈 수 없다.
폭정은 불과 같아서, 모든 것을 태워 버릴 수 있고,
좋은 법은 물과 같아서, 만물이 자라나게 한다.'

명군이시어, 나라를 오래 보존하려면,
반드시 좋은 법을 시행하시어, 백성들을 보호하소서.

좋은 법은 나라를 창성하게 하고, 인민들을 흥성하게 하지만,

폭정은 국가를 쇠약하게 하고, 천하에 안녕이 없게 합니다."

그러나 카라한 왕조의 왕은 유약한 자가 되어서는 안 된다. 그는 유목 전사의 기풍을 가지고 있어야 한다. 그는 솔선수범해야 하며, 그렇지 않으면 왕조는 무너질 것이다. 그래서 현명은 장수(將帥)의 미덕을 설파한다. 바로 유목민 수령의 미덕이었다.

"사자가 개들의 우두머리가 되면,
개들이 사자처럼 용맹해질 수 있으며,

개가 사자들의 우두머리가 되면,
사자도 개처럼 무능해집니다."

군대는 소수 정예의 기마 전사여야 하고, 장수는 군인들의 마음을 얻은 이어야 한다.

"장졸을 부리는 장수가 사심 없고 대범하면,
천하의 뛰어난 인재들이 그의 주변으로 모여들 것입니다.

그는 일체의 재물을 장졸들에게 고루 나누어 주고,
널리 친구를 사귀고, 수많은 이들과 형제 관계를 맺습니다.

자기 자신에게는 그저 전마(戰馬), 갑옷, 무기만 남기고,
다만 온 천하에 자신의 명성이 퍼지기만 원합니다.

자기의 자녀들을 위해 재물을 모으지 않으며,
전지와 장원을 위해 돈을 긁어 내지 않습니다.

칼을 들고 전쟁에 나가 승리를 얻으면,
전리품은 모두 공평하게 나누어 주어, 명성이 세상에 퍼지게 합니다.

장졸들에게 먹고 입을 것을 제공하며,
그들에게 준마와 노비를 포상으로 줍니다.

이러면, 용사들이 그 앞으로 구름처럼 모일 것이며,
감히 목숨을 내놓고, 시체를 전쟁터에 늘어뜨릴 각오를 할 것입니다."

전사는 응당 이래야 한다고 말한다.

> "필사적으로 싸울 때는 표범처럼 체력이 남보다 뛰어나고,
> 전투 중에는 호랑이처럼 강폭하고 흉맹하며,
>
> 멧돼지처럼 완강하고, 늑대보다 힘이 세며,
> 야크처럼 분노를 내뿜으며, 갈색곰처럼 사나워야 합니다."

그들은 소수 정예를 지향한다.

> "'1만 2000의 대오는 너무 많다.'라고 말하는 이는
> 전쟁터를 많이 경험한 장수입니다.
>
> '4000명의 대오로도 충분하다.'라고 말하는 이는
> 적을 이기고 승리를 취할 수 있는 영웅입니다."

훌륭한 장수는 어떻게 장졸들의 마음을 얻는가?

> "칭찬하는 말, 웃는 얼굴, 대범하고 널리 베풀기.

이것은 남아가 갖추어야 할 세 가지 장식입니다.

자유인도 그 품성의 노예가 되려 하며,
이를 위해 기꺼이 목숨을 바칩니다."

인간 세계와 야생의 가운데에 있는 당나귀처럼, 위구르는 오아시스에서 정주와 유목을 조화시켰다. 그 과정이 '복을 주는 지혜'의 설법에 우아하게 기록되어 있다.

그러나 카라 키타이는 차치하고, 칭기즈칸 일족을 누가 막을 수 있었단 말인가? 몽골은 오아시스인들이 상대할 수 있는 세계가 아니었다. 그들은 몽골에게 머리를 숙였다. 그 후 몽골이 지지부진했던 16~17세기에 그들은 야르칸트 칸국을 이끌어 가며 오아시스 세계에서 작은 독립 공간을 만들었지만, 다시 준가르와 만주인들이 오아시스로 들어오면서 위구르인들의 세계는 계속 줄어들었다.

그들은 정착한 직후부터 바로 고된 역사의 격랑에 빠져들었지만 그저 우두커니 서 있던 것은 아니었다. 5월 하미의 회왕부에서 멀리 북쪽을 바라보면 천산은 아직도 눈을 이고 있다. 천산의 눈이 두꺼울수록 오아시스 사람들은 마음이 놓인다.

6월에 하미에서 천산을 넘어 바르콜로 들어가면 호숫가에 유채꽃이 만발해 있다. 바르콜에 풀이 길어지는 그때 유목민 준가르의 기병들이 들이닥치곤 했다. 위구르인들은 결국 청조의 후원을 구했지만, 막상 격렬한 전투가 벌이지면 오아시스를 지킨 것은 그들 자신이었다. 그러나 바르콜을 만주인들이 차지했을 때, 그들은 다시 서쪽으로 가는 만주인들에게 군량을 대었다. 만주인들에게 벗어나려고 발버둥 쳤더니 다시 서쪽에서 온 뜨내기들이 그들의 땅에서 세금을 걷었다. 그리고 러시아, 영국의 스파이들이 그들의 땅에서 주인 행세를 했다.

그들은 언제나 더 강한 자를 보호자로 선택해야 했지만, 그것은 생존을 위한 것이었다. 자기 땅에서라도 자유인으로 남기 위한 궁여지책이었다.

5
위구르 세계를 떠나며

순면 같은 사람들

 타클라마칸 사막을 남북으로 연결하는 길은 두 개다. 하나는 내가 자전거로 지나온 길이고, 그보다 동쪽에 민풍(民豊)에서 룬타이(輪臺)를 연결하는 길이 있다. 동쪽의 사막 공로를 지나가면 길옆으로 몇 킬로미터마다 양수기를 지키는 사람들의 두어 평 짜리 집이 있다. 그들은 길옆의 작은 관목 숲에 물을 주는 책임을 맡고 있다. 하루도 거르지 않고 물을 줘도 키가 크지 않는 사막의 식물들. 그러나 그것들이 없으면 길도 사라진다. 사막에서 무언가를 유지한다는 것은 대체로 이렇다. 더 많은 노력과 더 적은 수확. 위구르인들이 오아시스의 삶을 이어 오면서 들인 노력은 양수기를 지키는 노력보다 수천 배는 더 컸을 것이다.

 턱없는 멸시와 천대, 그리고 급변하는 산업 사회 속에서 많은 위구르인들이 현대적인 직업을 갖지 못했다. 아직 대다수의 위구르인들은 농민이다. 그러나 좁은 농토로는 청년들의 소득 수준을 보장할 수 없다. 그래서 청년들은 도시로 나간다. 통계국에서 펴낸 어떤 책에 의하면 위구르인들의 도시 실업률은 8퍼센트에 이른다. 국가 평균의 두 배 정도다.(중국의 악명 높은 등록 실업률 제도를 감안하면 실제 실업률은 두 배 이상으로 클 것이고, 청년 실업률은 또 그 두 배는 될 것이다.)

자본 있는 상인이 되면 다행이지만 대개의 젊은이들은 적수공권으로 도시로 나간다. 그들이 할 수 있는 손쉬운 일 중의 하나가 운전이다. 시원치 않은 돈벌이 때문에 일부는 실제로 그악스럽다. 올해도 약속보다 몇십 원 더 받으려고 사람을 문에 달고 달리려던 무면허 영업차 운전자를 겪었다. 실제로 이런 일을 겪으면 위구르인 전체가 미워진다. 오아시스의 허약하고 고립된 경제, 끊임없이 지배당하는 역사 속에서 겪은 지나친 고난이 사람들을 비틀어 놓았다.

그러나 여행객들이 그악한 현실의 끝자락에서 보는 것은 겨우 때 묻은 소매일 뿐이 아닐는지. 아무리 아름다운 옷이라도, 시체가 아니라 생활인이 입는다면 소매에는 늘 때가 묻는다. 소매는 회색일지라도 그 옷은 새하얀 순면으로 만든 것일지 모른다. 여행 중에 순면 같은 사람들도 수없이 겪었다.

무슬림 술꾼과 함께

 5월 말 늦봄 천산 계곡들은 모두 봄 몸살을 겪는다. 날이 갑자기 따듯해지면서 눈이 많이 녹았던 날. 물이 불어서 차가 건널 수 없단다. 밤에 온도가 다시 떨어지고, 내일 아침이면 건널 수 있으리라. 꼼짝없이 계곡에 갇혀 하루를 보내게 되었는데, 그 계곡 안에는 휴양지 여관이 몇 개 있었다. 그런대로 괜찮은 방들은 모두 먼저 발이 묶인 사람들 차지였다.

 남은 것은 카자흐족 친구가 운영하는 여인숙. 침대 하나가 20원이었다. 오늘 그 방에서 묵는 사람들은 다 위구르족이었다. 짐을 풀어 놓으려는데 한족 기사 한 명이 와서 살며시 귓속말을 한다.

 "위구르족하고 같이 자지 마요. 위험해요."

 "같이 자 봤어요?"

 "아니요."

 항상 아무것도 해 보지 않은 이들이 제일 많이 안다.

 나는 으레 그렇듯 맥주와 백주를 충분히 사서 그들에게 한

잔씩 돌린다. 무슬림이라 대개는 사양한다. 팔에 문신을 한 털보 한 명이 호기를 부린다.

"무슬림이 어떻게 술을 먹나? 지옥에 가겠구려."

"이봐. 무슬림에게 술을 주는 사람이 지옥에 가는 거라고."

취하지 않을 정도로 먹었고, 아무 일도 벌어지지 않았다. 언젠가 지옥에 갈 일이 있을지도 모르지만, 그대는 같이 가겠지. 주당들에게 지옥 따위는 무서운 곳이 아니라네. 술이 깰 때쯤 지옥의 문이 열리고, 눈을 비비고 나오면 지옥 속에서 겪은 일들은 기억도 나지 않을 테니.

맨발의 농민

호탄 오아시스의 경작지는 항상 서늘하다. 어디를 가나 백양나무 천지다. 여기서는 태양이 귀한 것이 아니라 그들이 더 귀하기에 밭두렁의 백양나무는 대접을 받는다. 누군가 정성을 다해 하얀 수건으로 하나하나 닦은 듯이 싱그럽다. 초여름 갈대와 백양나무가 빽빽한 밭두렁 사이에서 길을 잃었을 때, 수염이 허옇고 허리가 꼿꼿한 노인장 한 분을 만났다. 나는 아라러바거 불교 유적지를 찾고 있었다.

"앗살람 알라이쿰."
"앗살람 알라이쿰."
"아라러바거 불교 유적으로 가는 길을 아시나요?"

말 대신 우아하지만 굵은 몸짓으로 따라오라고 손짓한다. 그리고 꾸불꾸불 밭둑을 지나 노인장을 따라갔다. 백양나무 사이로 빛이 스며들고, 노인장의 어깨에 멘 괭이에서 이따금 둔한 반사광이 흘러나온다. 밭둑 너머로 부부 농부가 속삭이는 소리들이 들린다. 너무나 고요해서 남이 들을세라 금실 좋은 부부는 목소리를 낮춘다. 볼품없는 흙무덤 옆에 유적지 푯말이 보인다.
"고맙습니다."
노인장은 말없이, 한 손을 배에 대고 천천히 허리를 숙인다. 아주 천천히. 역시 우아하지만 농부다운 굵직함으로. 우리가 이미 잃어버린 인사법이다. 돌아가는 노인장의 맨발이 타박타박 소리를 낸다. 마치 발바닥이 대지와 대화를 나누는 듯이. 오직 정직한 농부에게만 주는 대지의 속삭임이다. 그가 바로 농민, 위구르 인구의 8할을 차지하는 농민 중의 한 사람이다.

어른을 만나다

8년 전 신강에서 겨울을 날 때, 나는 배탈로 고생하고 있었다. 고기 말고 먹을 것이라고는 별로 없었기에 좌판(抓飯)이라는 위구르식 볶음밥을 가끔 먹었는데, 기름이 너무 많아 설사가 나곤 했다. 그러다 나는 나라티 위구르 음식점에서 한 어른을 만났다. 그때 나는 면을 시켰다. 주인장이면서 주방장인 한(韓) 선생이 중국 말로 물었다.

"여기 음식이 입에 맞나? 이제 적응이 좀 되었나?"

면은 이제 조금 익숙해진 터라 "면은 이제 습관이 되었습니다."라고 대답했다.

그러자 젊은 종업원이 한마디 한다. 그는 주인장의 조카다.

"한국 사람들은 쌀을 위주로 먹나요? 위구르족도 쌀을 먹어요. 좌판은 아주 맛있는데. 좌판 먹어 보셨지요? 좌판을 먹어 봐야 위구르의 맛을 알게 돼요."

사실 좌판은 먹기가 어렵다. 갖은 고기 야채 양념을 하고 식용유에 볶은 밥인데, 영양은 많을지 몰라도 너무 기름지다. 한

번 쌀밥을 먹으려고 좌판을 시켰다가 한 숟가락만 먹고 도망치듯 나온 적이 있다. 다 안 먹으면 주방장이 언짢아 할 것 같아 휙 도망 나온 것이다.

그래도 좌판은 위구르 음식 중에 세상에 널리 알려진 것인데 맛이 없다고 하기는 어려워 잠시 머뭇거렸다. 그때 선생이 그에게 나직이 한마디 한다. 한 선생은 위구르족이지만 한족의 성을 차용했다.

"좌판은 저이의 입에 맞지 않아. 봐라, 오이를 시키잖니. 오이를 시키는 건 면의 기름이 싫어서야. 지금 담백한 걸 먹고 싶은 거지."

순간 나는 아직 입에 대지 않은 면을 흘끗 본다. 음식에 관해서는 나는 아주 무심한 사람이다. 특별한 일이 없다면 음식에 대해서는 이야기하지 않는 것이 도리라고 생각한다. 농부와 자연이 쉴 새 없이 일하고 요리사가 정성 들여 만든 음식은 그저 감사히 먹으면 그만인 것이다. 그렇지만 음식은 주방장의 인격이다. 나쁜 인격이야 무시하면 되지만 훌륭한 인격을 만날 때면 감동하기 마련이다.

면은 반드시 주방장이 주문을 받은 후 직접 쳐서 만들기 때문에 바로 주방장의 얼굴이다. 어떤 면이 굵기가 일정하지 않고, 적당하게 비틀려 있지 않다면 속성으로 만들었단 뜻이다. 어떤 면은 기름이 표면에 달라붙어서 양념과 잘 섞이지 않는다.

그런데 오늘의 면은 기름이 바닥에도 깔리지 않고, 양념과 기름이 분리되지도 않는 독특한 모습인 데다 면은 규칙적으로 감겨 있다. 그러니, 면을 뽑은 한 선생을 다시 보게 되는 것이다. 식사를 하는 중 한 선생이 천천히 말을 잇는다. 나는 재빨리 수첩을 꺼내 들었다.

"나는 요리를 연구한 지 오래되었어. 한국 사람들이 먹는 음식은 담백한 거야, 좌판과는 다르지. 밥도, 요리도, 탕도 기름기가 없어. 우리 중국은 수많은 민족이 있고, 제각기 음식들이 달라. 한 민족의 음식도 지방마다 다르지. 동서남북이 다 달라. 나는 북경, 천진, 상해, 광동⋯⋯, 중국의 각 지방을 다 돌아보고 음식들을 먹어 보았지. 어떤 지방의 음식은 셔. 이것도 시고, 저것도 시고, 모든 것이 신 것 일색이야. 맛이 강해서 우리는 먹지 못하지. 하지만 그곳 사람들은 그것만이 맛있다고 생각해. 익숙하기 때문이야. 맛이 강할수록 처음엔 대하기 어렵지만 더 강하게 습관이 들지. 맛이란 습관이야."

천천히 말하는 품이 멋들어지기 그지없다. 잠시 있으니 요리를 배우는 도제 주방장이 양고기 다진 것을 한 움큼 가지고 와서 한 선생께 보인다. 향을 보고, 속을 잠시 보더니 선생이 고개를 끄덕인다. 옆에서는 수염을 멋지게 기른 할아버지 몇 분이, 한 선생의 말씀을 받아 적는 내 모습이 신기한지 함께 고개를 끄덕이며 대화를 듣는다. 다시 한 선생이 말을 잇는다.

"요리란 그런 거야. 하지만 그냥 습관하고는 다르지. 신 것, 매운 것, 단 것, 짠 것, 담백한 것, 기름진 것이 조화를 이루어야 돼. 신 것을 두 젓가락 먹고 시다고 느낄 때, 그때 기름진 것을 먹어 봐. 그때야 기름진 것의 참맛을 느낄 수 있는 거야. 신 것만 먹는 사람은 기름진 것의 맛을 모르지. 요리란 결국 조화(調和)인 거야."

거친 껍질에 이리저리 줄기가 비틀린 호양. 춥고 건조한 사막에 우두커니 서 있다. 그러나 풀잎도 다 사그라진 늦은 가을날, 꽃보다 더 샛노란 호양 잎이 바람에 흔들리는 모습을 보면, 누구나 껍질 속에 있는 것을 상상하게 될 것이다.

2 초원의 빛

알타이에서
천산까지

초원은 녹색의 바다다.
높은 파도가 파동을 일으키듯, 초원에서는 한 사건이 순식간에
연쇄 반응을 일으킨다. 몽골 고원에서 생긴 일은 일주일이면
시베리아로 전파되고, 준가르 분지에서 일어난 일은 사나흘이면 알타이로
전달된다. 알타이에서 일어난 일은 물론 동서로 몽골-투르크 세계를 흔든다.
이 격렬한 연쇄 반응 속에서 약한 고리들은 끊어지기도 하고,
뿌리가 얕은 풀은 마르기도 한다.
18세기 중엽 어느 해에, 초원에서 가장 굵은 고리 하나가 끊어졌다는
이야기를 들었다. 그러나 실제로 초원에서 일어난 일은, 이야기로
들은 것보다 더 무서운 것이었다. 초원을 잇고 있던 고리들이 다 끊어지고,
결국은 하나의 세계가 사라졌다고 한다.
역사가 기록된 이래로 인류 문화의 한 축을 담당하던 유목 세계 말이다.

1
준가르를 찾아서

사라진 그들은 어디에?

열 살쯤 되었을 때 우리 집 소가 넘어졌다. 무엇을 잘못 먹었는지 아니면 병이 들었는지, 자그마한 소년이 직접 본 짐승 중에서는 제일 큰 것이 넘어졌다. 그리고 일어나지 못했다. 그때는 녀석이 다시 일어나지 못한다는 것을 절대로 인정할 수 없었다. 그 녀석은 그렇게 쉽게 넘어져서는 안 될 존재로 보였다.

외양간 벽에 한 번 부딪히고, 또 땅에 떨어지는 소리가 울린다. 순간 사람들은 숨을 죽인다. 여물을 먹이던 일, 꼴을 베던 일, 엉덩이를 발로 차던 일들이 뒤죽박죽 떠오른다. 아무리 생각해도 발로 찬 것은 좀 심한 일이었던 것 같다.

동물을 싫어하는 사람이라도 코끼리가 쓰러지는 것을 보고는 당혹해한다. 우리 유전자 속에는 뭔가 큰 것들이 넘어지면 스스로를 돌아보도록 설계되어 있는 어떤 장치가 들어 있는 듯하다. '뭔가 세상이 잘못된 게 아닐까? 언젠가 우리가 쓰러질 날이 오지 않을까?' 삼겹살을 집어 올리거나 닭발을 뜯으면서도 우리의 감각은 완전히 죽지는 않는다.

몇 해 전, 꽤나 유명한 책을 읽다가 어떤 학살의 기록을 보았다. 불과 두 세기 반쯤 전 초원에 살던 한 민족이 멸절되었다는 것이다. 아메리카가 아니라 아시아의 초원에서, 백인종에 의해서가 아니라 황인종에 의해서 같은 황인종이 멸절되었다. 또 이런 학살의 명을 내린 이도 우리가 잘 알고 있는 건륭제(乾隆帝)라는 인간이었다. 그가 이렇게 말했다는 것이다.

> 이번 작전은 보통 때와는 다르다. 오이라트(준가르) 장령들을 하나하나 철저히 잡아 죽여서, 반란의 뿌리를 완전히 근절하라. 「청고종실록」

또 그 결과 이렇게 되었다고 한다.

> 수십만의 가구 중 천연두로 죽은 이가 열에 넷, 러시아와 카자흐 영토로 달아난 이가 열에 둘, 청나라 군대에게 죽은 이가 열에 셋이었다. 여자들과 아이들을 포상으로 남에게 주었고, 얼마간의 투항한 가구에게 둔전을 나누어 주었다. 이들을 빼면 수천 리 밖까지 오이라트의 천막은 하나도 없었다. 「성무기」

그런대로 믿을 수 있는 어떤 자료는 군대에게 죽은 이들이 열에 다섯이라고 한다. 하지만 나는 믿을 수 없었다. 정말 인종 청소가 행해졌단 말인가? 중국 근대사에서 유혈극이야 수없이 많았지만 인종 청소는 없었다고 알고 있었다. 중국인들은 허풍을 잘 치지 않나.

그런 일이 있었던가? 만약 정말 그런 일이 있었다면 그 오이라트 사람들은 무슨 잘못을 했던 것일까? 이런 숙제를 안고 여행은 시작되었다.

알타이를 오르다

우루무치에서 지기 장용이 말한 바는 이랬다.

"지금 진짜 유목민은 거의 없고, 알타이에 가면 몽골인들은 만날 수 있을 거야."

준가르 분지를 에둘러 알타이까지 갔다. 서북에서 동남으로 알타이 산기슭을 따라 내려왔지만 몽골 유목민을 만나는 일은 쉽지 않았다. 찾아도 찾아도 거의 카자흐인들이었다. 카자흐 양치기들의 대답은 대충 이랬다.

"말로 이틀 거리면 닿을 수 있는데."

"작년에 저 산 너머에 있다고 들었는데."

"그 사람들 목장은 높은 곳에 있어서."

그리고 마지막으로 알타이 시에서 마준에게 들은 소식은 이랬다.

"더 높은 산으로 가야 되는데. 아마 중국하고 몽골 국경에 모여 있을 거야."

더 남쪽으로 가면 풀이 많아질 것이다. 도로를 따라 몽골 국경까지 들어갈 수 있는 곳은 알타이에서 하나밖에 없다. 바로 청하(靑河) 삼도해자(三道海子).

5월 말의 알타이는 얼굴이 많다. 평지에서 산으로 올라가는 초입은 수줍은 봄 처녀다. 멀리서 보면 여전히 누런색이지만, 그 틈을 비집고 나오는 봄빛은 어쩔 수가 없다. 작년 가을에 마른 누런 풀 아래로 노르스름한 새싹이 돋고, 쑥부쟁이는 한눈에 잎 한 올 한 올이 보일 정도로 파랗다. 풀 향기를 실은 바람은 따스해서 걸으면 이마에 물방울이 맺힌다. 보라색 제비꽃은 그늘 아래 숨어 있고, 햇살 따가운 들판에는 꽃잎이 깨알같이 작은 이름 모를 노란 꽃들이 지천이다. 목동들은 곧장 풀밭에 드러누워 꽃잎을 즐긴다.

해발 1000미터를 넘기면 장년의 남자로 바뀐다. 아직 잎이 덜 돋아난 가시나무, 노란 새싹이 싱그러운 타이가 낙엽송, 그리고 사철 푸른 가문비나무들이 드문드문 서서 계곡을 지킨다. 세찬 바람이 부는 등성이는 민둥산이지만, 가파르게 흐르는 여울 가에는 이끼와 바늘잎 식물들이 파랗다. 높은 곳에서 흘러오는 바람은 서늘하지만 그악스럽지는 않다.

2000미터를 넘기면 산은 질풍노도의 청년으로 바뀐다. 땅은 여전히 얼어 있고 가시나무들도 서로 모여서 바람을 피한다. 풀은 짧고 아직 꽃은 없다. 얼음덩이에 이끌려 내려온 거대한 바위들이 평평한 곳마다 우뚝우뚝 서서, 마치 산지기 거인들처럼 들어가는 사람을 내려다본다. 양지바른 곳은 물이 부족해서 풀이 크지 못하고, 음지는 추워서 아직 싹을 틔우지 못하고 있다.

하지만 3000미터의 고개를 넘어 고원에 도착하면 또 하나의 신세계가 펼쳐진다. 둥그스름한 언덕마다 아직 수 미터씩 쌓여 있는 눈 아래까지 태양의 온기가 들어가고, 눈이 눌려서 만들어진 얼음에는 가느다란 물길이 생겼다. 그 물은 움푹한 고원 분지로 흘러 들어가고, 고원은 연한 초록빛으로 은은하다. 인고의 세월을 견딘 여인의 모습이다. 바람은 거세지만 물은 따뜻하다. 느리게 흐르는 물 위로 강렬한 태양이 비추고, 그 물속에 발을 담그면 눈 녹은 물이라고 생각되지 않을 정도로 포근하다. 이곳이 알타이의 꼭대기다. 엄숙한 표정을 가지고 있지만, 커다란 가슴 속에는 젖이 가득 들어 있는 곳. 서몽골의 고향이다.

5월 23일 오후, 청하에 도착해서 같이 산 오를 사람을 찾았다. 삼도해자까지 거리는 산길로 겨우 70~80킬로미터 남짓이다. 쉽게 갈 수 있을 것 같았다. 사람도 찾았다. 그쪽을 잘 안다는 아마니주리. 산을 내려온 카자흐족이다. 길이 쉽지 않다고 했다. 말로 오르면 이틀이 걸릴 것이고, 오토바이로 오르면 하루면 될 것이라고 한다. 하룻길이야 어려운들 대수랴. 우리는 오토바이를 선택했다.

밥을 챙겨 먹고, 오토바이를 손질한다. 산으로도 올라갈 수 있는 몇천 원짜리(한국 돈으로 거의 100만 원) 새 오토바이라고 자부심이 대단하다.

"이런 오토바이가 아니면 산을 못 올라."

그래 고장이나 나지 않으면 되지 뭐. 기름을 잔뜩 채우고, 윤활유를 바르고, 갓 태어난 아이에게 인사를 하고, 또 아내와 작별 인사를 하고, 떠나는 의식이 자못 거창하다.

아마니주리는 조심성이 많은 친구였다. 내심 안심이 된다. 텐트도 있고 침낭도 있다. 산에서 잠을 잔다고 해도 별 문제는 없을 것이다.

출발은 좋았다. 평평한 길을 따라 멀리 보이는 알타이를 향해 달린다. 10킬로미터 지점에 검문소가 있다. 사람은 없고 수동식 차단기만 덩그러니 길을 막고 있다. 오토바이가 두려울 것이 무엔가?

"그냥 넘어가자."

"돈 내고 가야 돼. 걸리면 안 좋다고."

또 귀찮게 될 것이다. 변경 출입 허가증을 받으라고 할 것이고, 방랑자 같은 내 행색을 보면 시간을 질질 끌게 분명하다. 하지만 소심한 아마니주리는 검문소를 휙 지나갈 용기가 없다. 뚱뚱한 검문소 지킴이 아저씨가 입 안 가득 음식을 넣고는 어기적어기적 걸어온다.

"10원. 어디 가는데?"

"삼도해자."

"변경 출입증 끊어서 와."

"그냥 관광 가는 건데."

"거기는 몽골 국경이야."

방법이 없다. 이렇게 목적이 알려진 이상 이제는 지나가고 싶어도 갈 도리가 없다. 돌아가서 끊는 수밖에. 내 속을 아는지 모르는지 아마니주리는 순순히 그의 말을 따른다. 변경 경비대 사무실로 가니 군복 입은 친구가 나타난다.

"어디 가요?"

"삼도해자."

"왜?"

"관광."

그러더니 다시 물어보지도 않고 허가증에 도장을 찍어 준다. 이런 기적 같은 일이 일어나다니. 그 증서를 고이 접어서 부리나케 달려 나왔다. 저 친구 마음이 바뀌면 안 되니까. 아마니주리는 느긋하게 그 친구와 악수까지 하고 나온다.

"내 동생이야."

"친동생?"

"그래, 친동생."

운수가 좋다. 새 오토바이에 든든한 기사라. 오토바이는 힘차게 산을 오른다. 오늘 저녁 산에 도착해서 하루를 묵으면서 몽골인들을 찾을 것이다. 운이 좋으면 같이 잘 수도 있다. 하지만 오산이었다. 곧 주인이 바뀔 운명이었으니까. 아마니주리는 새로 산 오토바이를 끔찍이 아꼈다.

5월 말의 알타이 계곡은 물이 불어나 있다. 눈이 녹는 시기이기 때문이다. 특히 늦은 오후는 대낮에 산마루를 떠난 물줄기들이 하류에 모이는 시간이다. 물을 건널 때는 사람이 아니라 오토바이가 주인이다. 오토바이 엔진에 물이 들어가지 않게 하기 위해 여울에 돌을 채웠다. 여울마다 내려서 돌을 채우고, 귀한 오토바이를 끌고 물을 건너면 얼마 가지 않아서 또 여울이 나온다. 그냥 타고 건너자고 해 보았지만, 아마니주리에게는 새로 산 오토바이가 나보다 더 중요했다. 1시간에 10킬로미터를 가는 둥 마는 둥이었다. 해가 낮아지고, 고도가 높아질수록 물은 더 차가워진다. 하나 할 수 없다. 계속 가는 수밖에. 산 속의 밤은 빨리 찾아온다. 다행히 카자흐족 천막들이 가끔 보인다. 해가 떨어지고, 천막에서 잠을 잤다. 천막 안은 어두웠지만 천막을 내준 사람들의 온기 속에서 단잠을 잤다.

이튿날 아침 다시 산을 오른다. 이번에는 눈이 문제였다. 해발 2000미터가 넘은 곳 응달에는 눈이 그대로 남아 있는데, 오토바이는 눈 속으로 푹푹 빠져들었다. 물기를 가득 머금은 눈에 빠진 바퀴를 꺼내는 것은 쉬운 일이 아니다. 오후가 되면 길이 진흙으로 바뀐다. 눈이 진흙탕보다는 그래도 낫다. 걷는 시간이

타는 시간보다 훨씬 길다. 빙퇴석을 헤치고 다시 두 시간여를 가니 산마루가 보인다. 산마루에는 눈이 하얗다. 오토바이를 끌고 산마루에 오른다.

해발 3000미터. 능선에 오르니 광대한 고원이 펼쳐진다. 얼음과 초원과 호수가 어울려 있고, 저 멀리 쿠르간도 한눈에 들어온다. 알타이 산중에 이런 보석이 숨어 있다니. 눈 위에는 어

떤 동물의 흔적도 없다. 걸어서 30분이면 도달할 거리다. 그러나 이놈의 상전이 문제였다. 오토바이를 모시고 가야 했다. 오토바이를 모시고 30분 내려가다 인내심이 한계에 도달했다.

"아마니주리, 자네가 오토바이 끌고 와라."

"혼자서는 못 간다니까."

"나는 유적을 봐야 된다고. 오토바이는 여기 놓고 가자. 나 혼자 간다. 좀 바쁘다고."

그러나 아마니주리는 오토바이를 놓고 갈 생각이 없다. 혼자서 끌고 오렴. 나는 갈 테니. 매정하게 오토바이를 외면하고 걸어서 20분쯤 가니 호숫가에 닿았다. 멀리서 아마니주리는 눈에 빠진 오토바이를 열심히 끌어 내리고 있었다.

누가 코끼리를 쏘았나?

 상상하기 힘든 돌무더기가 우뚝 서 있고, 그 주위로 인공 해자가 둘러쳐져 있었다. 방위를 알리는 새끼 돌무더기들이 네 방향으로 뻗어 있고, 그 무더기 끝마다 사슴돌(鹿石)이 서 있다. 누가 만들어 놓은 것일까? 어떤 이는 몽골의 3대 대칸 구육의 무덤이라고 하고, 어떤 이는 상대(商代) 중국 북방 유목민 귀방(鬼方)의 유적이라고 한다. 문물에다 문자를 끌어다 붙이는 중국인들의 능력에 혀를 두른다. 아무리 보아도 빙퇴석 무더기로 보이는 것을 두고 칭기즈칸이 서정(西征) 때 만든 잔도였다고 부르는 사람들이니까. 언제 것이든 알타이에서 이런 돌무더기 건축은 흔하다. 아마도 누군가의 묘일 것이다. 그리고 제사 장소일 것이다. 멀리 흑해에서 알타이를 넘어 흥안령까지 이어진 유목 민족의 조상들, 스키타이에서 여진까지 이어진 초원 사람들의 성소다. 알타이를 세상의 중심으로 알고 있던 사람들이 이 돌무더기를 세웠으리라, 그들이 아는 세상의 배꼽에다.
 해자를 건너 돌무더기로 다가선다. 발아래로 진흙 펄이 밟힌다. 오랜 세월, 고운 먼지가 가라앉아 생긴 펄은 연한 두부보다 부드럽다. 고원의 물이 가슴까지 찬다. 검은빛 물 위로 풀 썩은 향기가 돈다. 다행히 물은 키를 넘기지 않고 돌무더기까지 나를 인도한다. 햇볕을 머금은 돌은 따듯하다. 독수리 한 마리가 하늘을 빙빙 돈다. '하지만 몽골은 어디 있나?' 오토바이를 포기한 아마리주니가 물 건너에 서 있다. 쿠르간 발치에서 주위를 둘러봐도 사람은 흔적도 없다.

다시 물을 건넌다. 가슴에서 허리로, 허리에서 무릎으로 물이 줄어든다. 고원의 바람이 살갗을 스치면 한기가 든다.

"몽골인들은?"

"산을 넘어갔나 봐."

"…… 언제 이곳으로 오나?"

"모르지. 국경까지 갔나 봐. 일주일 정도 있으면 올까."

어디로 간 것일까? 세상 아름다움의 반을 차지한다는 이 알타이를 두고서.

1219년 어느 날. 칭기즈칸은 알타이 어느 지방을 지났다. 혹자는 이곳 삼도해자를 지났단다. 한여름에도 눈이 쌓여 있는 곳을 지나갔다고 한다. 자기가 보낸 상인 450명의 복수를 위해 알타이를 건넜다고 한다. 저 멀리 천산 너머, 중앙아시아 거의 전체를 지배하고 있던 호라즘 제국의 심장부를 향해서. 그리고 당시 세계 최대의 도시들이 모두 불탔다. 부하라, 사마르칸트, 우르겐치가 불탔다. 어떤 기록에는 사마르칸트가 함락된 후 몽골군 한 명당 도시민 24명을 맡겼고, 그 작전에 참여한 몽골군단의 인원은 5만이었다고 한다. 사실이 아니었을 것이다. 아무리 큰 도시라도 도시민이 100만을 넘을 수는 없었을 테니까. 하지만 대항한 사람 대부분이 학살당했던 것은 사실이다. 몽골인이 편찬한 자료에도 이를 부인하지 않으니까.

그리고 불과 500년 남짓 지난 18세기 중반 어느 날. 남에게 속하지 않고 독자적으로 살아 보고자 했던 어떤 몽골 부족이 학살당했다. 강자가 약자가 되고, 가해자가 피해자가 되는 인과응보의 결과일까? 아니다. 그것은 이 부족이 치러야 할 대가가 아니다. 이 부족은 칭기즈칸이 일어날 시절에는 산림 속에 살았다. 산림 속에 사는 사람들은 인간에게 화살을 겨누지 않는다. 산짐승을 따라 다니며 사냥을 하는 부족들은 거대한 권력을 필요로 하지 않는다. 이들은 칭기즈칸에 의해 세상으로 나왔고, 또 칭기즈칸의 후예들이 힘을 잃자 몽골의 주인이 되고자 했다. 그리고 아주 짧은 시절 얼마간의 힘을 얻었고, 곧 멸망했다.

이제 준가르(오이라트)는 없다. 나는 없는 것을 찾아다녔다. 오래전에 이미 없었다. 나는 그 기록은 못 보았던 것이다.

> 준가르는 오래전에 붕괴되었다. 예컨대 쿠르 카라우수, 타르바가타이, 바르콜, 우루무치, 이리의 동쪽

이든 서쪽이든 오이라트 종족의 천막은 하나도 없
다. 「황조경세문편」

  이것은 무려 200년 전의 선배가 직접 목격한 것이다. 그런데 지금 와서 내가 무슨 수로 그들을 찾는단 말인가.
  코끼리는 넘어졌다고 한다. 코끼리는 왜 넘어졌나? 누가 코끼리를 쏘았나?

2
초원의
목격자들

17세기 말에서 18세기 초까지 초원은 너무 많은 피를 흘렸던 것 같다.
그런 운명은 짐승도 마찬가지였다.

낙타는 힘이 세다

낙타로 만든 성벽

 그날 산허리에 동료들과 함께 꼼짝없이 묶여 있었다. 앞 친구의 허리에 머리를 푹 파묻고 두꺼운 모전(毛氈) 아래 몸을 숨겼다. 타당, 타당. 기실 조총 따위는 무섭지 않다. 모전을 뚫고 들어와도 피부 깊숙이 박히지는 못할 것이다. 대가 굵은 화살도 먼 거리를 날아와 힘이 없다. 언제 끝날 것인가? 하지만 언제나 승리할 것만 같던 주인들이 오늘은 왠지 움츠러든 것 같다. 동쪽으로 수천 리를 달려오는 중에 준가르의 깃발을 보고 달려드는 이들은 많지 않았다. 그러나 저들은 계속 산을 기어오른다. 순간 두려움이 밀려온다. 어서 밤이 찾아오기를. 그런데 이게 뭔가? 옆구리를 묵직한 것이 파고든다. 처음 느끼는 고통, 커다란 쇳덩어리 공이다. 이 쇠공은 나도 도저히 견딜 도리가 없다.

 '아, 어머니, 저는 천국의 문을 두드리고 있어요.'

 지금 천국의 문을 두드리고 있는 나는 누구인가? 나는 낙타다. 서방에서는 박트리아 낙타라고 부르는 혹이 둘 달린 낙타다.

2미터의 키, 1000근의 거구를 가진 나는 초원에서도, 사막에서도 가장 큰 짐승이다. 가시덩굴도 가리지 않고, 사막에 듬성듬성 난 풀에도 감사하며 지냈다. 나는 말보다 몇 배의 짐을 지고 다닐 수 있고, 물 없이도 몇 날을 견딜 수 있다. 나는 천막, 피륙, 무기, 양식을 나르며 알타이를 넘고 모래 언덕을 지나 이곳 울란부퉁까지 왔다. 그리고 칸의 명령으로 이제 다리가 묶여 엄폐물이 되어 누워 있다.

그날 낙타가 본 모습은 이렇게 기록되어 있다. 양군은 화살을 비 오듯 퍼부었고, 만주군의 좌익은 숫자를 믿고 계속 돌진했다. 낙타들의 주인인 준가르 군대는 너무나 지쳐 있었지만 완강하게 저항했다. 말과 사람들이 죽어 나가고, 동료들도 죽어 나갔다. 화살도, 총알도 무섭지 않았지만 대포는 견딜 재간이 없었다.

다행히 만주군의 우익 앞에는 늪지대가 가로막고 있었다. 말도 대포도 그 늪지대를 쉽게 통과하지 못할 것이다. 밤이 오자 양측은 일단 군대를 물렸다. 칸은 북쪽으로 퇴각했다. 살아남은 우리 낙타들도 퇴각했다. 1690년. 울란부퉁 초원까지 준가르의 갈단 칸을 따라온 낙타는 만주의 칸 강희의 군대에게 밀려 다시 서쪽으로 발길을 돌리게 된다.

상대편 만주군에 속해 있던 낙타의 운명도 마찬가지였다. 무거운 양식과 침구들을 옮기고, 심지어 대포까지 옮기다가, 식량이 떨어지면 잡아 먹혔다. 살아 있는 동안의 고통으로 치자면 준가르 낙타보다 북경을 떠난 만주군의 낙타가 훨씬 가혹한 시간을 보냈다.

17~18세기 초원에서 낙타로 산다는 것은 미결수(未決囚)로 사는 것처럼 불안했다. 그러나 이보다 훨씬 더 가혹한 환경이었지만 좀 더 의미 있는 역할을 부여받은 낙타도 있었다. 그들은 이런 상황을 겪었다.

낙타 돌격대

우리는 좀처럼 뛰지 않는 족속이다. 200근이 넘는 천막, 두꺼운 담요, 온갖 가재도구를 싣고 사막을 걸을 수 있는 짐승은 우리밖에 없다. 우리는 심지어 동료 말들이 먹을 풀도 싣고 다닌다. 그런데 이번에는 이 무거운 짐을 싣고 달리기까지 해야 하는 처지가 되었다. 100년이 넘는 시간 동안 우리 조상들이 살던 볼가 강 초원, 긴 풀이 자라는 곳이다. 아직 초원에 눈도 녹지 않은 정월, 칸은 길을 재촉했다.

그러나 눈 덮인 길을 달린 지 한 달이 못되어 일련의 코사크 기병대를 만났다. 약탈로 유명한 차르의 용병들이 계곡을 막고 피난민을 내려다보고 있었다. 겨울에 말은 이미 힘이 없어 달리지 못하고, 칸은 반드시 저 계곡을 통과하라고 했다. 그래서 우리를 썼다.

토구트 몽골의 가장 용맹한 전사들이 우리 등에 올라탔다. 그리고 계곡을 막고 있는 이들을 향해 돌진했다. 우리는 뛰었다. 우리의 등에는 목숨을 걸고 자유의 땅을 찾아가는 이들이 타고 있다. 그러나 저들은 사람 목으로 장사하는 놈들이다. 저놈들은 유목민이 아니다. 화살과 총알을 뚫고 달리는 선봉에 우리가 섰다. 좀처럼 뛰지 않는 우리가 뛰었다. 토구트의 화살 한 대는 적의 목숨 하나였다. 우리가 한 걸음 다가가면 적은 두 걸음 물러났다. 그리고 길을 열었다.

1771년 정월 볼가 토구트의 칸 우바시는 준가르로 돌아가고자 했다. 유목민은 전쟁을 한다. 자신과 가축을 지키기 위해 싸우고, 혹은 기아로 먹고살 길이 없을 때는 에누리 없이 약탈한다. 때로는 자신의 가축을 늘리거나, 더 나아가 국가를 세우기 위해 전쟁을 한다. 하나 몽골의 칸이 용병이 된다? 받아들일 수 없는 일이었다. 볼가 토구트는 차르를 위해 스웨덴인들과 싸운 지 얼마 되지 않아 또 오스만인들과 싸웠다. 인구가 겨우 수십만에 불과한 부족이 남의 나라 전쟁에 수천, 때로는 수만의 장정이 차출당했다. 견디기 힘든 일이었다. 하여 그들은 원래의 고향 준가르 땅으로 한겨울에 대탈출을 감행한다. 차르의 용병 코사크들이 흑해로 고기잡이를 떠났기 때문이다.

그래서 달리고 달려 왔는데 카자흐 초원으로 들어가는 길목을 코사크가 막아선 것이다. 그때 토구트의 전사들은 뛸 수 없는 말을 대신해서 낙타를 타고 싸웠다.

시련은 끝이 아니었다. 카자흐 초원에 들어서자 다시 카자흐인들이 달려들었다. 카자흐인들은 준가르인들에게 당한 고통을 기억하고 있었다. 준가르와 같이 오이라트의 일족인 토구트가 옛 준가르의 땅으로 들어가면 다시 카자흐는 고난을 겪을지도 모른다고 생각했다. 그들은 토구트를 철저히 약탈하고자 마음먹었다. 투르가이 강가에서 다시 토구트와 카자흐의 대전이 벌어졌다. 이때도 낙타가 말을 대신해 선봉을 맡았고 초원이 피로 물들었을 때야 동쪽으로 가는 길을 열 수 있었다. 떨어졌다가 또 다가오고 또 다가오는 이들. 황소를 따라가는 쉬파리처럼 물러났다 몰려들고를 반복하며 피를 빨았다. 그러나 토구트는 멈추지도, 투항하지도 않았다. 누군가의 표현처럼 그들은 정말 도저히 이해할 수 없는 거대한 힘에 이끌려 계속 동쪽으로 이동했다.

카자흐 초원에 들어섰을 때 눈이 녹기 시작했다. 눈이 녹을 때 초원은 진창으로 바뀐다. 발굽이 작은 말과 소는 계속 진창으로 빠져들고, 그때 짐을 감당해야 했던 짐승은 다시 낙타였다. 굶고 쫓기는 상황에서 사람들이 기댈 곳은 낙타였다. 그리고 그들은 짐실이로서, 돌격대로서의 임무를 모두 소화해 내고 인간들을 목적지로 데려다 주었다.

모가지가 길어서 슬픈 짐승은 사슴이 아니라 낙타다. 거구지만 모가지가 너무 길어서 코뚜레만 하면 속절없이 끌려 다닌다.

기다란 속눈썹에 검고 깊은 눈, 뿔도 없는 나는 조물주가 세상 순한 것들의 정수만 모아서 만든 짐승이다. 발굽이 넓어서 슬픈 짐승은 아무리 무거운 것을 실어도 불평을 하지 않는다.

오늘날 신강성 전체의 낙타 수는 10만 마리 남짓이고, 반세기 전에도 그 수는 10만 마리 내외였다는 기록이 있다. 실제로 준가르 군대가 1만 마리의 낙타를 울란부퉁까지 데리고 왔다면, 자기들 목초지의 낙타란 낙타는 거의 다 끌고 왔다는 이야기다. 그리고 그 낙타로 성을 쌓았다.

보신탕이 되다

얼마 전 내몽골의 바단지린 사막에서 낙타에 관한 이야기를 몇 가지 들었다.

"20년 전에는 좋은 것이 450원이었고, 나쁜 것은 300원도 안 됐어. 그런데 지금은 좋은 게 8000원이 넘어."

"정말요?"

"정말이지."

낙타 값이 20년 사이에 20배가 올랐다는 것이다. 물가 상승을 감안한다 하더라도, 최소한 다섯 배는 오른 것이 사실이다. 낙타 한 마리 값이 좋은 말 두 필 값이라고 한다. 그전까지만 해도 낙타는 이미 효용을 잃은 짐승으로 취급되어서 거의 가치가 없었다. 그런데 왜 그렇게 가격이 올랐을까?

"낙타 고기가 양기를 보충한대. 남자들이 정력제로 먹어. 1킬로그램에 40원이야. 옛날에는 2~3원이었지."

이제 낙타는 보신탕거리가 되었다.

내몽골 얼치나기에 섬처럼 남아 있는 토구트 공동체의 도르지 아저씨에게서 낙타 이야기를 들었다.

"말을 못 키워. 경제성이 없어. 이제 초지도 없어지고. 낙타는 가시나무도 먹으니까 키우지. 겨울에도 사막에서 마른 풀을 먹으니까. 이제 여기 말은 없어. 낙타도 없어지겠지. 그때는 다른 일을 찾아야지."

풀이라고는 가뭄에 콩 나듯이 나 있는 사막의 오아시스. 붉은 사막 버드나무들만 모래 언덕을 덮고 있는 곳에서 아저씨와 나는 낙타는 잡으러 갔다. 나보다 여덟아홉 배는 무거운 녀석들, 게다가 수십 마리나 되는 무리가 이방인을 보고는 무작정 달아난다. 기린처럼 기다란 목을 세우고 종지만 한 검은 눈을 휘둥그레 뜨고 이방인을 감시하다, 다가가면 달아나고, 또 다가가면 달아난다. 사막에서 자네를 이길 수 있을쏘냐. 사막의 기린아여.

말 탈 줄 아나?

몽골의 '거세마'들이 야위었다고 한다. 우리는 각자의 나라를 이끌고 알타이를 넘어 이동하면서 각자의 군대를 정비하고 그들을 끌고 가서 알타이의 남쪽에 이르기까지 개싸움을 싸우며 가서 (저들 말의) 배가 들어가게 하고, 몽골의 '거세마'들을 지치게 하여 그들의 얼굴 위에 화살을 퍼붓자. 「몽골비사」

거세마를 위하여

나이만의 타양 칸이 칭기즈칸과 싸울 때 자신들의 거세마는 살이 쪘고 몽골의 말은 여위었다고 판단하고 한 말이다. 이렇게 초원에서 전쟁에 나가는 수말은 새끼를 낳을 수 없는 말이었다.

왜 거세된 말을 쓰는가? 거세하지 않으면 발정 난 말끼리 얽히고, 이렇게 본능에 충실한 말들을 가지고는 초식 동물의 본능과는 가장 어울리지 않는 전쟁터를 누빌 수 없기 때문이다. 말을 거세하는 습관은 분명히 말을 집단적으로 사육하는 초원에서 생겼다. 초원의 말들은 무리를 지어도 서로 싸우지 않고, 암말을 보고 날뛰지 않고, 야습을 할 때 울음소리를 내지 않으며, 극한 조건에서도 얌전히 사람의 말을 듣는다.

초원에서는 언제 싸움이 벌어질지 모른다. 싸움이 벌어지면 말은 갑옷이나 활보다 더 중요한 전쟁 도구다. 상대를 죽이는 것보다 중요한 것은 내가 살아남는 것이다. 초원에서 목숨을 부지하자면 내구력이 강하고 순종적인 말이 절대적이다. 스키타이나 몽골인들이 대량으로 말을 거세한 것은 분명 전쟁 때문이었을 것이다. 농경 사회인 아랍 세계에서는 아예 전투용으로는 암말만 쓰되 수말을 거세하지 않는다. 그러니 거세마는 분명 초원의 전통이다.

하지만 말의 입장에서 보면 참으로 기가 막히는 일이 아닌가. 『춘추좌전』에 "발정 난 소나 말이 서로 유혹하여 끌어들일 수 있는 거리도 아닌데, 왜 우리나라로 쳐들어오셨습니까?"라는 초나라 명신의 명언이 기록되어 있다. 비록 비유적이지만 말이나 소는 일단 발정 나면 국경을 가리지 않고 욕구를 해결하는 짐승이다. 그래서 어느 문명권이든 종마(種馬)는 남성의 원시적 욕구의 상징으로 받아들여진다.

봄에 암말 냄새를 맡고 흥분한 종마가 킁킁거리는 모습은 자연이 준 욕망과 자연 자체가 가장 자연스럽게 어울리는 풍광 중 하나다. 그 욕망의 정수가 뿜어져 나와 새 세대를 열 것이다. 새끼 양, 송아지도 다 예쁘지만 천방지축 뛰어노는 망아지만큼 귀여운 짐승은 쉽게 찾을 수 없다. 하지만 그놈이 수컷이라면 초원에서는 거세를 피하기 어려웠다. 종마가 되는 몇 마리를 제외하고는 말이다.

이제 말을 타고 전쟁하는 시기는 지났다. 어떤 곳에서는 전쟁을 벗어나 자연의 품성으로 돌아가는 말들도 있다. 그러나 몽골인들은 아직도 전쟁에서 조상들의 목숨을 지켜 주었고, 오늘날도 떼어 낼 수 없는 친구인 말이라는 동물에 대해서만은 보통 가축과는 다른 애틋함을 품는다. 초원의 과거와 현재를 돌아보기 위해서 말을 타지 않을 수 없기에, 말을 대할 때 응당히 취해야 할 몇 가지 예의를 갖추는 것이 좋을 것 같다.

말은 눕고 싶다

신강 보르탈라 아르샤티 초원에는 2011년 10월 새신랑이 될 초루가 산다. 초루 바투르. 돌멩이 같은 용사라는 뜻이다. 한쪽 눈을 감고 봐도 딱 몽골 사람이다. 검은 눈썹에 옆으로 쭉 찢어진 눈. 콧날은 쭉 뻗어 멋있지만 그 높이만큼 튀어나온 광대뼈가 그가 벌판에 사는 사람임을 여실히 보여 준다. 투박하고 직선적인 말투와 굵은 손마디가 꽤나 어울리는 젊은이다. 하지만 몽골인답지 못하게 술을 마시면 비틀거리고, 시커먼 얼굴에 걸맞지 않게 수줍음이 넘친다.

초루는 앞으로 이 글에서 다시 등장할 울란 바투르의 이종사촌이다. 울란 바투르는 이종사촌 집에 나를 던져두고는 볼일을 보러 갔다. 다 큰 남자들끼리 곰살맞은 대화가 있을 리 없다. 하는 이야기는 말이다.

"말 탈 줄 아나?"

"안다."

초루가 마구를 챙겨서 나온다. 허리가 날씬하고 눈망울이 순한 검둥이한테 마구를 채운다. 옆에는 이미 마구를 채워 놓은 누렁이도 있었다.

"채워 놓은 말이 있는데?"

"이놈은 말 안 듣는다. 고집이 세다."

"너무 노회한 녀석인가?"

"검둥이가 일곱 살, 누렁이는 열세 살."

내가 원래 타고자 했던 고집쟁이 누렁이는 어떤 놈인가? 한참 이발을 하지 않아서 갈기가 무릎까지 내려오고, 눈도 이마에서 흘러내린 털에 가리고, 꼬리는 땅에 끌린다. 짧고 굵은 다리와 목, 왠지 웃음이 나오는 외모 때문에 녀석이 질주하는 모습이 상상이 안 된다. 놈은 거의 걸어 다닌다. 술 취한 주인아저씨를 태우고 천천히 걸어 다니는 장발족이다.

누렁이가 보기에 나는 자기 등에 탈 자격이 없다. 어쩔 수 없이 순둥이 검둥이를 먼저 타고 초원을 한번 배회했다. 검둥이는 순하고 영리해서 안장에 앉으면 마치 편안한 의자에 앉은 듯하다. 그래도 누렁이에 대한 미련이 가시지 않았다.

2011년 봄에는 유난히 눈이 많았다. 아직 산 중턱에 눈도 녹지 않은 4월 초, 초원에 나가 봐야 양들은 없는 풀을 찾아 바빠 움직여서 목동이 여유롭게 즐길 틈도 없다. 하지만 곧 다가올 봄을 위해 양들을 훈련시킨다. 초루와 나는 양 몰이를 나섰다. 풀은 별로 없지만 햇볕은 좋으니까.

"누렁이 한번 태워 줘."

초루는 빙글빙글 웃는다. 그래도 걱정하는 표정은 아니다.

"뛰지 마라. 떨어뜨린다."

웃음으로 대답했다.

"말 뒤에 가지 마라. 찬다."

초루는 과장된 몸짓으로 발의 발길질을 흉내 낸다. 이 누렁이가 말인지 상전인지 분간이 안 간다.

"알았다."

초루는 어려운 일을 내게 맡긴다.

"나는 양 따라 갈 테니 놀다가 천천히 와라."

논다고? 일단 타고 보니 녀석이 나를 태우고 논다. 이놈은 정통 몽골 말이다. 단단하게 뭉친 체격이며 굵은 목에다, 고개를 달랑거리지 않는 품도 좋다. 그래 얼마나 고집이 센가 한번 보자. 기선을 잡기 위해 배를 조이고 힘을 준다. 한 번 거칠게

고삐를 당겨 주고 말을 걸었다.

"가자."

반응이 없다. 주인이 아닌지 이미 알고 있는 녀석. 어르고 달래도 꼼짝없다.

"츄(뛰어)!"

어림없다. 발로 배를 한 번 찬다. 그제야 가소롭다는 듯이 움직이는 녀석. 내리막길이든 오르막길이든 고삐와 상관없이 제 길을 간다. 그 고집을 이길 수가 없다. 다만 저 멀리 초루의 양 떼만 보고 기어가듯 천천히 간다.

하지만 이 중늙은이 말은 세상사를 많이 안다. 활을 보면 얼른 멀리 물러난다. 화살을 얹을 때는 항상 옆으로 비켜나고, 또 시위 소리가 들리면 황급히 더 멀리 달아난다. 활과 화살이 무엇인지 아는 까닭이다. 그렇지만 그보다 어린 말들은 시위 소리를 들어도 그냥 풀을 뜯는다.

누렁이는 거세하지 않은 말이다. 놈은 아직 아버지가 될 자격이 있다. 그래서 놈은 거칠고 고집이 세다. 그놈은 아직 남자다.

사람들은 오해하고 있다. 잔등이 넓어서 올라탈 수 있지만, 사람이 타라고 잔등이 넓어진 것은 아니다. 화살이 쏟아지는 전장을 직선으로 질주하지만 겁이 없어서 전진하는 것은 아니다. 거세당하고, 본성이 꺾이고, 오랜 시간 동안 인위적으로 길들여진 것이다. 말은 원래 겁쟁이다. 그리고 직선으로 달리지 않는다. 모든 초식 동물은 심하게 방향을 꺾으며 달린다. 아무리 뛰어난 기수도 본성 그대로 마구잡이로 방향을 바꾸는 말을 타고 달리기는 어렵다.

"중국의 말은 타타르(몽골)의 말 울음소리만 들어도 달아난다."라는 표현이 있다. 중국의 말도 몽골에서 왔는데 왜 그렇게 되었을까? 실제로 군집 생활에 단련되지 않고, 화살을 뚫고 달리는 경험이 없는 말들은 전쟁에서 무용지물이다. 그 수많은 몽골의 말들이 전쟁터를 누볐다는 것은 생식을 못하는 수컷들이 초원을 뒤덮었다는 이야기다. 화살에 동료 말이 쓰러져도 몽골의 말은 앞으로 달린다. 그들을 그렇게 길들여져 있다. 용감해서가 아니라 길들여졌기 때문이다.

용감한 말의 슬픔

내몽골 시린골 초원에서 만난 슈더의 말은 보르탈라의 누렁이와는 천양지차였다. 서구산 경주마와 몽골마의 혼혈인 녀석은 현지 말보다 키가 한 뼘은 더 크다. 가는 목, 날씬한 허리와 엉덩이, 그리고 긴 다리와 짧고 윤기 나는 털. 과천 경마장에서나 보던 그런 말과 비슷하다. 그러나 녀석은 거세한 경주마다. 이름도 '강가르', 빨리 달리는 녀석이라는 뜻이다. 슈더가 계속 주의를 준다.

"이놈은 너무 빠르다. 위험하다."

말이 빠른 것이 대수인가. 말은 빨라야지. 고삐를 넘겨받고 바로 호기심이 발동했다.

"강가르, 츄!"

녀석은 민감하다. 옆구리를 툭 치자마자 뛴다. 몇 발짝 만에 시속 50킬로미터에 도달하는 녀석. 한 치의 오차도 없이 전속력으로 직선으로 뛴다.

아차. 이제 유목은 사라졌다는 것을 잊었다. 시린골 남부 초원은 마치 과수원처럼 철조망이 쳐져 있다. 겨우 200미터 앞에 철조망이 가로막혀 있을 줄이야. 전속력으로 달리던 강가르는 갑자기 철조망이 등장하자 장애물을 몇 미터 앞두고 몸을 비틀며 멈춰 선다. 초보 기수는 말 위에서 곧장 내동댕이쳐졌다. 다른 선택은 없었다. 잘생기지는 못해도 단단하게 뭉쳐진 한반도 산 몸뚱이는 그래도 잘 견뎌 낸다.

강가르는 분명히 잘생기고 빨랐다. 발길질도 없는 순한 말이었다. 그러나 그 거세한 경주마의 역동적인 속도에도 불구하고 보르탈라 초원의 누렁이 같은 늠름함과 현명함은 보이지 않았다. 유원지마다 이런 키 크고, 말끔하게 털을 손질한 잡종 거세마들이 넘친다. 젊은이들은 돈을 받고 말 달리기를 보여 준다. 날렵한 기수를 태운 말 대여섯 마리가 함께 지축을 울리며 달리는 모습이 장관이다. 하지만 약주를 거나하게 하신 초루의 부친을 태우고 느릿느릿 집으로 오는 털보 누렁이 같은 멋은 없다. 말은 몽골인의 친구다. 거세하지 않은 수컷은 자연의 선물이다.

울란 바투르가 한 말이 떠오른다.

"몽골인은 말을 먹지 않는다. 아침에 타던 것을 저녁에 먹다니 말이 되나? 카자흐 녀석들이나 먹지."

초루는 이렇게 말했다.

"말이 죽으면 목은 잘라서 산마루나 높은 나무 위에 올려놓는다. 말이 들판을 바라볼 수 있게."

또 어떤 몽골 무당 할아버지는 내게 누워 있는 말 장식이 있는 주머니칼 하나를 주며 이렇게 말했다.

"시절이 좋으면 사람도 쉬고, 말도 쉰다는 뜻이야. 그래서 이렇게 누워 있는 말을 조각하지."

이렇게 초원 사람들은 누워 있는 말을 좋아한다. 양치기들의 말은 대부분 걸어 다닌다. 원래 말은 활시위 소리를 들으면 달아난다. 사람도 짐승도 본성은 그렇다. 그러나 우리가 들어가는 초원과 사막에서는 낙타도 말도 고된 시간을 보냈다. 그들은 화살이 날아드는 소리를 참고 앞으로 달려야 했다.

말도 낙타도 전쟁만 그치면 다시 본성으로 돌아가는데 사람은 왜 그렇지 못하는 것일까? 말과 낙타가 역사를 기록한다면 난마 같은 과거사의 실마리가 조금은 풀릴지도 모르겠다. 사람이 가끔 말과 낙타의 눈을 가질 수 있다면 이 서부의 역사가 바뀌었을까?

3

몽골끼리
싸우지 말자

흔들리는 몽골

 원(元) 제국이 망한 후 초원과 정주 세계의 우월 관계는 이미 역전된 것 같다.

 흉노인들의 초원에 제국을 세운 이래 정주민들은 수십분의 일, 혹은 백분의 일밖에 되지 않는 초원 사람들 때문에 두려움에 떨었다. 그리고 만주와 몽골 고원 사이의 아르군 강 일대에서 발원했을 것으로 추측되는 몽골이라는 작은 종족이 초원을 장악하고, 거대한 정주 세계들을 자신의 말발굽 아래 두었을 때 초원 세계의 힘은 정점에 이르렀다.

 그러나 불과 200년을 지탱하지 못하고 칭기즈칸이 세운 제국들이 동서남북의 곳곳에서 붕괴한 후, 티무르가 잠시 중앙아시아에 광풍을 불러일으켰을 뿐, 초원은 더는 정주 세계의 대항마가 되지 못한 것 같다. 물론 칭기즈칸의 후예들은 최소한 정주민의 군대보다는 말을 더 잘 탔고, 활을 더 잘 쐈다. 남쪽에서 생긴 명(明)이라는 한족의 왕조는 초기의 몇십 년을 제외하면 군사적으로는 지리멸렬했다. 정통제라는 어리숙한 황제가 오이라트부의 수령 에센에게 사로잡힌 것이 1449년이니, 몽골을 쫓아내고 만든 왕조가 겨우 50년 만에 다시 몽골 한 부락의 수장에게 당한 것이다.

그럼에도 서서히 초원과 정주 세계가 역전하는 큰 흐름은 바뀌지 않았다. 지지부진한 명보다 초원의 상황은 더 지지부진하게 전개된다. 명은 군사적으로 대응할 능력은 없더라도 최소한 성을 쌓을 정도의 여력은 있었다. 또한 기원전부터 익혀 온 이 이제이의 기술은 한층 원숙해져 있었다. 그러나 몽골은 몽골끼리 싸웠다.

그때 남방의 명보다 더 위협적인 존재가 북방에서 등장했다. 몽골의 충실한 신하였던 모스크바가 더는 주치 울루스(킵차크 칸국)의 칸들에게 조공을 바치지 않기 시작한 것이다. 기원이 모호한 러시아 종족은 그만큼 다른 문화를 빨아들이는 데 재주가 있었다. 그들은 초원 사람들의 통치를 받는 동안 초원의 장점들을 흡수했는데, 초원 사람들처럼 말을 타고 그들처럼 상업세를 걷고 또 그들처럼 전투하는 방식을 익혔다. 그리고 비잔틴 제국에서 정주 세계를 통치하는 방식들을 도입했다. 15세기 전반이 되면 이들은 몽골처럼 강하고 몽골보다 더 호전적인 민족으로 성장한다.

1552년 카잔 칸국은 이들 러시아인들에 의해 무너졌다. 킵차크 초원에서 몽골의 방벽이 뚫리자 러시아인들이 동쪽으로 물밀듯이 밀려들기 시작한다. 몽골의 굴레를 벗어나자마자 과거의 설움을 풀기라도 하듯, 이들은 동쪽으로 남쪽으로 밀려들어와 몽골을 옥죄었다.

17세기는 동쪽에서 격변이 일어난 시기다. 만주인들은 모스크바인들보다 훨씬 수가 적었다. 기껏 수십만의 인구에 10만이 안 되는 군인들을 거느린 만주인들이, 대포가 일상적으로 쓰이던 근대 초기에 인구가 자신들의 200배가 넘는 명나라를 차지했다는 것은 상식적으로 이해할 수 없는 사건이었다. 그러나 더 이해하기 어려운 점은, 1636년 칭기즈칸 가문의 적통임을 자임하는 차하르를 비롯한 내몽골 16아이막이 만주의 칸을 자신들의 칸으로 인정했다는 것이다. 한 아이막이 1만 명만 동원해도 기병 16만이 모인다. 규모로 따진다면 만주는 차하르 아이막 하나 별반 차이가 없었다. 그럼에도 몇 배의 수를 자랑하며 언제나 삼림에 사는 사람들을 조공민으로 거느리던 콧대 높은 몽골의 수장들이 모두 모여, 밭을 갈고 사냥이나 하던 그 삼림민의 수장에게 머리를 조아린 것이다.

이제 몽골 세계를 구성하던 축 하나가 떨어져 나갔다. 풀이 길게 자라며, 남쪽으로 가는 길목들을 차지하고 있던 내몽골이 떨어져 나갔다. 그래서 오늘날의 몽골 고원을 차지하고 있던 할하, 그리고 알타이 서쪽으로 천산과 이르티시 일대를 차지하고 있던 오이라트가 남는다. 여기서 말하려는 부족이 바로 오이라트, 그중에도 17세기 이후 주도권을 쥐는 준가르다.

　이제 몽골이 정주 제국들에 의해 포위되었다. 이제껏 정주 제국이 몽골 제국의 땅으로 들어온 적은 없었다. 어떤 정주 제국도 초원에 대한 소유권을 주장하지 않았다. 초원에서는 농사를 지을 수도 없고, 거친 초원 사람들을 정주민의 발아래 두는 것은 거의 불가능했기 때문이다. 그러나 만주나 모스크바는 초원으로 들어올 태세를 보이고 있었다. 만주는 초원인들을 자신들의 용병으로 쓰고 싶어 했고, 모스크바는 땅 밑에 있는 자원과 땅 위에 있는 동물의 털가죽을 원했다. 만주나 모스크바인들은 원래 반은 초원인들이었기에 초원인들을 잘 알았고 몽골인들과의 대결에 자신감을 가지고 있었다.

　만주인들은 수가 적었다. 그러나 그들은 항상 몰려다녔다. 몽골의 마지막 대칸인 차하르의 릭덴은 명나라와 연합하여 만주의 홍타이지를 방어하려 했다. 홍타이지는 몽골의 약점을 잘 알고 있었다. 몽골은 흩어져 있었고, 칸의 권위가 미치는 범위는 차하르 주위의 몇 부에 지나지 않았다. 그는 몽골인들끼리 뭉치지 못하게 했다. 몽골의 어떤 타이지나 칸도 만주의 홍타이지에 비하면 정치적으로 미숙했고 야망이 없었다. 그는 만주와 접하고 있던 몽골의 부락들을 설득해 나갔다. 한 부락 한 부락 각개 격파되었고, 패배를 인정하면 즉각 무력을 멈추었다. 만주 부대는 약탈을 하지 않았다.

1626년 만주군은 호르친과 연합하여 차하르의 릭덴 칸을 공격했다. 감히 공식적인 전(全) 몽골의 칸을 공격한 것이다. 이에 응수하여 릭덴은 호르친을 응징했다. 그러자 투메드, 오르도스, 아수드, 융시에 등 오늘날 내몽골에 위치한 부족들이 모두 돌아서서 호르친을 지원했고, 릭덴 칸의 4만 3000 대군은 궤산되고 말았다. 1632년 홍타이지가 직접 차하르를 정벌하기 위해 서쪽으로 다가올 때 릭덴 칸이 할 수 있는 일이란 더욱 서쪽으로 달아나는 것뿐이었다. 얼마 후 차하르부는 만주에 항복하고 말았다.

동서가 힘을 합치자

고비 사막 남쪽의 몽골족(막남(漠南) 몽골, 혹은 내몽골)들이 만주로 돌아서고 있을 때 오늘날의 몽골 고원을 차지하고 있던 할하 몽골은 무엇을 하고 있었나? 명나라는 만주의 상대가 되지 못하고, 막남 몽골이 만주로 돌아서면서 할하는 만주와 마주 보는 형상이 되었다. 할하도 각개 격파될 것인가? 한편 초원의 서북쪽에서는 모스크바인들이 남동진하면서 강을 따라 계속 요새를 만들고 있었다. 저들은 어디에서 멈출 것인가? 알타이 서쪽의 오이라트에게는 러시아의 남하가 관건이었고, 알타이 동쪽의 할하에게는 만주의 서진이 걱정이었다.

이런 상황에서 동서 몽골의 왕공들이 거의 모두 참석한

1640년 대회의가 열린다. 몽골인들은 스스로 정치의 필요성을 절감했다. 그들은 할하와 오이라트 쌍방이 지켜야 할 법률을 만들어서 외부의 위협에 대응할 길을 찾고자 했다. 그리고 이 과정에서 준가르의 홍타이지가 주도적인 역할을 맡았다.

오이라트 여러 부족들 간의 초지(草地) 경쟁과 정치 투쟁으로 호쇼트와 토구트 두 거대 부락이 준가르 평원을 빠져나가자 준가르가 곧 오이라트가 되었고, 이제 알타이를 기준으로 준가르와 할하가 맞서는 상황이 벌어졌다. 할하와 준가르는 경쟁할 수도 있고, 전쟁 상황으로 돌입할 수도 있었다. 서북과 동남 양쪽에서 위협은 커지고 있었고, 유목 생활 양식은 위협받고 있었다. 그때 오이라트와 할하가 선택한 것은 대화합이었다. 그 정신이 체현된 것이 1640년 『할하-오이라트 법전』이다. 이 법전은 당시 몽골인들의 지혜의 대전이었고, 몽골의 귀족제 민주주의가 만든 최선의 결과였다.

이 법전에는 동서 몽골이 전쟁을 통한 통합이 아니라 군사적인 동맹을 통해 공존하겠다는 의지가 반영되어 있다. 판본에 따라 다르지만 총 120여 조항으로 이루어진 이 법률은 오이라트-몽골인들의 거의 모든 생활 규범을 망라한다. 즐라트킨에 따르면 이 법을 만드는 데 주도적인 역할을 한 이는 준가르의 바투르 홍타이지이며, 역시 준가르 땅 타르바가타이에서 대회합이 열렸다고 한다. 그렇다면 그는 대(大)쿠릴타이(회합)를 주선한 인물로서 할하의 칸과 대등한 위치에 섰던 것이다. 법조문 여러 군데에서 할하와 오이라트의 대등한 관계가 강조되는 것도 이런 까닭일 것이다. 그때 참여한 사람들의 면목은 다음과 같다.

할하의 자삭투 칸, 준가르의 바투르 홍타이지, 할하의 투시에투 칸, 호쇼트의 구시 칸이 참여했고 심지어 볼가 강가에 있던 토구트의 수장 오어룩 타이지까지 참석했다. 기록에 따라 다르지만 총 28명의 할하와 오이라트 왕공들이 이 대회의장에 참석했고, 고승 몇몇이 참관했다.

특히 주목할 것은, 오이라트와 할하 양대 세력 간의 관계를 규정한 대목들이다. 대법전은 오이라트와 할하 간의 분쟁의 씨앗을 제거하고, 외부의 침입에 대해 공동 응전한다는 것을 누누이 강조한다.

> 몽골인과 오이라트인은 응당 힘을 합쳐서, 법전의 규정을 위반하고, 대아이막의 인민을 죽이고 약탈한 자들에 대해서는, 전 몽골과 오이라트가 단결하여 응징한다. 범인은 추방하고, 그 전 재산을 몰수하여 반은 피해자에게 주고 나머지 반은 평균 분배한다.
>
> 변경 소아이막의 인민을 약탈한 자는 갑옷 100벌,

낙타 100마리, 말 1000필로 배상해야 한다. 또한 약탈한 물품들은 반드시 배상해야 한다.

화사(火蛇)의 해(1617)부터 지룡(地龍)의 해(1628) 사이 포로가 된 바르곤, 바투드, 호이트 부족 포로들로서 (현재의) 몽골(할하) 지역에 있는 사람은 몽골에, 오이라트 지역에 있는 사람들은 오이라트에 귀속시킨다. 가족이 한꺼번에 투항한 사람들은 지체 없이 상호 송환한다. 이들을 송환하지 않을 경우 양 20마리, 낙타 2마리의 벌금을 물리며, 투항자들 역시 송환한다. 오이라트의 도망자들은 오이라트로 인도한다.

적이 습격해 오면 몽골과 오이라트는 즉시 서로 보고하며, 보고를 받고 출동하지 않은 자로서 지위가 대왕공이라면 갑옷 100벌, 낙타 100마리, 말 1000필을 벌금으로 내고, 소왕공이라면 갑옷 10벌, 낙타 10마리, 말 100필을 낸다.

다수의 도망자들에게 도피처를 제공한 왕공이 그들을 인도하지 않을 경우에는, 갑옷 100벌, 낙타 100마리, 말 1000필로 배상해야 하며, 원래 이들 도망자들의 소유주가 배상물의 반을 취한다.

그들은 외부의 위협에 대응하여 내부의 통합을 위한 싸움 대신 정치적 결속을 다짐했다. 그들의 이성은 야성 위에 있었다. 그들은 살아남고 싶었다. 하지만 시대는 바야흐로 제국주의로 흘러가고 있었다. 외부의 위협에 대항하여 오이라트와 할하의 연합은 지지될 수 있을 것인가? 서북과 동남에 공히 강대한 전제 정권이 있었다. 이 정도의 느슨한 연합 세력이 강력한 독재자들에게 맞설 수 있을까? 우선 준가르라는 부족의 내력을 살펴보자.

산림에서 초원으로

'준가르'는 원래 부족명이 아니다. 몽골어로 준가르는 좌익(左翼)을 뜻하므로 칸이 다스리는 영토마다 준가르가 있다. 그러나 17~18세기 준가르 칸국이라면 오이라트의 여러 부족들이 연합하여 만든 국가다. 오이라트 내부에도 크게 네 부족들이 있었으며, 그중에서도 칸국을 세우는 데 주도적 역할을 한 부족은 준가르다. 그때 준가르는 이미 특정한 부족을 지칭하고 있었다.

이 오이라트라는 종족은 어디에서 왔으며, 어쩌다가 최후의 칸국을 만들 수 있었을까? 원래 '몽골'은 매우 작은 부족의 이름이었다. 그들은 자신들의 조상이 아주 오래전에 여러 투르크 종족들과의 전투에서 패배해서 처참하게 살해되고, 남녀 두 쌍만 에르구네쿤(아르군 강 계곡)으로 달아났다고 믿었다. 돌궐의 건국 신화에 나오는 이야기와 대동소이하지만, 몽골 부족이 지금의 몽골 고원으로 진입하기 전에 아르군 강 동쪽의 삼림 지대에서 미미한 종족으로 살았던 것은 사실인 것 같다.

위의 이야기에서 투르크 민족들에게 도륙당했다는 것이 돌

궐, 위구르, 키르기스까지 투르크 계통의 부족들에게 쫓겨 온 고대사를 말하는 것인지, 아니면 몽골 부족들끼리의 상쟁을 말하는 것인지는 분명치 않지만 그들이 초원에서 힘을 쓸 수 없는 존재였던 것은 사실이다. 그러나 그들 부족에서 칭기즈칸이라는 불세출의 지도자가 등장하자 유라시아의 초원 민족들 전체가 몽골의 말발굽 아래 무릎을 꿇었다.

그때 오이라트는 어떤 상황이었을까? 비록 후대에 몽골로 통칭되었지만 오이라트는 아무래도 아르군 강 동쪽에서 출발한 몽골과는 뿌리가 달랐던 것 같다. 심지어 『집사』는 오이라트가 몽골화된 투르크 종족으로 그들의 목영지는 '셍키스무렌'인데 이 강은 앙쿠라무렌으로 흘러 들어간다고 서술한다. 앙쿠라무렌은 물론 오늘날의 앙가라 강으로, 예니세이 강의 지류다. 그렇다면 이들이 어디에서 목영했는지 기록상으로는 명확하다. 바로 바이칼 호에서 예니세이 강 사이 어딘가가 칭기즈칸 시기 그들의 고향이다.

이렇게 보면 그들은 칭기즈칸이 발흥할 때에도 초원 민족이라기보다는 시베리아의 산림 민족이었다. 여러 학자들은 오이라트라는 말이 '산림에 사는 사람들'을 뜻한다고 여긴다. 칭기즈칸이 몽골 초원의 패권을 추구하지 않았다면 바이칼 호 동남쪽의 '몽골'과 호수 서북쪽의 오이라트가 정면충돌할 일은 거의 없었을 것이다. 그러나 원래 그들이 투르크 민족이든 몽골 민족이든, 『집사』가 성립되는 시기에 이미 그들은 몽골어의 서부 방언을 쓰고 있었던 듯하다. 그들은 몽골화되었고, 몽골의 정체성을 가지고 있었다.

이들은 1201년 칭기즈칸의 적으로 역사의 무대에 등장한다. 초원을 두고 강대한 부족들이 쟁탈전을 벌이던 시기였기 때문이다. 오이라트는 반(反)몽골 연합군 쪽에 서서 테무친과 싸웠다. 당시 몽골이라면 칭기즈칸 부락만 뜻했다.

카다킨과 살지우트 연합에, 나이만, 메르키트, 오이라트, 타이치우드가 함께했다 한다. 그들은 아르군 강가에서 자무카를 칸으로 추대했고, 이에 칭기즈칸과 옹칸의 연합군이 이들에 대항한다. 이 전투에서 오이라트의 수령 쿠두카 베키는 꽤 중요한 역할을 맡았던 것 같다.

> 이튿날 전진하다가 쿠이텐(알타이 산맥의 한 봉우리)에서 조우하여 싸우고, 피아가 아래로 위로 군대를 물려 전열을 가다듬고 있을 때 부이룩 칸과 쿠두카가 비바람을 부렸는데, 방향이 뒤집혀 그들 위로 비바람이 몰아치게 되었다. 그들은 나아가지도 물러나지도 못하다가 벼랑에서 구르며 미끄러지며, "우리는 하늘의 사랑을 받지 못했다."라고들 하며 궤산되었다.
> 「몽골비사」

날아가는 화살도 떨어뜨리는 초원의 돌풍은 테무친을 도왔다. 전투에서 패하자 오이라트를 포함한 세력들은 모두 자신들의 본거지로 흩어졌다. 메르키드의 쿠투는 셀렝게 강으로, 나이만의 부이룩은 알타이 산맥 남쪽으로 갔다. 그렇다면 오이라트족은 어디로 달아났을까? 여기서 그들의 본거지를 다시 확인할 수 있다.

> 오이라트의 쿠두카 베키는 숲으로 달아나 시스기스(예니세이 강의 가장 남쪽 지류)를 향해 이동했다.

오이라트는 전쟁에서 패하고 다시 숲으로 돌아갔다. 똑같은 전쟁에 관한 기록이 있다.

> 그들은 눈보라를 부르기 위해 자다 술수를 부렸다. 자다 술수란 주문을 외우고 여러 종류의 돌을 물에 넣어 폭우가 쏟아지게 하는 것을 뜻한다. 그런데 그 눈보라가 그들에게로 거꾸로 쏟아져 불었기 때문에, 그들은 후퇴하여 그 산에서 빠져나오려고 했다. 『집사』

여기서 우리는 쿠두카 베키가 산림의 샤먼임을 명확히 알 수 있다. 비바람은 기병대의 주력 무기인 활을 무력화한다. 바람을 마주하고 있을 때는 가장 무거운 화살을 메겨야 하고 사거리도 얼마 되지 않는다. 반칭기즈칸 연합이 믿었던 무당 쿠두카는 실전에서 큰 힘을 발휘하지 못한다.

그러나 그는 칭기즈칸의 아들 주치가 다시 산림 부족들을 정벌하러 왔을 때는 재빨리 항복하여 부족을 보존하는 기민함을 보였다. 그래서 그는 칭기즈칸의 둘째 딸을 며느리로 맞이하여 몽골에 편입된다.

칭기즈칸이 몽골 고원을 통일하고 천호(千戸) 체제로 군제를 재편할 때 오이라트의 쿠두카 베키 관할에는 4000호가 있었다고 기록되어 있다. 그러니 초기 오이라트 부족은 원래 숫자가 많지 않았다. 오랜 시간이 흘러 할하(지리적으로 대체로 알타이 동쪽의 동몽골)와 오이라트(알타이 서쪽의 서몽골)가 협력하기로 약정한 『할하-오이라트 법전』에도 "40만 몽골과 4만 오이라트가 분열을 멈추고 통일하였다."라고 기록되어 있다. 그렇다면 정확한 수는 아니더라도 1640년대 당시에도 오이라트 부족은 할하 제 부족의 거의 몇분의 일에 불과했던 것이다. 오이라트는 아마도 나이만이 칭기즈칸에게 격멸되어 더 서쪽으로 이동한 것을 계기로 바이칼과 예니세이의 숲을 떠나 알타이와 이르티시의 초원으로 들어간 것 같다. 초원에서는 산림보다 훨씬 강한 부족만 살아남는다.

준가르의 성장

오이라트는 크게 준가르, 데르베트, 토구트, 호쇼트의 네 부로 구성되었고, 오랜 경합 과정을 끝내자 준가르가 지배적 부족으로 성장했다. 그 연결 고리 역할을 한 사람이 준가르의 수령 바투르 홍타이지다. 1635년 아버지의 사망으로 홍타이지의 직에 오른 그는 러시아와 만주인들의 움직임을 제대로 이해하고 있었다.

그와 동시대를 살았으며 만주족의 국가를 반석 위로 올려놓은 청 태종 홍타이지(1592~1643)와 공교롭게도 이름이 같다. 만주의 홍타이지는 대단한 야심가였을 뿐 아니라 17세기의 방식으로 국가를 만드는 법을 알고 있었다. 그는 초원과 삼림의 방식으로 중원을 지배하지 못할 것이라고 생각했기에, 아버지가 유언으로 남긴 집단 지도 체제를 거부했다. 아버지가 죽자 대버일러 다이산 등을 제거하여 권력을 자신의 수중으로 집중시켰다. 또한 전쟁에 이기면 각 부대의 사령관들이 마음대로 약탈할 수 없게 만들고, 전리품은 반드시 자신을 거쳐 재분배되게 했다. 그는 제국을 만들고 싶었던 것이다. 그 결과 1643년 그가 죽었을 때 이미 내몽골은 투항했고, 중원의 한족들은 자신들의 나라인 명에 기대를 접은 상황이었다.

준가르의 바투르 홍타이지가 한 일도 비슷하다. 그러나 그는 만주의 홍타이지와 달리 칸이 아니었다. 그때까지 준가르는 오이라트의 일부분에 불과했다. 만약 오이라트가 만주와 같은 수준의 국가를 만들고자 한다면 권력은 한 사람의 지배자에게 집중되어야 한다. 그러자면 오이라트 내부에서 격렬한 내부 투쟁이 벌어질 수밖에 없었다. 몇 가지 좋은 조건과 나쁜 조건이 동시에 존재하고 있었다.

좋은 조건으로는 서쪽으로 열린 광대한 카자흐 초원이 있었다. 카자흐는 크게 세 개의 부족 연맹체로 분열되어 있었기 때문에 오이라트 연합군을 상대할 수 없었다. 따라서 오이라트 내부의 압력은 서쪽 카자흐 초원으로 방출될 수 있었다. 또 하나는 강대한 토구트 부족이 새로운 초지를 찾아 볼가 강으로 떠나서 타르바가타이 초지를 준가르가 차지할 수 있었다는 점이다. 마지막으로 오이라트 부족들 중 유일하게 칸위를 가지고 있던 호쇼트부가 새로운 땅을 찾아 쿠쿠노르(청해)와 티베트의 북부 지역으로 떠난 일이다. 그때 바투르 홍타이지는 솔선해서 호쇼트의 구시 칸이 청해 일대를 개척하는 데 일조했다. 나쁜 조건은 물론 만주와 모스크바의 강대화와 동서 몽골의 해묵은 알력이었다.

정권을 잡은 바투르 홍타이지는 만주와 모스크바가 어떻게 국가를 만들어 나가는지 관찰하고 있었다. 만주와 모스크바 수준의 근대적 국가를 만들어 잘 운영한다면 유목 세계의 명맥은 이어질 것이지만, 그렇지 못한다면 미래는 극히 불투명했다. 만주는 1억이 넘는 광대한 한족 농민들에게서 자원을 뽑아내고 있었고, 모스크바는 시베리아로 팽창하면서 삼림과 초지에 사는 부족들에게서 가혹하게 세금을 걷고, 광물질을 찾아냈다. 바야흐로 재물(財物)이 국가 운영의 관건인 시대가 오고 있었다.

홍타이지는 주변 제국들의 방법을 그대로 배웠다. 준가르 주변의 예속 민족들에게서 가차 없이 세금을 걷고, 무역을 통해 자신에게 재화를 집중시켰다. 위구르족 농민들을 준가르로 데리고 와서 농사를 짓게 하고, 무기를 구입하기 위해 백방으로 노력했다. 과연 몽골 제국이 부활할 수 있을까? 아니, 초원 국가가 명맥을 유지할 수 있을까?

4
우루무치, 격투의 추억

지하 세계를 경험하다

우루무치의 겨울은 혹독하다. 그해 2007년 봄을 기다리는 늦겨울 우루무치도 그랬다. 일찍 숙소를 나서면 매캐한 연탄 냄새가 차가운 새벽 공기를 타고 거리로 깔린다. 아침 9시가 되어야 해가 뜬다. 오후 늦은 시간이 되어 추위가 좀 누그러질라치면 다시 저녁이 찾아온다. 어둠이 깔릴 무렵 평원의 태양은 천천히 꼬리를 남기며 떠나가지만 추위는 햇살을 비웃듯이 예리하게 옷깃을 파고든다.

그날 저녁에 장용이 한국 식당으로 초대했다. 우루무치에 도착하면 항상 이유 없이 대접하는 오랜 친구다. 그날 밤에는 북경에서 박 선배가 도착하기로 한 날이었다. 이 낭만파 노총각은 우루무치가 처음이었다. 주머니 사정이 여의치 않았는지 한밤중에 도착하는 비행기였다. 함께 사업을 하던 이종사촌 동생과 장용, 그리고 장용의 아내와 함께 반주를 곁들였다.

식사를 마치니 저녁 7시. 겨울 우루무치에서 이 시간에는 집으로 들어가는 것이 좋다. 밖에서는 몇 분도 버티기 어려우니까. 그러나 우리는 손님을 맞아야 한다. 공항 근처로 갔을 때는 8시 정도에 불과했다. 아직 3시간이나 남았다. 공항 다 가기 전에 있는 모 호텔에서 쉬기로 했다. 공항에서 하릴없이 기다릴 수도 없고 전국을 돌아다니는 쉴 틈 없는 강행군에 꽤나 지쳐 있었다. 빈관은 깨끗했고 로비에는 소파도 놓여 있었다. 우리는 쉬는 시간을 이용해서 발 마사지를 받기로 했다. 우리는 좀 쉬어야 했다. 밤에 도착하는 박 형은 우리를 그냥 놓아주지 않고 선술집으로 향할 것이 분명하니까.

마사지 집이 지하 1층에 있는 게 좀 꺼림칙했다. 그러나 사내 둘이 그런 걸 꺼리랴. 우리는 실없는 농담을 하며 지하로 내려가서 발 마사지를 하는 곳에서 기다렸다. 침대가 있다. 시설이 좋은 곳이려니 했다. 그러나 조명이 너무 어두워 좀 불안하다. 얼마 후 청년 하나가 나타난다.

"여기는 발 마사지 하는 곳이 아닌데요. 예쁜 아가씨들이 있는데."

그래 처음부터 조금 이상했다. 그렇다면 나가야지.

"알았소이다. 우리는 나가겠소."

그렇게 우리는 나갈 준비를 한다. 그러자 그 친구는 잠깐 기다리라고 하더니 젊은 친구 몇 명을 데려왔다. 아까와는 태도가 사뭇 다르다.

"나갈 때는 나가더라도 계산을 하셔야지요."

그러더니 물 한 컵에 몇백 원, 재떨이에 200원, 침대에 앉은 값 얼마 식으로 목록을 들이민다. 그냥 거금을 내고 나가라는 소리였다. 사실 우리는 그런 거금도 없었지만 줄 생각은 더더욱 없었다. 그냥 일어서서 입구로 나갔다. 그러자 여러 명이 막아선다. 두렵기도 하고 기가 찼다. 그래서 좀 거침없이 대답하고 말았다. 실수였다.

"내가 왜 돈을 줘야 하는데?"

그 친구들도 기가 찼던 모양이다. 명세서를 다시 보여 준다.

"이거 보라고."

그때 사태 파악 능력이 출중한 동생이 나선다.

"우리는 돈이 없다. 뒤져 봐라."

그러면서 호주머니에 있던 돈만 살짝 꺼냈다. 그러고는 내게 귓속말을 전한다.

"형님, 여기서 나가야 돼요. 위험해요."

말투나 얼굴로 보아 저들은 남방에서 온 친구들이었다. 그들도 끈질겼다. 하지만 노리는 것이 돈이니 동생의 말에 어느 정도 수긍하는 눈치다. 그러고는 얼마간의 돈을 주고 나오는 길이었다. 일은 그렇게 끝나는 듯했다.

그런데 출구가 하나밖에 없는 지하의 복도는 얼마나 긴지. 좁고 긴 복도를 지나는 동안 패거리들이 옆으로 늘어서서 한마디씩 보탠다.

"용기도 없는 놈이 돈을 안 낸다고?"

그러면서 복도를 지나는 동안 뒤통수를 찰싹찰싹 때린다. 아마도 우리가 기가 완전히 죽은 줄 알았겠지. 이럴 때는 벗어나는 것이 상책이다. 그러나 부아가 돋았다. 걸핏하면 아이들을 두드리던 중학 시절의 모 선생에게 이유도 없이 뒤통수를 맞은 후 아직까지 누구에게 이런 대접을 받은 적은 없었다. 녀석들의 야비한 말과 행동에 피가 거꾸로 솟는다. 복도 중간에서 동생에게 이야기했다.

"도저히 안 되겠다. 복도 끝에서 나는 한판 싸울 거니까, 너는 뛰어 올라가서 경찰을 불러라."

"형님, 안 됩니다. 그러다 여기서 죽습니다."

설마 죽기야 하겠나. 그리고 복도 끝에 도착했다. 어디서 그런 큰 목소리가 나왔는지.

"야, 덤벼 봐. 한판 붙자. 꼬마들아."

주사위는 이렇게 던져지고 말았다. 엉겁결에 일을 치고 나니 더럭 겁이 난다. 경찰을 찾으라고 보낸 동생은 차마 가지 못하고 내 손을 잡아끈다.

"형님 뛰어요."

"······그래."

엎어진 물을 주워 담을 수도 없고 일단 줄행랑이다. 그러나 녀석들도 바보는 아니다. 계단 중간에서 이내 잡히고 말았다.

좁은 계단 중간에서 위에서는 동생이 끌어 올리고 아래에서는 녀석들이 끌어 내린다. 역시 판단력이 좋은 동생은 전략을 수정했다. 내 손을 놓고 1층으로 달려가며 "경찰, 경찰!" 외친다. 이 소란에 아래에 있던 패거리들은 당황했다. 그 틈에 나는 그들의 손을 뿌리칠 수 있었다. 그러자 패거리 중의 한 명이 따라 나오더니 태도를 싹 바꾼다. 1층까지 약 5~6미터. 내 어깨에 손을 얹더니 1층까지 바래다준다. 그러고 능청을 떤다.

"됐어. 됐어. 그냥 보내 줄게."

'그런데 나는 안 됐는데.'

"자네가 매니저야?"

"그래 내가 매니저야. 그냥 가."

'오해하고 있군. 나는 그냥 안 갈 건데. 보내 주는 건 고맙지만 계산을 치러야지.'

주먹을 뻗어서 녀석의 관자놀이를 올려 쳤다. 너는 매니저니까 맞아야지. 급습을 받은 녀석이 매끈한 대리석 바닥에 드러눕는 것까지 보았다. 이제 끝났다. 녀석이 정신 차리는 동안 나는 벌써 프런트까지 가 있을 것이다.

입구에서 패거리들이 나오는 걸 보았다. 수많은 사람들이 보고 있다. 감히 나를 어떻게 할쏘냐. 하나 그것은 판단착오였다. 돌아서서 몇 걸음을 가는데 뒤에서 주먹이 날아왔다. 많이 써 본 솜씨다. 코끝이 찡하다. 돌아서서 녀석을 잡았다. 이제는 이성이 남아 있지 않았다. 결국 넘어뜨렸다. 그러고 다시 녀석의 면상에 주먹을 넣었다. 그것이 끝이었다. '여하튼 경찰이 올 것이다.' 대항할 힘도 없었다. 그 이후의 일은 잘 기억나지 않는다.

얼마간의 시간이 지나고 주위에는 구경꾼들만 모여 있었다. 마치 썰물처럼 녀석들은 모두 사라졌다. 피가 코를 막아서 숨이 좀 가빴지만 별다른 아픔은 없었다. 하지만 정신은 맑았고 구경꾼들에게 하고 싶은 말이 있었다.

"왜 도와주지 않았느냐? 나는 혼자고, 저들은 여럿이다. 나는 보통 사람이고 저들은 깡패다. 다 보았지 않느냐, 왜 구경만 하느냐? 여러분들은 아무도 불의를 보고 나서지 않는다. 그래서 내가 나섰다. 왜 도와주지 않느냐?"

정말 한 명 한 명에게 물어보고 싶었다. 왜 도와주지 않았는지. 아무도 대답하지 않았다.

그때 경찰이 도착했다. 나는 지하에 가해자가 있다고 했다. 한데 그들은 내 요청을 거부했다. 피의자는 찾지도 않은 채 나와 구경꾼 중에 어수룩한 청년 두 명을 데리고 경찰서로 직행했다. 싸움의 당사자도 없는 특이한 경찰서행이었다. 아주 오랜 시간 동안 가쁜 숨을 참아 가며 이야기했다.

"대사관에 연락해 주시오."

"그럴 수 없소."

"그들을 찾아 주시오. 지하에만 들어가면 되오."

"찾을 수 없소."

"나는 피해자요. 침대와 모포를 주시오."

"당신도 피의자요. 취조가 안 끝났소."

모포는 없었지만 침대는 나왔다. 벌써 시간은 자정으로 향하고 날은 몹시도 추웠다. 이제 이성이 돌아왔다. 경찰의 목적은 우리를 돕는 것이 아니었다. 동생에게 살그머니 말했다.

"너는 빠져 나가라. 여기 있다가 어떻게 조작해도 우리는 할 말이 없다. 빠져 나가서 알릴 수 있는 곳에는 다 알려라."

추운 새벽 두 살 어린 동생은 철부지 형 때문에 우루무치의 새벽을 누볐다. 한국 사람을 찾고, 대사관에 연락하고, 그때 젖먹이를 둔 아내에게도 연락했다. 대사관 직원이 한 대답 같은 것은 지면이 아까워 생략한다. 경찰서 안에서 나는 같이 온 청년 두 명을 계속 설득했다.

"다 봤잖아. 내가 피해자라는 것만 증언해 주면 되잖아."

"그 친구들이 우리 얼굴도 봤어. 증언할 수 없다고."

"본 대로 이야기하기만 해. 그 친구들이 누구인지 알잖아. 우리 다 젊은이들 아닌가."

아무리 설득해도 그들은 증언을 거부했다. 그래서 취조 경관에게 항의했다.

"범인을 찾을 생각도 없고, 피해자이면서 부상자인 사람을 추위에 방치하고, 대사관에 연락도 안 해 준다. 왜 나를 여기에 두는 건가?"

"중국에 왔으면 중국의 법을 따라야지."

"중국의 법이라는 것이 뭔가? 범인은 두고 피해자를 취조하는 것인가?"

대사관으로부터 연락은 없었다. 대신 처가에서 계속 경찰서로 연락이 왔다. 새벽이 되어서 경관이 다시 왔다.

"나가도 좋습니다. 그리고 여기에 이렇게 진술서를 써 주시오. '우루무치 모 파출소는 이 사건 해결에 최선을 다했으며, 여타의 책임이 없다.'"

"한국어로 써도 되나?"

"중국어로 쓰시오."

"중국어 쓸 줄 모른다. 영어로 쓰면 되나?"

"좋소."

나는 이렇게 쓰고 서명했다.

> 우루무치 모 파출소는 범인을 잡을 의지가 없었으며
> 피해자를 학대했다. 그러나 피해자는 이 모든 것을
> 용서한다.

그들은 말하지 않았다

그는 흡족해했다. 동생이 밖에서 기다리고 있었다.

"새벽에 우루무치를 떠야겠어요. 그 녀석들이 이미 우리를 알고 있어요."

그래 떠나야겠지. 매니저 녀석은 이를 상했을 거야. 보험도 안 들었을 텐데 치료비를 얻으러 우리를 다시 찾을지도 모르지.

그대로 숙소로 가서 짐을 챙기고 공항에서 표를 사서 운남의 곤명으로 떠났다. 곤명에 도착해서야 느껴지는 온몸의 통증과 타박상만이 그날 밤의 일을 기억하고 있었다. 코뼈는 부러져 있었다. 곤명 적십자 병원에서 수술을 했다. 이 기회에 성형 수술이나 하자.

"코뼈 좀 높여 주세요."

"알았어. 예쁘게 높여 줄게, 젊은 친구(小伙子)."

아무리 봐도 코가 더 낮아졌는데 동생 녀석은 높아졌다고 너스레를 떤다. 모두 기왕지사다. 수술이 끝나자 또 측은지심이 든다. 그날 장사가 지독스럽게 안 됐을 것이다. 그 녀석도 수술이 필요하겠지. 이가 부러졌으면 큰돈이 들겠지. 그렇게 지하의 친구들과의 대결은 종결되었다. 어쩔 수 없었다. 무모했지만 후회는 없다. 그들의 행동을 이해하고자 했다.

하지만 아직도 용서하지 못하는 이들이 있다. 그 구경꾼들, 증언해 주지 않은 그 청년들. 싸움이란 있을 수 있다. 주먹에 입은 상처야 곧 나았지만 구경꾼이 심장에 찍어 놓은 화인은 아직도 지워지지 않는다. 지하에서의 야비한 말들보다 증언해 주지 않는 두 청년의 침묵이 더 아팠다. 그리고 왜곡을 강요했던 그 경찰을 용서할 수는 없다.

이제 사건은 났다. 그 사건을 역사가는 이렇게 쓸 것이다.

> 2007년 2월 모일, 우루무치에서 한국인 모가 신원 미상의 중국인을 먼저 때렸고, 그 한국인도 맞았다.

왜 싸움이 벌어졌는지 경찰이 취조서에 써 주지 않았기 때문에 싸움의 원인은 묻혔다. 싸움의 경과를 아무도 진술해 주지 않았기 때문에 그 후의 일도 기록되지 않을 것이다.

내가 쓴 진술서는 그다음 날 출근한 영어를 아는 경찰관에 의해 폐기되었을 것이다. 자신들을 보호하기 위해 강요한 진술서가 자신들에게 불리하다면 보관하겠는가? 이제 후대의 역사는 몇 가지 쉽사리 알 수 있는 사건을 덧붙여 이렇게 서술할 것이다.

> 어떤 한국인이 중국의 우루무치 공항 변의 불법 매
> 춘 업소에서 중국인에게 싸움을 걸었다. 격투 끝에
> 그는 부상을 당했다.

 객관적인 서술이다. 모두 사실이기 때문이다. 만약 내가 경찰의 강요대로 진술서를 써 주고, 그 기록이 그대로 남아 있다면 이런 사실까지 보탤 것이다.

> 우루무치 경찰은 공정하게 수사했으며, 그 한국인에
> 게 최선의 대우를 해 주었다. 그것은 '그 한국인이
> 직접 진술한 것'이다.

 관변 역사 기술이란 거의가 이런 식이다. 시비와 본말은 전도되고, 현장은 희석된다. 그리고 해석만 남는다. 오늘날의 국가주의 역사 해설은 이보다 훨씬 덜 정확하지만, '도덕'의 외피를 써서 근사하다. 그들은 이렇게 해석할 것이다. "'남의 나라'에서 싸움을 벌였고, 게다가 '법으로 금지된' 매매춘 업소에 들어갔다." 그나마 과거의 관변 역사 기술은 그런대로 진실이 남아 있다. 그러나 현재의 관변 역사가들은 '기록하지 않기'와 '추측하기'의 두 가지 방식으로 역사를 비틀어 놓는다. 한 번 비틀린 기록으로 다시 비틀린 해석을 내놓고, 사실과 왜곡이 일단

난마처럼 얽혀 들면 누구도 쉽사리 진실을 파악할 수 없게 된다. 이른바 소수 민족의 역사는 그렇게 비틀려 있다. 준가르와 관련이 있는 나라들의 역사 서술을 평가하자면, 중국이 가장 악의적으로 왜곡했고, 러시아는 객관적인 양하며 왜곡했고, 몽골도 실체가 불분명한 대몽골주의를 들고 나오며 왜곡했다. 그사이에 낀 소수자들은 그런 발언 기회조차 얻지 못했다.

다시 우루무치의 격투 장소로 돌아가 보자. 오늘날의 관변 역사가들은 그날의 구경꾼, 혹은 목격자와 같은 역할을 하고 있다. 왜 싸웠는가? 싸움의 진실은 무엇인가? 이 대답을 알기 위해서는 당사자들에게 직접 물어봐야 한다. 그러자면 현장으로 들어가야 한다. 그러면 강탈과 저항이 싸움의 이유였다는 것이 드러날 것이다. 최소한 싸움이 여러 명과 한 명의 대결이었다는 사실을 진술해야 한다. 그러면 싸움의 진정한 원인을 몰라도 과정에서 벌어진 일들을 평가할 수 있을 것이다. 그러나 현장으로 들어갈 용기가 없고, 사실을 진술할 용기도 없는 구경꾼들이 관변 역사가들이다. 준가르의 역사를 연구하는 사회 과학원 출신 권위자들이 엮은 교과서인 『준가르 사략』은 학살의 기록을 고의적으로 누락시켰다. 가장 심대한 싸움의 결과였던 학살을 누락했다는 것은 자잘한 사실의 왜곡이나 변조보다 더 무섭다.

17~18세기 준가르와 청나라의 대결을 정확하게 묘사하라고 하면 나는, "만주인들이 몽골인들과 싸우고 싶어 했고, 한인

들은 싸우기 싫었다."라고 쓸 것이다. 한인들로서는 자신들이 다스리던 나라를 빼앗긴 지 얼마 되지 않은 지금 먼 이역에서 벌어지는 싸움에 휘말리기 싫은 것은 당연하다. 그러나 지금 역사가들은 이렇게 말한다.

> 이들(한인)의 비겁한 논조로는 조국 통일을 위한 (만주족) 황제의 의지를 꺾을 수 없었다.

인간의 땅에서 인간들이 싸웠다. 그들은 생존을 위해 싸웠다. 역사가라면 최선을 다한 싸움을 그 싸움 자체로 기록하고, 인간의 땅에서 일어나지 않았으면 좋을 일들과 아름다운 일들에 대해서는 논평하면 된다. 인종 청소, 강간, 아사(餓死) 작전, 포로 학대, 노예 매매 등등 인간이라면 모두 싫어할 만한 일들을 고발하고, 그가 어떤 민족이든 약속을 지킨 이, 평화를 위해 신천지를 찾아 떠난 이, 자립을 위해 가진 것을 버린 이들을 인정하면 된다.

공자께서 이렇게 말씀하셨다고 한다. 초나라 왕이 활을 잃어버리고도 태연히 "초나라 사람이 줍겠지."라고 대답한 것을 높게 사면서도, "'사람이 잃어버린 것을 사람이 줍겠지.'라고 했으면 더 좋았을걸."이라고.

전사(戰士)가 전사(戰死)했을 때 쉬파리 떼들이 우선 발견하는 것은
그의 결함과 상처다. 그들은 그것을 빨며 앵앵거리며
죽은 전사보다 제가 더 영웅이라고 득의양양하다.
그러나 전사는 이미 전사했으므로 그것들을 쫓아 버리지 않는다.
이리하여 파리 떼들은 더욱 앵앵거리며 스스로 그것을
불후의 소리인 양 생각한다. (중략)
누구도 파리 떼들의 결함과 상처를 발견한 적이 없다는 것은 확실하다.
하지만 결함이 있는 전사는 어쨌든 전사이고,
완미(完美)한 파리는 어디까지나 파리에 불과하다.
─ 노신, 「전사와 쉬파리」 중에서

5
초원에 드리운
노을

형의 복수를 위하여

 1670년 라싸에 있던 독실한 승려 갈단은 살벌한 이야기를 들었다. 동복 친형이 이복형제들에게 살해당했다는 것이다. 그는 승려의 옷을 벗고 형의 복수를 하겠다고 했다. 달라이 라마 5세는 그의 요청을 거부할 수 없었다. 그는 서몽골의 패자이던 준가르의 군주 바투르 홍타이지의 아들이었기 때문이다.

 1653년 홍타이지는 죽으면서 나라의 반을 아들 셍게에게 주고 반은 여러 아들이 나누어 가지도록 했다. 초원에서 평화로운 계승이란 찾아보기 힘들다. 당장 이복형제들인 세첸 타이지, 조드바 바투르 등은 셍게를 후계자로 인정할 수 없었다. 결국 이들은 기회를 보아 셍게를 죽이고 말았다. 그에 승려가 되기 위해 라싸에 있던 갈단은 돌아가기로 마음을 먹었다.

 세첸이나 조드바는 겨우 약관을 넘긴 중 한 명이 돌아와 무슨 일을 할 수 있으리라고는 생각도 못했으리라. 그러나 이 젊은이는 돌아오자마자 형 셍게의 옛 백성들을 모으고 오치르투 칸의 지원을 얻어서 세첸과 조드바에게 도전했다. 알타이가 떨리는 대격전을 벌인 후 그는 형을 죽인 자들을 축출했다. 출발은 정당했고, 군중들은 이 젊은이의 실력을 인정하지 않을 수 없었다. 그때까지는 그가 준가르 칸국을 건설할 야심가라는 것을 아는 이들은 적었다.

일단 자리에 앉은 갈단은 군사적 정복을 통한 준가르 국가 건설이라는 목표를 향해 곧장 달려갔다. 1677년 갈단이 장인인 호쇼트의 오치르투 칸을 격퇴했을 때야 청나라 조정도 긴장하기 시작했다. 당시 청나라 조정의 수장은 강희였다. 그는 갈단보다도 열 살이나 젊은 정력적인 군주였다. 갈단은 삼번의 난을 처리하는 데 진력하고 있는 이 애송이 황제가 서북에 간여하지는 못할 것이라고 생각했다. 갈단은 감숙 제독 장용(張勇)에게 이렇게 큰소리를 쳤다고 한다.

> 본인 타이지는, 서북 일대는 모두 차지했소. 오직 청해(青海, 쿠쿠노르)만은 우리와 그대들 왕조가 함께 탈취한 곳이나, 지금은 그대들이 홀로 차지하고 있소. 나는 그곳을 되찾으려 하오.

갈단은 여타 오이라트 부족들을 준가르 아래로 통합했기 때문에 역시 오이라트의 권역인 청해의 초원으로 들어가는 길을 열고자 했다. 또한 청해를 차지하면 흥안령에서 멀리 볼가 강까지 퍼져 있는 모든 몽골 부락의 정신적 지주인 티베트 불교와의 관계를 유리하게 끌고 갈 수 있었다. 청해는 같은 오이라트 부족인 호쇼트가 차지하고 있었으나 호쇼트는 이미 청에 협조하고 있었다. 오이라트 전체의 통일을 노리는 그에게 청해는 빼놓을 수 없는 요지였다.

그러나 신흥 청나라는 준가르에서 청해로 들어가는 하서회랑을 틀어쥐고 길을 내줄 생각을 하지 않았다. 그러자 갈단의 대군은 하미와 투르판을 먼저 차지하고, 달라이 라마로부터 갈단 보슉트 칸이라는 칸위를 받았다. 이리하여 준가르도 칸국의 반열에 올랐는데, 이때가 1679년이다.

갈단은 연이어서 원정을 이어 갔다. 타림 분지 일대에서 소규모 단위로 남아 있던 차카타이 왕가의 후예들이나, 오아시스에서 농경에 종사하던 위구르족들은 수만 명에 달하는 준가르의 기병 앞에서 힘을 쓸 여력이 없었다. 갈단은 이렇게 천산과 알타이 사이에서 초원을 왼쪽에 두고, 오아시스를 오른쪽에 끼고, 후방으로 카자흐로 통하는 길을 열고, 정면으로 할하와 하서회랑을 바라보는 준가르 칸국의 터전을 만들었다. 이 땅은 오늘날의 신강성 전체와 러시아령 알타이와 이르티시 강을 포함하는 광대한 지역이었다. 비록 생산성이 떨어지는 사막과 초지였지만 그 넓이로만 보면 신흥 청나라에 뒤질 것이 없었다.

1681년 이후, 그는 서쪽으로 말 머리를 돌려 카자흐와 전투를 벌였는데 비록 일진일퇴의 공방이 있었지만 1684년 무렵 카자흐는 전투의 화신 같은 준가르의 칸에게 대항하는 것이 무의미하다는 것을 깨닫는다.

비록 천산으로 남북이 나뉘어 있었지만 갈단이 여기서 멈추었다면 역사의 향배는 어떻게 바뀌었을지 모르겠다. 알타이를 경계로 할하와 맺은 대협정을 준수하고, 하미에서 하서회랑의 길목을 막고 멈추었으면 어떻게 되었을까? 그래도 준가르와 청나라의 대결은 벌어졌을까?

아쉽게도 갈단은 이런 가정을 무시하고 동쪽으로 말 머리를 돌렸다. 오이라트 측의 사료가 턱없이 부족하기 때문에 이때 갈단이 대몽골을 건설할 야심을 키우고 있었는지는 확인할 길이 없다. 하지만 갈단의 행동은 젊은 황제 강희의 투지를 자극했다.

전사와 파리

중국 측의 사료에 의하면 갈단은 술주정뱅이, 호색한, 게으름뱅이, 싸움꾼, 변덕쟁이에 무자비한 약탈자였다고 한다. 그런 비난이야 들을 만하다. 이런 위인이 어떻게 그런 제국을 세웠는지는 의문이지만 말이다. 그러나 자기 국가의 명운을 걸고 청과 대적했던 유목 군주에게 "러시아의 앞잡이" 따위의 오명을 뒤집어씌우는 것은 지나치게 비겁하다. 그렇다면 초원 사람들은 언제나 누구의 앞잡이 정도의 역할밖에 못한단 말인가? 자신들의 승리를 강조하고, 침략 행위를 정당화하기 위해 제삼자를 끌어들이는 것은 중국인 역사가들의 고질병이다. 마치 용맹한 전사가 죽으면 그 시신에 몰려드는 파리 떼들처럼.

이들은 즐라트킨의 『준가르 칸국사』에 나오는 구절을 근거로 들이댄다. 갈단이 셍게가 집정하고 있을 당시 러시아 사절에게 한 말을 실마리로 삼는다. 그때 그는 이렇게 말했다고 한다.

> 준가르인들과 타이지들은 어떤 지역에서든 차르 폐

하에 대항한 전쟁을 하고 싶지 않다. 이미 차르 폐하의 지역으로 이동한 텔레우트족은 보호할 필요가 없다.

 러시아는 팽창하고 있었고, 객관적으로 이들과 싸우는 것은 쉽지 않았다. 갈단은 그들과 적당한 선에서 경계 협정을 맺는 것이 현실적이라고 생각한 것이다. 그런데 이것이 러시아 침략자들에게 동조한 것으로 파악할 근거는 무엇일까?
 러시아와 우호 관계를 유지하는 것은 준가르의 사활이 걸린 문제였다. 그래서 바투르 홍타이지 이래 준가르의 수장들은 모두 러시아와의 우호 관계를 위해 다양한 노력을 했다. 그러나 결국 양보할 수 없을 지경이 되면 싸우는 것도 다반사였다. 갈단은 동서남 세 방향에서 영토 확장 전쟁을 벌이고 있었으므로 북쪽의 안정은 필수 요소였다. 이것은 정상적인 외교적 노력으로 봄이 마땅할 것이다.
 문제는 갈단이 할하로 진공하면서 벌어진다. 현대의 대표적인 중국 사가들은 더 나아가 갈단이 러시아의 사주를 받아 할하로 진공했다고 기록하고 있다. 그렇다면 갈단이 정작 러시아가 눈독 들이고 있던 카자흐로 먼저 진군한 까닭은 무엇인가? 그것도 러시아의 사주를 받았단 말인가?
 청과의 대립 국면에서 갈단이 궁지에 몰렸을 때 러시아에 원조를 요청한 것은 사실이다. 그러나 현대 중국학자들의 기대와는 달리 갈단은 실제로 러시아의 지원을 받지 못했다. 그래서 모든 것이 심증으로 남았다. 갈단이 러시아를 이용하려 했는가, 러시아가 갈단을 사주했는가?

실상 초원에서 민족을 불문한 합종연횡은 일상적인 것이다. 고비 사막 남쪽의 몽골이 만주에 협력하게 되는 과정의 실마리는 호르친을 비롯한 부족들이 차하르의 칸 대신 만주의 홍타이지를 초원의 수령으로 생각했기 때문이다. 갈단의 후계자들도 마찬가지다. 경우에 따라서 러시아의 원조를 요청하지만, 막상 러시아가 자신들의 이익을 침해할 때는 격렬하게 싸웠다.

1688년 갈단이 할하로 출격할 때, 마침 할하 지구로 남해서 요새를 건설하려던 골로빈은 할하의 투시에투 칸의 대군에게 포위되어 아사할 지경이었다. 갈단의 출정이 이 러시아인들의 명을 살렸음을 물론이다. 또한 갈단의 출정은 분명 『할하-오이라트 법전』의 정신을 어긴 것이었다. 그때 갈단이 내건 이유는 동생의 복수와 달라이 라마의 명예였다.

그러나 실제적으로는 오이라트의 주도로 할하를 통합하려는 목적이었던 것 같다. 당시 할하의 양대 칸인 자삭투 칸과 투시에투 칸은 백성을 두고 다투고 있었다. 동부의 투시에투 칸은 서부 자삭투 칸 영지에서 벌어진 분쟁을 지원하러 출정했는데, 이때 자삭투 칸의 백성들이 상대적으로 안정적인 투시에투 칸쪽으로 대거 투항하는 사건이 벌어졌다. 이에 자삭투 칸은 강희제와 달라이 라마에게 호소하여 자기의 백성들을 되찾도록 도와 달라고 했고, 달라이 라마와 가까운 갈단도 자삭투 칸을 지지했다. 이때 강희제와 달라이 라마의 개입으로 투항자들을 되돌려주는 것으로 결론이 났지만 갈단은 나름대로 불만을 가지고 있었다. 그는 투시에투 칸과 몽골 최고의 활불은 젭종단빠 쿠툭투가 "감히 달라이 라마에게 불경했다."라고 질책했다.

1687년 투시에투 칸은 다시 자삭투 칸을 공격해서 죽이고, 그의 백성들을 궤산시켰다. 그러니 갈단이 투시에투 칸에 의심을 품은 것도 나름 이유가 있었던 것이다. 갈단은 자삭투 칸을 지지하고 있었기에 싸움이 벌어질 당시 그의 동생이 자삭투 칸의 진영에서 참전했는데 그만 전사하고 말았다. 이미 거대 오이라트 내부의 투쟁, 카자흐족과의 전투, 동투르키스탄 병합을 통해 실력을 쌓은 갈단이 분열된 할하를 두고 보고 싶지 않았다.

이듬해 그는 동생의 복수와 달라이 라마의 명예를 들고 동쪽으로 진군했다. 갈단과 투시에투 칸의 전력 차이는 단번에 드러났다. 비록 할하는 오이라트에 비해 훨씬 큰 연합체였지만 오이라트는 단결력이 강했다. 또한 투시에투 칸은 백성들을 돌려주고 자삭투 칸과 화해한다는 약속을 깨고 분란을 일으킨 당사자였다.

이 와중에 셍렝긴스크에서 포위되어 있던 골로빈은 탈출할 수 있었다. 러시아는 준가르의 할하 침공을 이용했다. 그러나 갈단이 러시아의 종용을 받았다는 것은 어떻게도 성립하지 않는 낭설이다. 실제로 그의 동생이 전투에서 죽었으니 할하와 대등한 위치에 있는 오이라트의 군주로서는 싸움을 벌일 명분을 얻은 것이다. 심지어 오늘날 중국 어용학자들이 숭배하는 강희제도 "갈단이 동생의 복수를 위해 투시에투 칸을 공격한 것은 정당하다."라고 인정했다. 당시 갈단과 강희 사이에는 러시아가 문제가 아니었다.

그러나 강희는 냉철했다. 할하를 갈단에게 내준다면 차르르도 위험하다고 보았다. 초원 사람들은 뭉치면 위험하다. 비록 나중의 일이지만 마지막 원정에서 그는 태감에게 보낸 사적인 편지에서 그의 속내를 드러낸다.

> 짐의 이번 거사는, 비록 잔적 갈단을 도모하기 위한 것이지만, 또한 서쪽 변경 밖의 일도 도모하고 싶었기 때문이다. 오이라트 종족들은 심히 파가 많아서, 그들의 항복을 받아들인 후에게 바야흐로 만년의 대계를 바라볼 수 있다.

특히나 갈단은 이전의 칸들과는 질적으로 다른 사람이었다. 그에게는 실제로 할하를 통합할 능력이 있는 것 같았다. 또한 공격할 시점을 잡는 데는 동물적인 탁월함마저 보였다.

강희는 할하의 피란민들을 모두 받아들였다. 몽골인들이 갈단은 잔인하고 강희는 인자하다는 인상을 받는 것은 당연했을 것이다. 할하인들은 대규모로 청의 영역으로 달아났고, 청이 이들을 흡수하자 갈단은 약탈할 대상이 사라졌다. 또한 수적으로 몇 배에 달하는 할하와 장기전을 치르기도 버거웠다. 바로 그때 자신의 조카 체왕 랍단이 본거지에서 반란을 일으켰다. 원정군에게는 치명적인 일이었고, 그는 말머리를 돌릴 수밖에 없었다.

1690년 갈단이 다시 투시에투 칸을 공격하기 위해 왔을 때는 사정이 많이 달라져 있었다. 할하는 완전히 청으로 돌아섰고 러시아는 지원을 거부했다. 갈단은 할하를 몰아붙였다. 그러나 이번에는 강희제가 갈단과 직접 대결하겠다고 나섰다.

1690년 9월 울란부퉁에서의 싸움은 그렇게 일어난 것이다. 낙타로 성을 쌓아 싸웠지만 중과부적이었고, 갈단은 기회를 봐서 서북으로 물러났다. 그리고 강희에게 할하를 침공하지 않겠다는 약속을 한다. 강희는 "새벽 5시에 일어나 차가운 바람을 가르며 말을 탔다."라고 회상한다. 갈단은 청의 황제가 전력을 다할 만한 호적수였다.

그 이후로 갈단은 내리막길을 가게 된다. 체왕 랍단을 견제해야 하고, 전쟁에서 잃어버린 가축을 다시 회복해야 했다. 그러나 지나친 야심이 이미 그의 마음을 사로잡은 듯하다. 1695년

두 번째의 출정은 처음부터 삐걱거렸다. 이미 할하를 공략하기에는 버거웠고 할하는 청을 등에 업고 있었다. 청의 황제는 갈단을 제거하려고 마음을 먹고 있었으나 갈단 자신은 할하와의 전쟁을 몽골족 내부의 문제로 생각했던 것 같다. 명민하던 두뇌도 어려운 상황에서 퇴보한 듯했다. 1696년 6월 12일, 케룰렌 강가에서 청의 원정 서로군을 만났을 때 그들은 이미 싸울 힘이 없었다. 갈단은 다시 처참하게 서쪽으로 달아날 수밖에 없었다. 갈단은 이렇게 서쪽에서 얻은 것을 동쪽에서 모두 잃었다.

갈단이 초원에서 쫓기고 있을 때 투르키스탄은 준가르의 수중에서 벗어났고, 반란자 체왕 랍단은 하미를 차지했고, 그의 부하들은 계속 떨어져 나갔다. 그가 갈 수 있는 곳은 어디일까? 청나라는 이미 달라이 라마에게 갈단을 받아들이지 말라는 엄포를 놓았다. 그러고는 다시 대규모 원정군을 조직했다. 오직 군사력도 없는 갈단을 죽이겠다는 것만이 전쟁의 목적이었다.

옹긴에서 갈단은 지지자들을 거의 잃었다. 싸울 여력이 없던 그는 항복할 뜻을 내비쳤다. 그러나 여전히 싸움을 일으킨 것은 자신이 아니라고 항변했다. 황제는 항복을 기다렸지만 갈단은 끝내 오지 않았다.

1697년 4월. 그는 할하 영토 홉드 부근에서 죽었다. 중국 측 관변 기록은 그가 자살했다고 하지만 정확히 알 수가 없다. 어떤 이들은 독살되었다고 하나, 대체로 병사한 것으로 파악한다.

죽음에 앞서 그는 이렇게 말했다고 한다. "나는 준가르인들을 좋은 사람이라고 믿었다. 그들이 이렇게 신의가 없으리라고는 생각하지 않았다."

강희는 그의 죽음에 환호했다. 역시 갈단의 사망 소식을 전해 듣고 편지에서 자신의 고난과 용맹을 과시한다.

> 두 해 동안 짐은 세 번 사막으로 원정을 나서서, 바람에 맞서고 비에 젖으며 하루를 건너뛰어 음식을 먹었다. (중략) 이제 하늘과 땅 그리고 종묘의 보우하심으로 이 공을 이루었으니, 짐의 일생은 가히 즐겁다고 할 수 있을 것이다. 목적은 다 이루었고, 할 일은 다 했다고 할 수 있으리라.

갈단은 왜 그렇게 할하에 집착했을까? 그는 형제의 죽음을 잊지 못했던 것일까? 갈단에게 중재 사절로 파견된 청나라 사신들에게 갈단은 이렇게 말했다.

> 내가 만약 투시에투 칸과 화친을 맺는다면 내 동생 도르지자부의 죽음에 대해 누가 내게 보상할 것인가? 나는 끝까지 싸워서 그들을 멸할 것이오.

『실록』에 등장하며, 러시아어 자료들(『준가르 칸국사』)도 중시하는 이 말을 『준가르 사략』은 완전히 무시했다. 그리고 단지 갈단이 러시아의 사주를 받았다는 추측만 강조한다. 즐라트킨은 중국 측 자료를 계속 인용한다. 갈단은 호소했다.

> 젭쫑단빠 쿠툭투와 투시에투 칸이 달라이 라마의 법을 무시했다. 그들의 방종과 악행이 심해졌다. 그들은 먼저 평화를 깨뜨려, 사람들에게 걱정거리를 안겼다. 그들은 엄청난 범법 행위를 하고 있지만, 우리는 대중들 앞에 떳떳하다.

그는 여전히 자신의 행동이 지지를 받을 것으로 생각했다.

> 나는 동생을 죽이고 그들의 재산을 훔친 투시에투 칸과 젭쫑단빠 쿠툭투를 제외한 할하인들을 적이라고 생각하지 않는다. 그들이 먼저 선전 포고를 했다. 앞으로도 그들이 악행 외에 착한 일을 하리라 기대할 수 없다. 아마도 달라이 라마도 그들이 이 세상에 없는 것이 좋겠다고 생각하시는 것 같다.

갈단은 정말 동생의 복수가 가장 큰 목적이었을 수도 있다.

그의 행동은 뚜렷한 일관성이 있다. 그가 라싸에서 돌아온 명목도 최소한 형의 복수였다. 형이 죽지 않았다면 그는 분명 평범한 승려가 되었을 것이다. 그리고 달라이 라마에 대한 공격심도 각별했던 듯하다. 결국 그는 형의 복수에는 성공하고 동생의 복수에는 실패했다.

그 동기가 어떻든 갈단과 강희는 정당한 경쟁을 했다. 그러나 후대의 학자들은 그렇지 못한 것 같다.

> 이 한바탕 투쟁의 승리로, 우리나라 서북과 북부 지구의 통일 과정에서 중요한 한 발을 내딛게 된다. 또한 이로 인해 차르 러시아가 서북 지구를 삼키고 중국을 침략하려는 야망에 유력한 타격을 입혔으며, 다민족 국가의 독립과 완전성을 지키게 되었다.

우루무치 여관에서 『준가르 사략』에 나오는 이 구절을 읽으면서 고민했다. 우리도 그런 역사를 쓰고 있지는 않을까?

6
사라진 준가르

서몽골의 배꼽, 우루무치

 최근 몇 해 동안 우루무치에 가면 '쾌첩(快捷) 168'이라는, 황하로 변의 자그마한 호텔에 묵는다. 이름 '168'에서 알 수 있듯이 168원에 하루를 보낼 수 있다. 그곳에 머무르는 이유는 가격 말고도 몇 가지 더 있다. 문을 나서서 왼쪽으로 한 200미터 정도 가면 지기 장용의 등산 장비 가게가 있다. 여행에 필요한 물건들은 항상 거기에 있다. 잔돈을 내야 하는 공중 화장실과의 거리가 좀 멀지만 가게 지하 창고에서 마시는 맥주도 일품이다. 맥주를 마시며 화장실을 들락거리다 보면 화장실 관리인과 인사를 나누는 사이가 된다.
 그 가게 바로 옆은 인민 공원이다. 여름날 혹시 전날 마신 술이 덜 깼다면 그곳으로 간다. 느릅나무들이 숲을 이룬 이곳은 대부분 황혼을 보내는 어르신들이 운동하는 곳이지만 마치 시장처럼 활기차다. 이곳에서 이 시간 방황하는 젊은이도 없거니와, 나처럼 술이 덜 깬 모습으로 게슴츠레한 눈을 뜨고 있는 이는 더욱 없다. 그곳에 가면 노인들에게서 힘을 얻는다. 그리고 우루무치의 하루는 또 시작된다.

호텔 문을 나서 오른쪽으로 가면 위구르인들이 경영하는 국숫집이 널려 있다. 우루무치에서 며칠을 묵는다면 이 집 저 집을 옮겨가며 국수 맛을 비교할 수도 있다. 맛은 다 달라도, 맛이 없는 적은 없었던 것 같다. "나는 고기를 안 먹소." 하고 소리치면, "알았소." 하고 몇 배는 큰 소리로 되받는 무슬림 형제가 운영하는 위구르 전통 음식점은 우루무치에서 아마 몇 번째로 깨끗한 곳일 것이다. 그러면 고기 대신 계란을 듬뿍 넣은 위구르식 비빔국수가 나온다. '계란도 안 먹는데.' 하나 어떻게 또 그리 말할 수 있으랴.

그보다 좀 더 재미있는 것은, 길을 따라 100미터만 더 가면 여름밤의 백미 야시장이 열린다는 것이다. '5.1 야시장' 좌판에서 많은 사람을 만났다. 물고기에서 새까지, 뿌리에서 잎까지, 벌레에서 파충류까지 없는 것이 없는 난장이 벌어지고, 한참을 머물러도 서역의 긴 해는 거의 밤 10시가 될 때까지 어슴푸레 남아 있다. 장용과 내가 먼저 마시면 그의 친구들이 하나둘씩 모여든다. 위구르식, 한족식, 몽골식, 카자흐식이 뒤엉켜 있는 야시장의 난장판은 우루무치의 밤 자체이며, 유일하게 정치며 역사 따위를 이야기하지 않은 곳이기도 하다. 올해 초에 들으니 올해부터 야시장은 열리지 않을 것이라고 한다. 난장이 사라지는 건 어찌할 도리가 없는 것인지. 여러 사정이야 짐작이 되지

만, 우루무치를 가는 매력 하나가 줄어드는 건 어쩔 수 없다.

겨울에 우루무치에 머무르는 것은 고역이다. 그래서 우루무치는 언제나 경유지다. 올해 봄에 나는 우루무치에서 폭설을 두 번 봤다. 3월 말 우루무치 기차역에 내리자 주위는 온통 눈의 바다였다. 이런 눈은 이곳 사람들도 거의 본 적이 없다고 한다.

4월 초 우루무치를 떠날 때도 폭설이 내렸다. 호텔 안에서 밖으로 눈이 떨어지는 모습을 보면서, 1층 가건물의 지붕 위로 눈이 쌓이는 것을 보면서 어쩌면 저 허술한 건물이 무너지는 것은 아닐까 하는 걱정까지 했다. 아침나절 호텔을 나서면 새벽까지 하얗던 거리는 검은색으로 바뀌어 있다. 봄바람에 녹은 눈이 진창이 되어 발목까지 푹푹 빠진다. 눈은 마치 거리의 지저분함을 대속(代贖)하려는 것처럼 철저하게 자신을 검은색으로 바꾼다. 올해는 분명 풍년이 들 것이다.

한여름 뜨거운 투르판을 벗어나 우루무치로 버스를 타고 사막을 따라 한참 가다 보면 커다란 산이 나온다. 꼬불꼬불 산길을 따라 산을 넘으면 지대가 높아진다. 그리고 우무무치 수십 킬로미터 앞부터 풍경이 바뀌기 시작한다. 하얀 풍차들이 도는 아늑한 곳에 고원 호수가 있는 것이다. 우루무치 오아시스는 동쪽의 다반친에서 시작된다. 이곳부터는 사막 언저리에 거대한 초원들이 펼쳐진다. 우루무치에 도착하기까지 계속 나무들이 늘어난다. 한여름에 천산 목장에 가면 우루무치가 얼마나 크고 풍부한 오아시스인지 알 수 있다. 우루무치는 천산에서 가장 큰 고지대의 오아시스다. 고지대의 서늘한 날씨가 증발을 막아 주고, 천산 허리에서 끝없이 물이 솟아나며, 여름에는 비가 오고 겨울에는 눈이 오는 곳이 우루무치다. 준가르인들에게 이곳은 이름 그대로 커다랗고 아름다운 목장이었다.

우루무치 습격 사건

1722년 유목민들의 형님을 자처했던 만주의 '칸' 강희는 죽었고, 유목민들의 전통에서 훨씬 멀어진 '황제' 옹정이 자리에 올랐다. 원래부터 소심하리만치 신중했던 그는 나라를 단단하게 다스리고 싶었다. 내실 없이 전장에서 명성을 얻으려는 허영은 별로 없었다. 분명히 그는 선대에 얻은 새 땅들을 지키는 데 집중했다. 애초에 목적은 준가르를 완전히 섬멸하는 것이 아니었다. 그는 이제 경계를 정하고 싸움을 멈출 필요가 있다고 보았다.

그러나 무명(武名) 찬란한 아버지의 이름은 계속해서 그를 따라다녔고, 쿠쿠노르와 티베트 암도의 호쇼트 몽골족들의 반란을 진압한 후 그는 자신감이 생겼다. 여기에 빌미가 생겼다. 쿠쿠노르의 반란을 주동한 롭짱 단진이 준가르로 달아났을 때, 준가르의 군주는 청나라의 '반란자' 인도 요청을 거부했다. 이 후 1727년 준가르의 강건한 군주 체왕 랍단이 죽자, 장자 갈단 체렝이 그 뒤를 이었는데, 그는 청나라와 우호적인 관계를 맺고 싶어 했다.

엉뚱한 곳에서의 승리에 도취된 옹정은 준가르의 정권 교체기를 기회로 이용하고자 했다. 그는 구실을 만들기 위해 반란자 롭짱 단진을 인도하라고 끈질기게 요청했지만, 갈단 체렝도 자신에게 망명한 동족 왕공을 선선히 내줄 만큼 만만하지 않았다. 이에 옹정은 개입 구실을 잡고 아예 준가르를 없애겠다는, 선대보다 더 큰 야망을 선포했다. 아무런 준비도 없는 전략적 비약이었다.

이 야망에 불을 지핀 사람은 사천성 출신의 한족 사령관 악종기(岳鍾琪)였다. 이 사나이는 한족의 진지전 방식과 만주족의 기동전 방식을 전장에서 결합시켰다. 그는 쿠쿠노르의 거의 모든 전투에서 승리함으로써 이미 명성을 쌓고 있었다. 그는 보병과 기병을 결합한 혼성 부대를 만들고 최종적으로 우루무치를 탐내고 있었다.

1729년 옹정은 준가르를 모든 악의 근원으로 정하고 그들을 없애려는 행동을 개시했다. 그는 군사 행동에는 대개 소심했지만, 특정한 대상을 정하면 일단 악의 근원으로 낙인찍고 물고 늘어지는 경향이 있었다. 또한 악종기가 자신감을 보였고 능력을 증명하고 있었기 때문에, 능력이 검증되지 않은 신흥 군주 갈단 체렝을 충분히 극복할 수 있다고 생각했을 것이다. 그는 전쟁을 결심했다. 대단한 구실도 없었다. 단지 "롭짱 단진을 넘기라"는 것이 전부였다. 그리고 수만의 군대를 동원하여 서로와 북로로 나누어 들어갔다. 옹정은 분명 요행을 바라고 있었다.

갈단 체렝으로서는 기가 막히는 일이었다. 도망자를 받아들였을 뿐인데, 그것이 이런 대규모 정벌의 구실이 될 수 있단 말인가? 그는 즉시 "롭짱 단진을 넘겨줄 용의가 있다."라는 서신을 보내고 이번 원정의 부당함을 지적했다. 이리하여 졸지에 원정의 구실이 없어졌고, 마침 옹정의 형이 병으로 사망하는 사고가 있었기 때문에 군대는 발길을 돌렸다.

그러나 이 일로 청의 의도는 갈단 체렝에게 완전히 노출되고 말았다. 청이 뱃속에 칼을 숨기고 있다면 선수를 치는 것이 유리하다. 결국 갈단 체렝은 공세로 전환해서 바르콜과 쿠쿠노르 등의 청군 주둔지 근처를 두드리기 시작했다. 이에 따라 청군도 다시 움직였다. 갈단 체렝은 하미와 바르콜에 기지를 두고 계속 서쪽으로 야금야금 들어오는 청을 투르판에서 저지하고 싶었다. 1731년 6월 갈단 체렝은 투르판을 급습했다. 악종기가 이끄는 서로군을 견제하려는 의도였다. 동시에 그는 어얼치스 하에 군대를 집중시켰다. 홉드를 기반으로 알타이를 넘어 들어오려는 북로군을 견제하려는 의도였다. 바야흐로 준가르와 청의 대결이 다시 재연되고 있었다.

투르판은 그야말로 관개 수로에 의지하는 조그만 오아시스였기에 주둔군의 수도 적을 수밖에 없었다. 그러나 청은 투르판 위구르인들의 보호자임을 자임하고 그들의 지지를 이끌어 냈다. 동시에 투루판은 단단한 성벽의 보호를 받고 있었다. 또한 당시 서로군 사령관 악종기는 준가르 측에서도 무시 못할 상대였다. 문제는 북쪽이었다.

북로군을 이끌던 만주족 장군 푸르단은 홉드 근처에서 준가르의 소부대를 격퇴시켰다. 그러나 이것이 화근이었다. 준가르군의 사령관 체링 돈둡은 티베트 원정을 감행하고, 러시아군과도 여러 차례 싸운 백전노장이었다. 그는 홉드 서쪽에서 매복하고는 청군을 유인했다. 청군이 멋모르고 호톤노르까지 진격했을 때 준가르의 매복군이 쏟아져 나와 1만의 청군과 할하족 지원군을 포위했다. 그때 준가르 기병은 무려 2만 명이었다고 한다. 이 전투는 철저한 섬멸전이어서 푸르단은 병력의 거의 8할을 잃었다. 남은 수천이 겨우 홉드의 기지로 들어갔는데, 그나마 홉드에 방어 기지를 만들어 놓은 것이 불행 중 다행이었다.

그러나 청은 이 대패 속에서도 중요한 경험을 얻는다. 북로군이 사지에 갇혔을 때 서로군은 우루무치를 급습했다. 악종기는 이 모험으로 북로군의 포위를 풀 것을 기대했다. 그러나 이내 북로군이 궤멸당했다는 것을 알았고, 우루무치를 지키는 것이 불가능하다는 것을 깨달았다. 그는 재빨리 우루무치에서 물러났다.

전투에서 준가르는 이겼다. 그러나 이 사건은 준가르 멸망을 암시하는 어두운 그림자를 남겼다. 비유하자면 준가르 유목 제국에게 알타이는 심장, 우루무치는 배꼽, 이리는 오른팔, 바르콜은 왼팔에 해당한다. 이 근거지들을 두고 투르키스탄의 농민들과 상인들에게 세금을 거두어 준가르를 살찌우는 것이다. 이미 왼팔은 떨어져 나갔다. 그런데 비록 일시적이지만 배꼽을 남에게 넘겨준 것이다. 악종기가 건륭에게 제시한 16개 항의 원대한 계획은 이런 것이었다고 한다.

> 투르판에는 소규모의 주둔병만 남기고 대군으로 하여금 전면적으로 우루무치를 공격한다. 만약 성공하면 방어 변경을 175킬로미터 서쪽으로 옮길 수 있고, 투르판의 보급 부담을 줄일 수 있고, 또 준가르를 완전히 물리칠 수 있다.
> 그러자면 실질적인 군사력의 증강, 둔전의 확대, 내지로부터의 수송이 필요하다. 바르콜의 3만 병력을 투르판으로 보내고, 대신 영하와 오르도스에서 1만 8000명을 보내 이들을 대신하게 하며, 2만 명이 투르판에서 우루무치를 공격하고, 1만 명은 바르콜에서 진격할 것이다. 승리할 경우, 1만 8000명이 우루무치에 주둔하면서 도시를 방어할 것이다.
> 투르판 근처에 개간한 땅들이 1만 명을 부양하고, 지역의 더 작은 도시들도 최소 5000명은 부양할 수 있을 것이다. 당시 투르판, 바르콜, 타르나친의 수

확을 합하면 총 보리 5만 석이니, 숙주에서 보내는 연간 3만 석의 추가분이 필요하다.

규모가 커진 군대에는 기마용과 짐실이를 합쳐서 총 6만 마리의 말이 필요하다. 바르콜에서 4만 마리를 구입하고, 8000마리는 직예, 하남, 산서에서 구입하고, 나머지는 동맹 몽골족들에게 요청할 것이었다.

공격조의 각 병사들은 두 달 치의 양식을 등에 지고도, 또 6만 석 이상의 곡물을 나를 3만 4000마리의 낙타와, 군인들이 먹을 20만 마리의 양이 필요하다.

<small>피터 퍼듀, 공원국 옮김, 『중국의 서진』(길, 2012)의 정리에 의거</small>

상상하기 힘든 야심이었다. 성으로 잘 둘러싸여 있으며, 외부의 지원을 받는 투르판이나 하미 같은 소규모 오아시스를 지키는 정책을 버리고 유목민의 배꼽 부분을 장악하자는 야심 찬 계획이 나왔다는 것이 섬뜩하다. 악종기 생전에는 이 계획을 실행하지 못했다. 그러나 이 계획은 그대로 살아 있었고, 우루무치를 빼앗으면 준가르 제국을 완전히 전복시킬 수 있으리라는 희망은 커져 갔다. 또한 악종기 스스로 우루무치를 얻을 수 있다는 것을 증명한 셈이다. 일시적이지만 우루무치를 점령당한 것은 치명적이었다.

무너지는 코끼리

유목 제국은 다른 어떤 사회보다 우두머리에 의존한다. 뛰어난 칸은 곧 뛰어난 국가였다. 그러나 초원의 이 시스템은 근대적 제국이 등장하는 18세기에는 시대에 뒤떨어진 약점들을 노출시켰다. 특히 적이 목전까지 다가와 있는 상태에서 약점은 더 두드러졌다. 유목 사회의 군위 계승은 일정한 패턴이 있다. 칸이 죽으면 제국은 일시적으로 분열한다. 그 분열이 극복되기까지 공백 기간이 있다. 그 공백 기간이 극복된 후 제국은 다시 안정된다. 그러나 적은 항상 그 공백 기간을 노린다.

1745년 갈단 체렝이 병사했다. 그리고 불과 10년 만에 준가르 유목 제국도 붕괴했다. 1640년 준가르가 서몽골의 중심 세력임을 알리고, 할하와 대등한 반열에 오른 후 100년이 넘는 동안 준가르는 동서남북에서 격전을 치르고 때로는 패배하면서도 멸망의 징조를 보이지는 않았다. 바투르 홍타이지, 셍게, 갈단, 체왕 랍단, 갈단 체렝 등의 다섯 군주는 모두 유목 국가를 이끌 만한 담력을 지니고 있었다. 러시아든 청이든 이들을 힘으로 제압

하는 것은 거의 불가능했다. 그런 제국이 어떻게 무너졌을까? 제국은 스스로 무너졌다.

갈단 체렝은 장자인 라마 다르자를 두고 차남인 체왕 도르지 남잘을 후계자로 남기고 죽었다. 중국 측의 기록들에 의하면 체왕 도르지 남잘은 "황음"하고 "잔폭"했다고 한다. 실제로 그는 자기 누이의 눈을 도려내는 잔혹한 행동을 했다. 그는 형제들이 자신의 지위를 위협한다고 생각했다. 그들은 반목했고, 체왕 도르지 남잘이 결국 형 라마 다르자를 제거하려 군사 행동을 일으켰으나, 역으로 반대 세력을 규합한 라마 다르자에게 패하고 감옥에 갇혔다. 이 과정에서 체왕 도르지 남잘 편에 섰다가 패배한 다시 다와의 부중들이 청나라로 대거 망명했다. 청으로서는 이 내부 투쟁이 더없이 고마웠을 것이다. 청으로 망명한 이들은 건륭제의 극진한 환대를 받았다. 바야흐로 준가르가 분열의 조짐을 보였다.

그렇다면 자리를 이어받은 라마 다르자는 권력을 공고히 할 수 있었을까? 그는 권력을 잡았지만 아직 명령을 강제할 권위가 없었다. 라마 다르자는 다시 다와의 부중이 청으로 망명할 때 체링 돈둡의 손자로 타르바가타이에 목장을 가지고 있던 다와치에게 그들을 추격해서 절멸시키라는 명을 내렸지만 다와치는 거부했다. 약삭빠른 다와치는 이 혼란의 시기에 청과 대결하지 않는 것이 좋다는 걸 알고 있었다. 그때 다와치를 지지한 이가 바로 호이트부 라짱 칸의 손자이자 준가르 군주 체왕 랍단의 외손자인 아무르사나였다. 이 사나이는 대단한 야심가였다.

라마 다르자가 말을 듣지 않는 다와치와 아무르사나를 제거하기로 마음먹고 군대를 일으키자 이 둘은 카자흐로 달아났다. 이어서 라마 다르자는 카자흐의 칸 아블라이를 압박하여 망명자들을 넘기라고 엄포를 놓았다. 궁지에 몰린 쥐는 고양이를 문다는 말이 있듯이, 사태가 이 지경에 빠지자 다와치와 아무르사나는 다시 카자흐 땅에서 나와 타르바가타이로 들어가 항전을 준비했다. 준가르 내부의 분열상은 전면적인 것이었다. 라마 다르자 진영에 있는 사람들 중에 그와 원한 관계가 있는 이들이 음모가인 아무르사나의 회유에 의해 돌아섰다. 이어서 라마 다르자는 내외의 협공을 당해 진몰하고 말았다.

아무르사나는 반란의 일등 공신이었다. 그는 다와치에게 준가르를 분할 통치하자고 제안했다. 그러나 다와치는 그럴 생각이 없었고 오히려 아무르사나를 제거할 작전을 세웠다. 곧 어제의 동지들은 난타전에 들어갔고 군사를 부리는 능력 면에서는 아무르사나가 좀 우세했으나, 태생이 준가르가 아닌 그는 중과부적으로 동쪽으로 달아나 홉드의 청나라 군 진영으로 들어갔다. 준가르 전체 부중에 대한 배신이었다. 그리고 그와 함께 또다시 수천 부중이 청으로 떨어져 나갔다. 준가르 국가는 이렇게 갈가리 해체되고 있었다. 더욱 나쁜 것은 아무르사나가 준가르의 군주 자리를 조건으로 청군의 길잡이를 자청했다는 것이다.

건륭제는 이 기회를 놓칠 이유가 없었다. 악종기가 제안했던 방법을 그대로 써서 준가르를 완전히 없애기로 마음먹었다. 서로군은 바르콜을 지나 우루무치를 거쳐 천산을 따라 진격하고, 북로군은 알타이를 넘어 준가르 분지를 가로질러 가서 두 부대가 보르탈라에서 만난다는 것이다.

이제 준가르는 사방이 적이었다. 카자흐는 준가르의 힘이 강할 때 엎드려 있었을 뿐, 1723년 이래 '대재앙'으로 일컫는 준가르의 잔혹한 침략을 잊을 수가 없었다. 카자흐의 아블라이 칸은 이 기회에 준가르의 땅과 그들을 가축을 노렸다. 물론 러시아는 무너져 가는 준가르를 지원하여 한창 기세를 올리던 청과 대립하려 하지 않았다. 이미 청과의 국경은 정리되어 있었고, 준가르가 붕괴된 후 다시 그 전리품을 나눠 먹으면 된다는 심사였다.

싸움이라고 할 것도 없었다. 알타이 서쪽 준가르의 심장부가 넘어가고, 준가르의 배꼽 우루무치가 넘어가고, 준가르의 자금줄인 타림 분지 일대의 오아시스들은 동시다발적으로 반란을 일으켰다. 청군에 대항하라고 보낸 군대는 줄줄이 항복했다. 겨우 남은 군대를 이끌고 이리의 계곡을 따라 서쪽으로 달아나다 격등산에서 청군을 맞을 준비를 했다.

그러나 5월 23일 밤, 항복한 준가르인들이 나섰다. 그들은 준가르를 속속들이 알고 있었다. 바투르 아유시, 차하시 등 준가르 용사들은 겨우 22기의 기병으로 다와치의 진영을 야습했다. 전투는 사기가 생명이니 이미 싸울 의지를 잃은 다와치의 군대는 허망하게 무너졌다.

허풍쟁이 전쟁 시인의 학살극

2008년 5월 15일. 이리 소소(昭蘇) 평원에 가던 날 사천에서 대지진이 일어났다는 소식을 들었다. 라디오에 학교가 무너져서 아이들 수백 명이 죽었다는 이야기가 나온다. 천재지변이라는 것도 우스운 말이다. 학교가 호텔보다 더 쉽게 무너지는 것이 천재니 지변과 무슨 관계가 있을까? 아이들이 어른들보다 달리기를 못한다는 사실은 또 하늘의 뜻과 무슨 관계가 있는가? 나는 이렇게 결론을 내릴 수밖에 없다. 더 타락한 어른들이 덜 타락한 아이들을 죽였다.

대체로 더 타락한 인간들이 '하늘의 뜻'이라는 말을 쓰기를 좋아한다. 하늘의 뜻을 얼마나 존중하는지 급기야 돌에다 하늘의 뜻을 새겨 넣는다. 그 돌은 최소한 수백 년은 썩지 않을 것이다. 하늘의 뜻이라면 하늘이 새겨 넣어야 할 것이로되, 석공이 새기는 것이 좀 우스꽝스럽다. 하늘의 뜻이라면 하늘이 보낸 바람과 비를 반겨야 할 것이로되, 비각을 세워 비바람을 막으려 하는 품새도 우습다. 돌에 새겨진 하늘의 뜻이 영 믿음직하지 않은 것이 그런 까닭이다.

남쪽으로 천산에는 눈이 녹지 않았고, 그 유명한 유채꽃도 아직 피지 않았다. 누런 들판으로 양 떼들만 풀을 찾아 움직이고 있었다. 회오리바람이 불다 갑자기 비가 내리고 초원이 시커멓게 변했다가 다시 개기를 반복하는 이상한 날씨였다. 나는 지금 격등비(格登碑)를 찾아가는 길이다. 준가르를 위한 조곡으로는 격등비만 한 것이 없다. 소소현에 들러 격등산까지 함께 갈 택시 기사를 찾으니 대개는 손사래를 친다. 군사 주둔지라 들어갈 수 없다는 것이다. 사실 격등산에서 차로 얼마만 더 들어가면 카자흐스탄이다. 못 들어가면 다시 나오면 될 것이 아니냐, 열심히 젊은 친구 한 명을 설득했다.

들어가는 길은 거의가 군사 주둔지다. 둔(屯)이라고 쓰인 마을들은 거개 과거에 사람들을 이주시켜 만든 마을들이다. 주둔지를 지날 때마다 에둘러 갔다. 다행히 멀리 격등산과 비각이 보일 정도까지 갔을 때 심장이 쿵덕쿵덕 뛰었다. 저 산 위에 올라 서쪽을 바라보면 멀리 카자흐 평원으로 터진 계곡이 보이고, 왼쪽으로는 천산이 엎어질 듯이 서 있다. 오른쪽으로는 올망졸망하게 이어진 언덕 위로 양 떼들이 하얗게 널려 있다. 저 산 위에 서고 싶다. 하지만 나는 서지 못했다.

퉁명스러운 군인의 대답 몇 마디만 들었다.

"외국인에게 개방되어 있지 않습니다."

찔러도 피도 안 날 것 같은 그 신참 병사를 설득할 방법은 없다. 시국이 어수선해서인지 국경 지대는 분위기가 좋지 않다. 물러날 수밖에 없었다. 전술상 퇴각이다.

하지만 언제 다시 이곳으로 오랴. 멀리서라도 비석을 바라보고 싶었다. 별 볼 일 없는 사진기지만 최대한 끌어당겨서 찍으면 대충의 모양은 나올 것 같았다. 그러나 이곳은 군사 지대, 어떻게 할 것인가? 이가 없으면 잇몸으로. 나는 맞은편 언덕으로 올라가 관찰하기로 했다. 다행히 택시 기사도 격등비를 직접 본 적은 없는지라 뭔가 신기한 것인가 해서 나를 따랐다.

5월에도 천산 북쪽의 바람은 차다. 양들은 아직 덜 돋아난 싹을 찾아 풀밭을 헤치고 있다. 산을 기어오른다. 8부 능선에 달해서는 살금살금 기다가 결국은 포복으로 접근했다. 설마 실탄을 가지고 있지는 않겠지. 들키면 자연스럽게 양치기인 척하며 내려오면 된다. 마음속으로 두세 번 다짐한다. 언덕 정상에 오르니 비각이 보인다. 새로 만든 청나라 양식의 누런 비각 속에 비석이 들어 있다. 천산 허리에는 구름이 드리워져 있고, 서쪽을 뻗은 초원에는 더 이상 거칠 것이 없다. 어디가 국경일까? 저 멀리 눈 덮인 천산을 제외하면 일망무제의 거대한 금을 긋는 것도 시간이 걸릴 것이다. 아무런 자연적인 장애물이 없는 이곳에 국경이 있다는 사실을 이해할 수 없다. 서쪽에는 파란빛이 더하다. 바로 여기서 초원의 마지막 전사들이 최후를 맞이했다.

그리고 준가르 유목 제국은 산산이 흩어졌다.

사진 두어 장을 찍는 차에 뒤쪽이 약간 어수선해 돌아보니 택시 기사는 헐레벌떡 뛰며 달아나고 있다. '이 친구야, 그러다가 저쪽에서 총이라도 쏘면 어떡하려고?'

사실 그런 일이야 일어나겠냐만 겁쟁이 기사의 돌출 행동에 무척 당황했다. 자연스럽게 돌아서 한참 내려오다가 초소가 안 보일 때쯤에 나도 냅다 뛰었다.

"총이라도 쏘면 어떻게 하려고 뛰었소?"

"자네야 발각돼도 돌아가면 되지만 나는 여기서 일해야 된다고. 여기는 내가 들어올 수 있는 곳이 아냐. 주둔지를 몇 개나 지났잖아. 발각되면 큰일 나. 빨리 돌아가자."

그래 그 친구의 말도 일리가 있다. 나를 버리고 가지 않은 것만도 다행이다. 사진은 몇 장 찍었다.(그렇게 어렵게 사진을 찍었으나 나중에 싸리무 호에서 말을 달리다 사진기를 잃어버렸다. 계곡 안에 사는 친구들이 주워 간 것 같다고 하기에 따라가려니 말로만 하루를 들어가야 한단다. 그래서 포기했다. '목숨 걸고' 찍은 사진이 아까워서, 다시 신강으로 여행하는 박 형에게 기어이 부탁해 격등비 사진을 얻었다.)

비문을 쓴 사람은 건륭이다. 그는 황제니까 몇 마디 비난을 하려 한다. 생전에 받은 끝없는 아부, 오늘날의 뒤틀어진 찬사를 벌충할 문장 하나쯤은 있어야 하기에. 그가 거지라면 나는 그를 비난하지 않을 것이다. 비문에는 도대체 뭐라고 쓰여 있을까?

격등산의 험하고 높은 곳에, 적은 보루를 견고히 했도다.

우리 군사 당당하니, 적의 견고함이 스스로 꺾였다.

격등산의 끊어지고 막다른 곳, 적은 그곳 구멍에 자리를 잡았다.

우리 군사 높은 사기 앞에, 적의 둥지를 꿰뚫을 듯.

우리 군사는 노도처럼 이리하(伊梨河)를 건넜다.

앞에는 이끌어 주는 이 있어, 우리를 위해 배를 준비해 주었고,

강을 건넌 지 8일, 격등산까지 쫓아왔다.

앞은 진창이요 뒤는 절벽인데, 어둠이 깔렸다.

저들의 진지를 부수는 게, 저들의 군사를 죽이는 게, 뭐가 어렵겠는가?

하나 우리의 무력을 감추어 두는 것뿐이지.

우리의 무력을 감추어 두는 게 어찌 적을 가만두는 일이던가?

이미 생각해 둔 바가 있으니, 공을 세울 일이 멀지 않았다.

저들도 나의 신하라고 내가 이미 말했다.

그러나 우리 군사들은 언덕을 잿더미로 만들어, 황제의 은혜를 저버릴까 봐 두려워했다.

세 명의 바투르(용사)와 22명의 장졸이, 밤에 적의 진지를 들이치니, 1만의 적이 벌벌 떨었다.

너희들은 하나하나가 딴생각인데, 누가 너희를 지켜 주겠느냐?

너희 우매하고 모자란 것들이, 아직도 달아나려 하는구나.

너희가 달아난들 누가 너희를 받아 주랴?

묶여서 군문(軍門)에 보내지면, 후회막급일 것이다.

아, "죽이느니 차라리 가르치라." 했듯이,

잡은 자들을 용서해 주어 나의 큰 도량을 빛냈다.(受俘赦之, 光我擴度)

한나라가 도호부를 설치하고, 당나라는 장군들을 높였으니

비용은 크고 노고는 막심했으나, 종래 복종시켜 신하로 삼지 못했도다.

이미 나의 은혜에 신하가 되고, 나의 올바름에 복종했으니, 격등산에 비문을 새겨 억대의 후손에게 알리노라.

격등산은 작은 언덕이요, 보루를 쌓을 곳도 없다, 황제여. 그대는 이곳에 온 적도, 몸소 활을 잡아 본 적도 없기에 그런 글

을 쓴다. 격등산은 절벽도 없고 5월의 벌판은 진창이 아니다, 황제여. 대군은 어둠에 멈췄고, 준가르 항장들이 동족을 급습해서 흩어 놓았지, 그것은 그대의 자비와는 아무 관계가 없다, 황제여. 또한 적이 1천이면 몰라도 어떻게 1만이 되겠는가?

그리고 그대 스스로의 다짐, 즉 포로를 용서하여 도량을 빛냈다는 말은 1년도 안 되어 거짓으로 드러났다. 그대는 너무 큰 허풍을 쳤다.

적의 앞잡이가 된 아무르사나는 장군의 칭호를 얻었다. 그는 준가르의 칸이 되고 싶었다. 그러나 의뭉스러운 건륭은 다시 준가르를 나누고 그를 그저 여러 부족 중의 하나인 호이트의 칸으로 삼으려 했다. 준가르가 뭉치는 것을 다시 볼 수 없다는 명백한 신호였다. 아무르사나는 이 제의를 거부하고, 계속 지지자들을 모으면서 건륭을 압박했다. 둘 다 음흉하고 의뭉스럽기는 비길 수 없는 인물들이었다. 그에 건륭은 선수를 써서 아무르사나를 잡으려 했지만 그는 달아났고, 다시 준가르의 남은 세력들을 모아 청에 대항했다.

그러나 준가르 칸국을 다시 세우기에 조건이 좋지 않았다. 카자흐의 아블라이는 청에 협조하기로 다짐했다. 청도 위협적이었지만 준가르는 더 위협적이라고 생각했을 것이다. 할하의 군대가 동쪽에서 아무르사나를 압박했다. 결국 아무르사나는 초기에 이리를 다시 차지했을 뿐 다시 달아나는 수밖에 없었다.

아무르사나의 '반란'은 격퇴되었지만, 그를 잡지는 못했다. 건륭은 그의 배신에 격분해서 이성을 잃었다. 그리고 1757년 근대 중국사에서 좀처럼 보이지 않은 대학살이 초원에서 벌어졌다. 그가 내린 명령은 두 가지였다.

> 준가르 포로를 학살하라.
> 싸울 수 있는 자들은 모두 죽이라.

그리고 이런 기록이 남아 있다.

> 그때 오이라트 부족은 우리 병사들의 위세에 눌려, 비록 한 부락에 만호가 있더라도 감히 대항하는 자가 없었다. 장정들은 나오라고 호통친 후 그들을 베었는데, 그들은 아무런 소리도 내지 않고, 머리를 나란히 하고 죽음을 받아들였다. 부녀자와 어린이들은 모두 내지로 몰아 군사들에게 상으로 주었는데, 가는 길에 죽은 이들이 많았다. 이로써 오이라트는 씨가 말랐다. 조익, 「황조무공기성」

준가르는 완전히 지구상에서 사라지고 말았다. 초원의 마지막 전사들의 명예를 기리는 말은 여기저기 찾아봐도 그저 "아무

런 소리도 내지 않고, 머리를 나란히 하고 죽음을 받아들였다."라는 구절뿐이다. 이렇게 준가르는 사라졌고 지금 이리 혜원성(慧遠城)에는 인민 해방군이 주둔하고 있다.

  소소 초원에서 돌아오는 길 내내 심장은 규칙 없이 뛰었다.
  초원에 널려 있는 무심하게 서 있는 고대의 석인들. 아비, 어미, 아이로 된 석인 가족이 다정하다. 저 어린 석인도 보았을 것이다. 자신들과 비슷한 생활을 하는, 모전 천막 속에 사는 이들이 학살당하고 달아나는 모습을. 그리고 눈을 감고 있는 모습으로 조각해 주지 않은 것을 원망했을 것이다. 그날 벌어진 일은 저 석인들이 광풍을 맞으며 천년의 세월을 버텨 오며 본 풍광 중 제일 무서운 것이었을 것이다.
  이제 국경이 생겼다. 양은 풀을 찾아, 말은 물을 찾아 움직였지만 이제는 국경을 넘지 못한다. 유목민들은 여름에는 산허리에서, 겨울에는 계곡을 따라 내려가 이쉬쿨에서 쉬었다. 그러나 이제는 울타리가 쳐져 있다. 나무 울타리가 아니라 철조망이 초원을 가로지르고, 셰퍼드가 아니라 군인들이 총을 들고 지키고 있다.

7
준가르 세계를 떠나며

2011년 3월 또 미련을 버리지 못하고 수소문했다.
서몽골 부족을 아는 이들이 있느냐고.
몽골인들을 몇 명 소개받았지만 대부분 동쪽에서 이주한
사람들이었다. 그러다 시버족 동학량(佟學良) 형을 소개받았다.
8000미터 이상인 히말라야 초오유를 등정한 산악인이지만
지금은 산보다 평지를 더 좋아하는 생활인이다.
삶이 더 소중해졌다나. 시버족? 바로 신강 점령에 동원된
만주인이 아닌가? 귀가 번쩍 뜨였다.
그는 보르탈라의 아르샤티로 들어가면 진짜 유목 몽골을
만날 수 있다고 했다. 그들은 아마도 서몽골의 후예일지도 모른다고
했다. 나는 바로 응낙했다. 그의 지프차에 몸을 싣고
아르샤티로 떠났다.

몽골 주당들

아르샤티 초원으로 들어가기 전 현성에서 이미 얼굴에 몽골이라고 쓰여 있는 0.1톤이 넘는 거구의 사나이가 맞아 주었다. 범상치 않은 목소리의 해맑은 웃음이 고목 같은 몸집에서 울려 나온다. 그때까지 나는 그가 동 형의 부탁으로 잠깐 안내 나온 사람인 줄 알았다. 그러나 그가 바로 주인공이었고 나는 그와 사흘 동안 계속 술을 마셔야 했다. 내가 원했는지 그가 원했는지 정확히 기억나지 않는다.

차를 타고 아르샤티 초원 깊은 곳으로 가서 커다란 천막들이 서 있는 곳에 내려 준다. 눈은 아직 발목까지 빠졌지만 눈 아래로 물이 흐르고 있었다. '차하르 장원'. 거구의 사나이 울란 바투르는 바로 차하르 장원의 장주였고, 강호의 대주당이다. 그의 조상은 막남(漠南)의 차하르에서 왔다. 서몽골인이 아니었다. 하지만 나도 마음을 쉬고 싶었다. '서몽골이 아니라도, 그 터에 살고 있는 몽골이다.'

그날 밤. 울란 바투르의 집에서 환영회가 열렸다. 기억도 하지 못할 정도의 음식이 올라왔다. 왜 나를 환대하는지는 나도 모른다.(사실 떠날 때까지 내가 환영받을 이유를 찾지 못했다.) 어린 장난꾸러기 같은 울란 바투르는 짓궂다.

"술 먹을 줄 아나, 한국 형?"

"술 먹으러 아르샤티까지 왔는데."

울란 바투르가 붉은색 상자를 가져온다. 술 상자다. 술 이름은 싸리무(賽里木). 저 투박한 사기 병 속에 정말 싸리무의 깨끗한 물이 들어 있을까? 한 상자가 다가 아니었다.

"또 있으니까 먹읍시다."

울란 바투르의 친구이자 동 형의 친구인 현의 행정국장 장신이 첫 잔을 따르고 물어 온다.

"어때요?"

"깨끗한데요."

좌중은 이제 자지러졌다.

"깨끗하대. 동방에서 주당이 오셨다!"

그 후 새로운 술 상자 몇 개를 보았다. 나머지는 기억나지 않는다. 정말 싸리무의 호수처럼 맑은 백주를 호수에 얼굴을 대고 빨아들이듯 먹었다.

다음 날. 아침에 다시 장신이 찾아와 우리를 태우고 온천으로 차를 몰았다. 어제 너무 많이 먹었으니 쉬자는 뜻으로 알았다. 그날 오후 더 큰 회전(會戰)이 기다리고 있는 줄 내가 어찌 알았으랴. 그들이 나를 온천에 담근 것은 마치 시든 채소에 물을 주는 것 같은 이치였다. 생기를 좀 찾으면 또 술을 들이부으려고.

그날 오후 온천현(溫泉縣)의 인사들이 거의 다 모였다. 차하르 장원의 울란 바투르, 행정부장 장신, 교육국 부장, 신화서점 주인, 퇴임한 교장 선생님, 현지 조형 예술가가 모여 회족이 운영하는 농가 식당에서 다시 술판을 벌였다. 좋은 말씀들이 오갔다. 먼 곳에서 온 친구를 위해, 단결을 위해, 아내들의 고향이 같은 것을 기념하여, 그리고 마지막으로는 술 자체를 위하여 마셨다.

울란 바투르는 우렁우렁한 목소리로 친구를 환영하는 몽골 노래를 불렀다. 회족 주인장은 회족의 사랑 노래를 불러 주었다.

이렇게 사람을 대하는 데는 세상 어디에도 없다. 이들이 바로 몽골이다. 한 잔, 한 잔 곡식의 정수에다 의미를 부여하며, 술을 아름답게 마신다. 나는 최선을 다해 현지의 주당들을 상대했다. 어차피 물과 살로 된 인간은 이 많은 술을 견딜 수 없다. 다만 끝까지 정을 나눌 뿐. 관계(官界)에 몸담고 있는 이, 사업가, 예술가 모두 술을 마다하지 않는 사람들이다. 술이 한창 오를 때, 울란 바투르가 슬그머니 쪽지를 내민다.

'오늘은 너무 많이 마시지 마셔.'

세상은 그런 것이다. 들도적 같은 동생의 걱정을 받는다. 나는 안도감을 느낀다. 거나하게 취해 방광에 압박을 받은 사나이들은 사방이 터진 농가의 화장실에서 한 사람씩 따로 만난다. 조형 예술가 향 형은 화장실 벽 너머 손을 뻗었다. 꽉 잡았다. 그리고 우리네 타락한 인간들은 어느덧 스스로 부끄러워서 감히 하지 않게 된 말도 들었다.

"예술 때문에 여기에 있어요. 나가야 하는데."

예술 때문에 여기에 있다면 이미 여기를 벗어난 것일지도 모르지. 통으로 구운 양고기가 차려졌을 때, 창밖으로 백양목이 점점 크게 흔들린다. 백양목을 보면서, 나는 서서히 잠이 들었다. 준가르도 서몽골도 다 잊었다. 그냥 몽골만 느껴졌다. 울란바투르의 커다란 배 같고, '싸리무'의 쓰디쓴 소박함 같은 몽골.

아르샤티의 마지막 밤

이리하, 이리하.
면면히 멈추지 않고 흐르네, 거센 물결을 일으키며 세차게.
꼭 내가 당신을 그렇게 깊이 깊이 사랑하는 것처럼.
이 세상에, 다른 사람은 없어라.

초루의 집에서 아르샤티의 마지막 밤이 깊어갈 때, 시버족 동 형은 시버어로 이리하를 노래했다. 친구들은 몽골어로 따라 불렀다. 고향 노래다. 이린골이든, 이리외젠이든, 이리다리야든, 혹은 이리허든, 뭐라 불러도 그 강은 서쪽으로 흐른다. 몽골, 카자흐, 위구르, 동 형과 같은 만주족 이주민들, 그리고 한족들이 그 강에서 삶을 녹였고 이제는 떠날 수 없게 되었다. 모두 떠날 수 없다. 우리는 나흘째 싸리무 백주를 상자째 먹고 있다. 나에게는 화해할 대상도 없는 화해의 술이다.

이미 술이 오른 동 형은 말했다.

"무슨 민족이냐, 집착이다. 이제 잊어라, 공 형."

그래 사실 민족이 무슨 소용이냐? 함께 술을 먹은 이가 차하르 몽골인들 준가르 몽골인들 무슨 차이가 있으랴. 나의 집착일까? 그런데 그대는 왜 또 이리하를 노래해서 객의 마음을 흔드나. 시버족도 만주를 떠나 '새 땅(新疆)'으로 강제 이주되었다. 그는 이리가 싫다고 했다. 그는 원래 기자였다. 우루무치에 살 것이고, 기회가 나면 더 큰 곳으로 갈 것이라고 했다. 그러면서 또 이리를 노래한다. 그것도 거의 잊었다는 시버 말로.

나도 그렇다. 인간이 인간을 너무 많이 해쳤던 시대를 잊고 싶지만 또 떠오른다. 나도 내 안에서, 사막과, 초원과, 강과, 밭과, 고원이 한 덩어리가 되어 화해하기를 바란다. 단지 잔혹한 시절이 다시 오지 않기를 원한다.

"그래, 동 형. 내가 잊지 않아도 잊힌다. 기억하는 사람도 없다."

그 강. 나도 그 강을 떠날 수 없다. 겨울 갈대가 노랗던 강, 여름의 황토가 거세게 흐르던, 봄에 신록이 피어나던 강. 그 강가에서 나는 셀 수도 없는 다양한 색깔의 사람들을 보았다. 그리고 사람들의 꿈에 대해 들었다. 강가에서 아이스크림을 파는 회족 마(馬) 아주머니는 이리 카자흐족들의 '바보 같은 순진함'을 한탄했다. "카자흐족은 땅이 귀한 줄 몰라. 외지인이 몇 푼만 주면 땅을 넘겨." 하지만 그녀도 바보 같이 순진하기는 마찬가지였지. 전처가 있는 남자, 한몫 잡겠다고 소련에 갔다가 빈털터리로 온 남자, 그리고 이리 강가에서 아이스크림 기계를 지키고 있는 남자가 그의 남편이다. "데리고 살아야지. 다 늙어서." 그녀도 그 강을 떠날 수 없다. 기름기 많은 아이스크림을 기어이 하나 안긴다. 강가로 가면 노란 머리, 까만 머리, 빨간 머리들이 겁도 없이 불어난 물로 풍덩풍덩 뛰어든다. 하지만 소심한 객은 뛰어들지 못한다. 유목민은 이제 서쪽으로 갈 수 없다. 하지만 물은 서쪽으로 간다. 아마 세상에서 제일 아름다울지도 모르는 초원을 품고서.

벌써 몇 년째, 신강에 갈 때마다 짐승을 타고 있는 이들에게는 다 물어보았다. 싸리무에 풀이 돋을 때 호숫가를 달리는 그 사람들은 준가르가 아니었다. 눈 속에 호수도 하얀 초원으로 변해 있던, 들꽃이 호수도 물들이던, 발 담그고 물속의 조약돌을 줍던 때, 싸리무에 있는 사람들은 모두 내가 찾던 사람들이 아니었다. 나라티에서 아이를 안고 허기진 내게 국수를 준 이도, 바인부르커 경마장에서 바람처럼 달리던 기수도, 남산 목장에서 호객하던 개구쟁이도, 어얼치스의 낙타 몰이꾼도 모두 준가르가 아니었다. 그리고 신강에서 가장 유목민스러운 사람들이 산다는 이 아르샤티에서 양을 모는 그대들도 준가르는 아니다. 그러니 카라마이의 유흥가에서 하룻밤에 수천 원을 날리는 석

유 장사꾼이 준가르가 아님은 물어보지 않아도 안다.

　　알 수 없다. 그런데 왜 아직도 그 이름이 준가르인가, 이 평원은.

진실을 찾는 여행

 제국주의의 프리즘을 통하지 않고는 초원의 역사 현상들을 거의 하나도 이해할 수 없다. 우리가 이야기한 17~18세기 초원 세계에도 제국주의의 바람이 불어닥쳤다. 제국을 구성하는 두 요소를 추출하면 대체로 영토의 정복과 강제적인 이념의 이식이다. 영토란 국경 내부의 배타적인 땅을 뜻하며, 이념이란 국가 생존 지상주의다.

 16세기 말부터 신흥 러시아가 시베리아를 침식해 들어가면서 아시아에서 러시아의 제국주의 팽창이 개시되었다. 동시에 중국을 접수한 청나라는 17세기 중반부터 서진을 개시한다. 청나라가 적극적으로 팽창을 시도한 것은 17세기 후반부터이고 러시아보다는 훨씬 우아한 이유들을 내세웠지만, 본질적으로 제국주의적이었던 것은 마찬가지다. 제국주의의 결말은 전쟁이다. 그러면 러시아와 청이 충돌했던가?

 다행히 거대 제국들 사이에는 완충지가 있었다. 바로 알타이를 중심으로 동서로 뻗어 있는 초원의 세계였다. 초원 세계는 대체로 분열되어 있었고 많은 부족들이 순종적이었지만 유독 한 부족은 완강했고, 그들이 국가를 세웠으니 바로 준가르 칸국이다. 준가르 칸국은 몽골 제국이 남긴 유산에, 18세기 중반까지 유지되었던 유목민의 전술적인 우위 덕분에 100년 이상 두 제국에 성공적으로 대항했다. 두 번째로 큰 세력은 카자흐 칸국이었지만 그들은 러시아나 청의 입장에서 준가르와 같은 위협은 되지 못했던 것 같다. 그래서 준가르 양대 제국의 공적이 되었고, 결국 사라졌다.

물론 그들은 눈같이 하얀 민족이 아니었고, 제국주의의 순수한 피해자들도 아니었다. 준가르 칸국 역시 제국을 추구했다. 알타이의 소부족들, 타림 분지와 하서주랑의 오아시스 주민들, 시베리아 남부의 삼림 부족들이 준가르에게 억압당하고 착취당했다. 러시아가 광대한 시베리아 일대의 토착민들을 죽이고 재산을 약취하고 요새를 세운 것과, 청이 할하와 차하르 몽골인들을 전쟁에 이용하고, 광범위한 한족(漢族) 농민들의 부를 갈취한 것과 마찬가지다.

모두들 제국의 굴레에 갇혀 있었으며, 경쟁하는 시절에 그 굴레에서 빠져나오는 것은 아예 불가능했는지도 모른다. 그렇다면 사실을 기록하는 것 빼고는 역사가가 따로 할 일이 없는지도 모른다. 그럼에도 우리가 여행을 하는 이유는, 누군가가 지나간 시절의 기록을 끊임없이 왜곡하고, 때로는 사실마저 왜곡하기 때문이다.

할하는 준가르로 인해 괴로웠다. 오늘날 몽골 민족주의자들이 그들을 비겁자라고 욕할지라도, 그때 그들이 준가르의 무력 침공을 견뎌야 할 이유는 없었다. 다음 장에서 서술하겠지만, 티베트는 준가르 원정군에게 끔찍하게 유린당했다. 카자흐인들도 준가르의 피해를 입었다. 준가르의 파상 공세로 카자흐인들은 시르다리아 강을 건너 서쪽으로 달아났다. 사마르칸트, 부하라는 난민들이 밀려와 도시가 마비될 지경이었다. 이때의 충격으로 카자흐의 부족 연합체들은 러시아의 보호를 요청했고, 마침내 1820년대 카자흐는 러시아의 직접 통치를 받게 된다.

동투르키스탄에서 위구르인들이 받은 침해도 작지 않았다. 비록 중국인들의 기록이 주를 이루지만, "위구르인들이 오이라트의 통치 아래 있을 때, 그들이 걷는 세금이 너무나 과중하고 번다하여 마치 물이나 불 위에 앉아 있는 듯했다.", 백성들이 "견디지 못하고 달아났다."라는 기록들이 모두 거짓은 아닐 것이다. 청 및 러시아와의 대결이 격화되는 시기에 약한 민족들에 대한 준가르의 착취는 당연히 증가했다. "조세가 번다하고, 군대가 자주 들이치니 견딜 수가 없었다." 위구르 농민들이 준가르의 거점 지역들로 끌려가 농지를 개간하는 일도 많았고, 노예가 된 이들도 상당했다. 심지어 준가르인들의 노예가 된 위구르인들이 청의 변경으로 탈출해 왔다는 기록들도 보인다. 알타이의 작은 부락들에 관한 글들도 읽어 보았다. 알타이 북부에서 준가르로 끌려가 철을 생산하게 된 투르크 소부족의 기술자들, 러시아와 준가르에 이중으로 세금을 내야 했던 시베리아의 소부족들에게 준가르의 통치가 달가웠을 리 없다. 준가르의 세리들에게 채찍으로 맞으며 가축을 잃었던 알타이 작은 부족들이 준가르를 반겼을 리 없다.

제국주의의 악순환에 걸리면, 제국주의에 대항하는 수단으로 제국주의를 흉내 낸다. 그들도 살아남으려 했다. 그들은 지속적으로 싸워야 했고, 싸움에 드는 자원을 얻기 위해 더 약한 민족들을 억압했다. 준가르는 결국 다민족 공존 국가의 비전을 보여 주지 못했다.

그러나 한 가지는 분명하다. 준가르의 어두운 면이 그들의 학살되어야 하는 근거는 아니다. 최소한 그들이 결국 패배하고 살육당하는 그 순간, 그들은 착취자의 지위에 있지 않았다. 그들은 청의 질서를 거부했고, 유목을 버릴 수 없었다. 그것이 그들이 멸망당한 이유의 전부였다. 그들의 아(亞)제국주의 말고 또 어떤 비전을 가질 수 있었는지도 나의 얕은 식견으로는 아직 판단할 수 없다.

3 고원의 봄

티베트

1
라싸로 가는 길

작전 타임

 티베트 여행은 이번이 세 번째다. 갈수록 어려워진다. 우선은 최근 몇 년 사이에 겁이 늘고 배도 꽤 나왔기 때문이다. 겁쟁이에 몸도 굼떠지니 장거리 여행이 어려울 수밖에. 그래도 아직은 설산도, 사막도 약간 조심스럽지만 공포스럽지는 않다. 정작 더 큰 문제는 세상사의 흐름이다.

 많이 바뀌고 말았다. 최근 티베트(한자로 서장(西藏))와 신강에서는 다시 반정부 시위가 일어났다. 그 후 이곳에서 여행하기는 점점 어려워지고 있다. 2011년 3월 지금 티베트는 아예 들어갈 수 없는 땅이 되었다. 올해로 티베트 합병 60주년. 2월 말부터 외국인은 티베트의 경계를 넘을 수 없다. 하지만 이번에는 꼭 넘어가려고 한다. 지난번에도 봉기 때문에 티베트 문턱에서 발길을 돌렸다. 어렵사리 오랜 준비를 끝냈는데 또 훼방을 놓는다. 그러나 이번에 또 들어가지 못하면 언제 들어갈 수 있을지 기약이 없다.

 물론 내가 얼마나 무해한 인간인지, 혹은 얼마나 별 볼 일

없는지를 그들에게 설명해 주면 그들도 충분히 수긍할 것이다. 내가 티베트에 들어간들 거리를 기웃거리다가, 언덕을 오르다가, 저녁이 되면 여관으로 들어가서 싼 술 한잔 마시고 잠자는 것밖에 뭘 하겠는가? 공안이 사진을 지우라면 냉큼 지울 것이고, '어이.' 하면 '네.' 하고 달려갈 것인데.

이번에는 꼭 들어가야겠다. 아이들에게 그렇게 약속했다. 아빠가 높은 곳에 갔다 오겠다고. 높은 곳에 이번에는 꼭 가야겠다. 들어가서 한뎃잠을 자더라도.

함양(咸陽)에서 집으로 전화를 했다. 비장한 각오를 알려야지. 아빠가 티베트 고원으로 들어가서, 무려 5000킬로미터를 이리저리 움직여서 차이담 분지를 지나 타클라마칸 사막으로 들어갈 것이라고 말이다. 거기서 자전거로 타클라마칸 사막을 건너고, 알타이 산에서 곰과 늑대를 만난 후, 50근짜리 활에 화살을 먹여 놈들을 바라본 후, 녀석들이 굴복하면 고이 돌려보내 줄 거라고. 알다시피 아빠는 불살생주의자니까.

"잘 놀고 있지?"

"응."

"아빠 보고 싶지?"

"아니."

항상 이런 식이다. 저 극도의 무관심은 누구에게서 물려받은 것일까? 하지만 녀석에게 설산이네 사막이네 설명하다 보면 날이 샐 것이다. 아직 놈에게 그런 것을 가르쳐 줄 때는 이르지.

'장하다 아들아. 엄마를 부탁한다.'

바로 서쪽으로 가지 못하고 남쪽으로 빙빙 돌아 이곳 난주(蘭州)까지 왔다. 내일이면 라싸로 가는 열차를 탈 것이다. 열차 표를 사는 건 어렵지 않았다. 라싸가 뭔지도 잘 모르는 지방의 간이 매표소를 찾아가서 허공을 바라보며 말한다.

"라싸."

쓸데없는 말을 해서는 안 된다. 그리고 좀 퉁명스러워야 한다.

"언제?"

"13일."

"아래, 가운데, 위?"

"아래."

만약 '외국인 아니세요?'라고 물으면 벌컥 화를 낼 생각이었다. 그리고 최대한 어이없다는 표정을 지었을 것이다. '이렇게 지저분한 외국인 보셨어요?' 다행히 합비(合肥) 장강로 판매소의 아주머니는 라싸에 별 관심이 없나 보다. 별 문제 없이 표를 샀다. 이렇게 정부의 명령도 장강을 건너오면서 끊기는 수가 종종 있다.

여기는 난주. 8년 전에 왔던 역 앞의 싸구려 여인숙보다는 꽤 깨끗한 곳을 택했다. 그때 몇 초 만에 내 지갑을 낚아챘던 그 솜씨꾼은 아직 여기 있을까? 이번에는 안전한 곳에서 정보를 모

아야 한다.

함양에서 난주로 오는 완행열차를 타고 오면서 끊임없이 작전을 구상했다. 메마른 서부의 대지에는 아직 새싹이 돋아나지 않았다. 나무도 없고 물도 없는 불모의 언덕들이 배고픈 거인처럼 차창 밖에 웅크리고 있다. 햇살이 때가 잔뜩 낀 창문을 뚫고 들어와 얼굴에 닿는다. 건조한 햇살이다. 아지랑이 한 가닥이 땅 위로 올라간다. 벌써 아지랑이가? 아니다. 앞자리 아저씨의 담배 연기구나. 연기는 '차 안에서 담배를 피우지 마시오.'라고 쓰여 있는 커다란 현수막까지 닿는다. 뻑뻑 담배를 피우는 모습이 자못 행복하다. 아무도 그들의 행복을 방해하지 않는다. 나도 그렇다. 그 행복한 모습이 그냥 좋다.

'그렇지, 여기는 서부다. 서부에서 불가능한 것이 뭐가 있단 말인가?'

입술이 없으면 잇몸으로다. 넘어야 할 관문이 몇 개 있다.

첫째, 열차 검문을 넘어서야 한다. 둘째, 숙박 금지를 해결해야 한다. 마지막으로, 티베트 안에서 이동 시 검문을 통과해야 한다.

물론 이 모두를 성공적으로 통과했다는 사람을 본 적은 없다. 그러나 나는 통과할 수 있을 것이다. 이번에는 준비를 단단히 했다. 첫 번째 관문을 넘기 위해 표를 두 장 샀다. 라싸행과 서녕(西寧)행. 난주에서 서녕까지 가는 표를 지니고 있다가 서녕

닿기 전에 공안이 표를 검사하면 그것을 보여 줄 것이다. '나는 라싸 가는 사람이 아니거든요.' 하고 잡아뗄 것이다.

대체로 난주에서 표를 검사한다고 알고 있다. 서녕에 도착하면 벌써 7시가 넘는데 그 이후에 또 검사를 하겠는가? 검사를 해도 문제없다. 역시 똑같은 표를 보여 주며, 거얼무까지 가려 하는데 표가 없어서 서녕까지 가는 것을 샀다고, 열차 안에서 연장할 거라고 우긴다. 그러고는 침대칸으로 가서 유유히 단잠을 잘 것이다. 표를 한 장 더 사느라 거금 38원을 썼지만 스스로 생각해도 꽤나 그럴싸한 전술이다.

자, 그다음 숙박 문제는 어떻게 해결할 것인가? 2월 중순부터 외국인 여행 허가증은 완전히 발급 중단되었고, 허가증 없이는 여관을 이용할 수 없다. 그래도 별 상관없다. 먼저 외국인을 받는 모 여관을 알아 놨고, 그래도 안 되면 여인숙을 찾아서 대충 등록해 볼 것이다. 최대한 행색은 초라하게 해야 한다. 여인숙에서도 재워 주지 않으면 알아 놓은 등산 장비점에 들어간다. 그러고는 싸구려 침낭과 텐트를 사서 라싸하 옆에서 잠을 잘 것이다. 그다음엔 유유히 라싸를 떠날 것이다.

그럼 티베트 안에서는 어떻게 돌아다닐까? 라싸만 벗어나면 분명히 발각될 것이다. 그래도 방법은 있다. 우선 동쪽 닝트리 방면으로 이동한다. 물론 검문을 받고 공안에게 발각되겠지. 우리는 이런 대화를 나눌 것이다.

"외국인 여행 금지요."

"정말 몰랐습니다. 라싸에서 벌써 경고를 먹었어요. 빨리 라싸를 떠나래요."

"그런데 왜 이쪽으로 왔소?"

"동쪽으로 가서 사천성으로 가려고요. 성도에서 친구가 기다려요. 지금 난주로 가는 열차표가 없어요. 라싸 공안이 허락했는걸요."

안 된다고 하면 돌아선다. 천천히 밥을 챙겨 먹고 도보로 검문소를 지나칠 것이다. 그리고 닝트리로 가는 차를 세워서 좀 태워 달라 사정하고 갈 것이다.

그러면 어떻게 돌아올 수 있을까? 우리는 검문소에서 이렇게 대화를 나눌 것이다.

"외국인 여행 금지요."

"맞아요. 닝트리에서 알았어요. 빨리 떠나라고 하네요. 그래서 돌아오는 길이에요."

"흠."

"숙박도 하지 못하고 돌아오는 길이에요. 너무 힘들어요."

"흠."

이렇게 라싸로 돌아올 것이다. 그리고 미련 없이 티베트를 떠날 것이다.

물론 이것은 나의 희망 사항이다. 첫 번째 관문도 넘지 못할

지 누가 알겠는가?

어떤 수를 써서라도 나는 들어간다. 아들아 나를 좀 도와줘. 벙어리인 척하기, 승복 입고 다니기 등도 생각해 보았지만 모두 현실성이 없어서 포기했다. 운명을 기다리는 중에, 한때 동티베트를 같이 돌아다녔던 친구 리(李)가 이렇게 메시지를 보냈다.

"자식이 둘인데 꼭 그래야겠니?"

고원으로 들어서다

 8년 전에 라싸로 들어갈 때는 모든 절차가 형식적이다 못해 낭만적이었다. 금요일 입경 허가증을 끊으러 거얼무 공안국을 찾아갔더니 담당 공안은 벌써 퇴근했다고 한다. 그러니 어쩌겠는가? 그냥 들어갈 수밖에. 버스 터미널 매표원은 내가 외국인인 줄 잘도 알아봤다. 그래도 라싸로 들어가는 차들은 많고도 많았다. 티베트 경계에 들어갈 때는 이미 밤이었고, 검문도 형식적이었다. 검문소에 도착해서도 나는 무면허 영업 택시의 뒤에서 잤다. 그리고 아무 일도 없었다.

 그러나 세상이 너무 바뀌어 버렸다. 합법적으로 모든 절차를 밟으려 해도 아무것도 허가해 주지 않는다. 언제 여행 금지가 풀릴지도 모르겠다. 그러나 나는 들어가려 한다. 라싸에서 물어볼 것이 있다.

 3월 13일, 난주역 라싸행 열차 대기실. 짐과 온몸을 검사하고 들어왔다. 서녕행 열차표를 가지고 있으니 최소한 지금은 여유만만이다. 벌써 수유차 향기가 난다. 티베트의 향기다.

드디어 열차로 올라왔다. 그대로 라싸행 침대칸으로 들어간다. 서녕만 지나면 최소한 거얼무까지는 걱정 없이 갈 수 있다. 승무원이 온다. 순해 보여서 다행이다. 외국인인지 눈치채지 못했다. 열차표를 침대 번호표와 바꾸고는 그냥 간다. 그러다 얼마 있다가 또 나타난다. 가슴이 덜컥 내려앉는다. 그러나 별일은 아니었다. 건강 등기 카드를 기록하란다.

그것도 문제없다. 북경 조양구(朝陽區)의 박 형 주소를 적었다. 혹시나 해서 중국식 주민 등록 번호도 하나 만들어 놓았다. 그리고 최대한 글자를 모호하게 써서 줬다. 이제부터 나는 북경사람이다. 건강 등기 카드의 내용이란 별것도 아니다.

'고소증을 극복할 수 있을 정도로 건강에 문제가 없습니다.'라는 칸에 동그라미만 표시하면 된다. 그런데 고소증이 올지 안 올지 지금 어떻게 알 수 있단 말인가? 하지만 이런 행정 방식이 마음에 든다. 단단한 것 같으면서도 엉성한. 그래서 나같이 어수룩한 객에게도 파고들 기회를 준다. 이렇게 한 고비를 넘겼다.

밤은 다가오고, 고소증이 나타나지 않는데도 지레 겁을 먹는다. 고소증과 나는 질긴 악연이 있다. 가장 비참했던 경우에는 그놈 때문에 계단에서 오줌을 흘린 적도 있으니까. 절대로 술을 먹어서는 안 된다. 많이 움직여서도 안 된다. 물을 계속 먹어 두어야 한다. 그리고 놈이 찾아오지 않았다고 방심해서는 안 된

다. 꼭 그 안도의 한숨 소리를 듣고 놈이 찾아오니까.

일단 밤에는 고통이 찾아와도 문제가 없다. 누워 있으면 되니까. 꼼짝 않고 누워 있으면 약 24시간이면 극심한 고통은 대체로 끝난다. 다행히 잠이 들 때까지 고소를 느끼지는 못했다.

밤에 커다란 돌이 굴러 내려오는 꿈을 꾸었다. 나는 여러 사람들을 대피시켰다. 돌이란 놈이 마치 일부러 사람을 노리는 듯이 가는 곳마다 따라왔다. 그래도 괜찮은 꿈이다. 비록 꿈이지만 내가 뭔가 이타적인 일을 했다는 것에 만족한다. 현실이었다면 나는 분명히 다 버리고 도망쳤을 것이다.

3월 14일 아침 열차 안. 이미 거얼무는 지났다. 이제 나를 내리게 할 사람도 없다. 내리게 한다고 해도 중간 역은 티베트 낙추밖에 없다. 설마 달리는 차에서 내리라고 하지는 않겠지. 이제 편안히 행동한다. 드디어 티베트로 들어간다.

오전에 커커시리 산맥을 지난다. 티베트 영양 몇 마리가 보인다. 고도계는 4500미터를 가리키고 있다. 고원에는 얼음이 그대로 남아 있고, 야생 동물 빼고 가축들은 보이지 않는다.

지평선 뒤에서 태양이 쫓아온다. 고원의 장엄함이 쇳덩이 열차를 지렁이처럼 한심한 존재로 만든다. 굴곡진 길을 달릴 때 열차의 꼬리와 머리를 볼 수 있다. 누런 초원 속에 가는 실처럼 초라하다. 새하얀 빙하를 두른 고봉이 새파란 하늘을 마주 보고 있는 모양은 이곳이 세계에서 가장 높고 넓은 고지대라는 것을 실감하게 한다. 빙하는 쇠로 된 뱀 한 마리가 초원을 가로지르는 것을 물끄러미 내려다본다. 햇빛이 대지에 떨어지는 소리만 들리는 따듯한 날, 혹은 바람이 대지에 누워 잠자는 소리만 들리는 날, 파열음을 내며 달리는 저 쇠 뱀이 귀찮을 법도 하건만 저 하얀 산은 말이 없다.

이곳에서 어쩔 수 없이 벙어리가 된 것은 유감이다. 잠시 나는 중국인이다. 말을 하면 북경 사람이 아니라는 게 들통 날 것이다. 그러나 강요된 침묵으로 인해 창밖의 풍경은 하나도 놓치지 않고 볼 수 있었다.

탕구라 산을 지나니 슬슬 야크가 보인다. 낙추에 이르니 야크, 양, 말이 들판을 메우고 있다. 설산과 초원을 보니 마치 딴 사람이 된 것 같다. 동부에서의 자질구레한 일들은 모두 사라진다. 역시 나는 서부가 몸에 맞다.

탕구라 산을 지나 풍경을 더 자세히 보기 위해 식당칸으로 갔다. 어떤 잡지사 기자 둘이서 승무원을 인터뷰하고 있다. "가는 길에 초모랑마도 볼 수 있어요?" 일단 어렵사리 관문 하나를 지나니 맹한 소리를 하는 수습기자 아가씨도 귀엽다.

낙추를 지났다. 이제 라싸로 들어가는 마지막 고개가 지척이다. 8년 전 무면허 차를 타고 들어갈 때 나는 여기서 완전히 시체가 되었지. 지금은 황송스럽게도 인공 산소까지 나오는 열차를 타고 간다. 물줄기들이 열차와 같은 방향으로 달리며 고도를 낮춘다. 라싸가 가까워지고 있다.

2

알 수 없는 일들

알 수 없는 짐승

호랑이도 없는 초원에서 너는 왜 그렇게 긴 뿔을 가지고 있느냐?

짧은 풀에 이끼만 먹는 너는 어찌 코뿔소 같은 어깨를 가지고 있느냐?

살을 에는 겨울에도 너는 왜 추운 언덕에서 내려오지 않느냐?

8년 전 늦겨울 티베트 참도에서 사천성 깐즈로 이어지는 산길을 이틀째 달리고 있었다. 시절은 2월 중순이었지만 높은 곳은 아직 누렇고 계곡은 얼음으로 깔려 있었다. 히말라야의 동쪽 끝은 남북으로 달리는 고산이 겹겹이 둘러쳐져 감히 동남쪽의 따듯한 공기가 들어오지 못하게 한다.

그 수많은 골짜기 중 어느 골짜기에선가 물가에 검둥이 한 무리가 눈을 헤치고 있다. 높은 산 깊은 계곡에 있는 녀석들은 조상들의 순정한 피를 그대로 간직한 놈들인지라 어깨가 사람

키만큼 높았다. 차 소리에 놀랐는지 한 녀석이 갑자기 물 건너편으로 뛰어간다. 500킬로그램 거구가 얼음을 밟고 서자 얼음이 설탕 덩어리처럼 부서진다. 얼음 아래의 차가운 물이 튀어 오른다. 녀석이 다치지 않았을까?

그런 걱정은 애초에 할 필요가 없었던 것을. 녀석은 가슴까지 차는 얼음물을 튀기며 그대로 반대편으로 뛰어오른다. 그러자 수십 마리가 모두 얼음으로 뛰어든다. 놈들의 육중한 체구에 밀려 얼음덩어리들이 반대편 기슭으로 밀려 올라가고 사방으로 포말이 튀어 오른다. '도대체 저놈들 가죽은 무엇으로 만들었나?'

반대편 기슭에 올라서자 부르르 몸을 턴다. 물기로 털이 몸에 달라붙자 어깨의 근육 덩어리가 실룩거린다. 그러고는 의기양양하게 서서, 산길을 기어가는 우리들의 버스를 바라본다. 마치 말을 거는 듯하다. '한번 건너 봐.'

그놈은 고원의 거한, 설산의 동생 야크다. 녀석은 분명 높은 곳에 알맞은 귀족이다. 눈 아래의 이끼를 핥을지언정 녀석은 낮은 곳으로 내려가지 않는다. 고귀한 혈통 때문일까? 순한 녀석은 작은 짐승들과도 잘 어울린다. 양이든 염소든 말이든 야생 영양이든 녀석들과 함께 풀을 뜯는다. 귀족의 여유로움일까? 녀석은 작은 나무도 밟지 않는다. 양들이 어린 나무의 꼭대기를 뜯을 때도 녀석은 짧은 풀만 먹는다. 그래서 녀석은 똥마저 향기로운 것일까?

어린 목동이 자기보다 스무 배 더 무거운 검둥이를 타이르고, 때로는 혼내는 것을 보면 녀석들은 약한 짐승들을 건드리지 말라는 계시를 받았나 보다.

녀석은 좀체 화를 내지 않는다. 그러나 녀석을 바보라고 생각해서는 안 된다. 화가 나면 돌진한다. 그리고 쉽사리 멈추지 않는다. 그래서 누구라도 그 높은 어깨가 들썩이도록, 그 긴 뿔을 흔들도록 해서는 안 된다. 녀석이 돌진하면 땅이 울리고, 초원이 떤다. 하지만 안심해도 좋다. 총을 겨누지 않으면 녀석은 돌진하지 않을 테니까. 저 거대한 검둥이들 중에는 아직도 누군가에게 한 번도 돌진하지 않은 녀석들이 대부분일 테니까.

뿔과 힘줄은 활대와 시위로 쓰고 뼈는 화살촉으로 써서, 고원의 사람들은 곡식이 없을 때도 녀석들의 몸에 기대어 다른 짐승들을 잡으며 살아갔다. 천막, 소금, 보리까지 등에 넘치게 실어도 이 짐승은 걸을 수 있다. 놈들은 느리지만 넘어지지 않고 반드시 목적지에 도착한다. 고기는 사람들의 배로 들어가고, 기름은 등잔을 밝히고 또 상처를 치료하는 연고가 되었다. 녀석들의 젖은 버터가 되고, 음료가 되고, 과자가 되었다. 거친 털은 천막이 되고, 고운 털은 외투가 되었다. 발굽은 노리개가 되고 창자는 겨울 식량 저장고가 되고, 똥은 연료가 되었다. 녀석들이 만든 것은 하나도 버리지 않는다. 심지어 그 두개골은 대문을 지키는 수호신이 되었다. 이 거대하고 순한 짐승은 어쩌면

이 척박한 고원에서 사람들이 살아가라고, 산과 호수의 정령이 모여 털 달린 동물들의 장점만 모아 만들어 선물로 보낸 건지도 모르겠다.

티베트 땅에 가면 어디고 볼 수 있는 이 짐승의 심장은 티베트 사람들의 심성과 닮았다. 이방인들은 흔히들 묻는다. 왜 지축을 흔들며 달리지 않느냐? 왜 낮은 곳으로 내려와 넓은 벌판을 차지하지 않느냐? 그 높은 어깨는 장식으로 달고 다니느냐?

그러나 이 짐승은 대답한다. 낮은 곳으로 내려간 형제들은 몸통이 작아지고, 뿔이 짧아졌다. 낮은 곳에 사는 젖소와 교배하고, 가까운 친척 사이에 새끼를 낳아 체격은 형편없고 빛깔은 탁해졌다. 우리는 야크다. 총을 겨누지 않는다면 참을 수 있다. 고원이 아직 있으니까. 우리는 아직 높은 곳에 있다.

알 수 없는 사람들

열차 안. 곰 같은 남자 둘이서 엉덩이를 덜렁 들고, 무릎으로 의자에 앉아 배를 등받이에 대고 뒷좌석을 보면서 웃는다. 아이에게 회전의자를 주면 무릎으로 기어올라가 등받이를 끌어안고 노는 것처럼. 성마른 엄마라면 잔소리 한마디 했을 것이다. 그런데 내가 아는 거구 두 명은 연신 그렇게 논다. 열차를 처음 탄 아이들이야 으레 그렇지만, 어른이 그렇게 노는 것은 처음 보았다.

고원 사람들이 내게 준 선물은 다 나열하기 힘들다.

리탕 초원에서 고소증으로 정신마저 아득할 때 롭쌍이 대뜸 말했다.

"우리 사촌 누나를 만나 봐요. 정말 미인인데."

실제로 미인이었다. 그날 저녁 고소증이 너무 심해져서 어렵사리 만난 미인이 따라 주는 맥주잔도 제대로 가누지 못했던 것이 못내 유감스럽다. 빠메이의 자타이도 똑같은 말을 했다.

"우리 누나 만나 봐요. 예쁘고 교양 있는데."

지금은 나도 아빠가 되었지만, 예전에 나의 꽤 친한 친구 녀석들도 여동생 좀 보여 달라 하면 다 기겁을 했다. 티베트 사람들 빼고는 아직까지 내게 자기 혈육하고 친해져서 결혼해 보라고 한 이들은 없다. 그들이 왜 그랬는지 알 수가 없다. 객관적으로 나는 삼류 신랑감도 못 되는데.

라싸 강에다 양가죽 배를 띄우고 사람들을 건네주는 뻬엔바는 서푼 뱃삯보다도 비쌀 것 같은 차를 내게 대접했다. 내 두통을 치료해 준다고. 그의 찻집은 대나무 바구니 열네 개인가 열대여섯 개에 돌을 채워 놓은 벽 안에, 물통 하나와 찻잔 두 개가 전부다. 뱃사공은 천대받는다. 천민이라고 멸시당하는 그의 어디에서 그런 동정심이 나올까? 차를 따르는 모습은 아무리 봐도 오늘날은 멸종한 종족, 바로 귀족이었다. 그가 귀족이라는 것은 라싸 강만 아는 비밀일 것이다. 연인을 보듬듯 라싸 강을 쓰다듬는 그의 나무 노는 거칠지 않다. 지금은 다리가 생겼으니 그는 어디로 갔을까?

대설산(大雪山) 아래 통나무 여관에서, 낮은 곳에 사는 동물들이 높은 곳에 오면 으레 걸리는 병에 걸려 전등도 없는 2층 다락에서 잠을 잘 때, 여관 주인과 아주머니 그리고 하얀 얼굴의 딸이 쉴 새 없이 올라왔다.

아저씨가 와서 하는 말이,

"한잔하시려오?"

"보시다시피 몸이 이래서요."

그리고 얼마 안 있어 아줌마가 와서 하시는 말씀이,

"몸이 많이 안 좋으신가? 약을 찾아야겠네."

그러더니 얼굴이 하얗고 수줍음이 많은 딸이 남동생을 데리고 뜨거운 물을 들고 온다. 물이 목으로 넘어가지 않는다. 얼마 후 아스피린을 들고 온다. 그것도 소용이 없자 티베트 약을 들고 온다. 수줍어서 혼자 들어오지 못하고 항상 동생을 데리고 온다. 몸은 움직일 수 없었지만 마음은 끊임없이 흔들렸다. 나는 나고 그대들은 그대들이 아닌가? 왜 그런 자기들도 아픈 표정으로 나의 아픔을 보살피나.

"먹으면 나아요. 높은 곳에서 너무 오래 돌아다녔어요."

그때 그 정성을 느끼기에는 통증이 너무 심했지만, 그들의 걱정스러운 눈빛은 그날 펄떡펄떡 뛰는 관자놀이와 맥박 속에 각인되어 아직도 잊어지지 않는다.

차 사고를 당해 고향으로 돌아가지 못하고 라싸 강가에서 노숙하며 사는 부치웅이 이렇게 말했을 때는 나도 변변치 못하게 훌쩍거리고 말았다.

"지갑은 바깥에 넣지 마세요. 항상 안주머니에 넣어요."

이해할 수 없는 사람들이다.

이해할 수 없는 일은 아직도 많다. 나는 티베트인 지구에서 한 번도 속은 적이 없다. 그악스럽기로 유명한 무면허 영업차를 수시로 타면서도 싸운 적이 없다. 그렇게 무면허 영업차 운전자들과 싸우지 않고 여행할 수 있는 곳은 이 세상에 그곳밖에는 없을 것이다.

검은 눈동자에 환한 웃음, 그들은 왠지 물렁한 사람들이다. 그 거대한 산 밑에서, 그 광대한 초원 속에서 어떻게 그렇게 거칠어지지 않았는지 알 수가 없다. 비슷한 환경에 있는 몽골인들은 강인하고 때로는 심하게 짓궂다. 그러나 티베트인들은 대체로 수줍다. 그 시커멓고 굵직한 손마디가 위협이 되지 않고 해학을 불러일으키는 곳, 그곳이 티베트다.

그래서 그곳의 역사를 캐는 것은 내 스스로의 상처를 긁는 것처럼 아리고 꺼림칙하다. 그러나 이제 막 앉는 딱지를 기어이 뜯어내는 심술스러운 아이처럼 나는 그런 짓을 하려고 한다. 나는 어쩔 수 없이 낮은 곳에 사는 사람에 불과하니. 하지만 일말의 양심은 남아서, 티베트의 상처를 헤집으며 내 안의 상처도 같이 긁는다.

알 수 없는 것에 대한 사랑

 한 방울 한 방울 빗물이 석회석을 녹이듯 부드러운 것은 언젠가 딱딱한 것을 녹이고, 딱딱한 것에 구멍을 만들고, 또 그 구멍을 키운다. 석회석이 녹아 내려 종유석이 되고, 바닥에 떨어진 물은 석순이 되고, 결국은 둘이 붙어 석주가 된다. 천년을 기다려야 만날 수 있을까? 하지만 함께 걸어야 빨리 닿을 수 있기에 종유석과 석순은 쉬지 않는가 보다. 그러게 사랑이란 서로 같이 하는 것인가 보다.

 사랑이란 얼마나 여리고 약한 것인지. 사랑을 생각하면 어린 시절 실패한 사랑에서 얻은 상처가 다시 돋아난다. 밭둑 근처에서 잠자는 토끼 두 마리를 주웠을 때, 그 반질거리는 털에 숨이 턱 막혔다. 밭일이 끝나면 데리고 가려고 녀석들을 풀밭에 묶어 놓았다. 밭일이란 고되고, 어린이는 항상 놀기에 바쁜 법. 일이 끝나자 냅다 집으로 달려갔다. 한참 잊고 있다가, 여름의 여우비에 퍼뜩 정신이 들어 토끼 생각이 났다.

 허겁지겁 산길을 달려 올라가서 풀밭으로 갔더니 토끼 한 마리는 알록달록한 천을 머리에 뒤집어썼고, 또 한 마리 역시 알록달록한 끈을 허리에 두르고 있었다. 자세히 보니 토끼를 감싸고 있는 것은 천도 끈도 아닌 꽃뱀이었다. 뱀은 막 토끼 한 마리를 삼키면서 다른 한 마리를 감고 있었다. 순간 아무 생각도 나지 않았다. 그냥 막대기를 들고 뱀을 마구 때렸다. 그날 많이도 울었다. 콩잎을 주고 싶었고, 좋은 집을 지어 주고 싶었지만 그러지 못했다. 잘못된 사랑은 자유를 없앴고, 그 자유 없음은 결국 짐승 세 마리의 죽음을 불렀다.

그렇게 종유석과 석순처럼 사랑은 둘이서 하는 것인가 보다. 그러기에 사랑의 대가들이 무례히 행하지 말라고 했나 보다. 그리고 함부로 빼앗지 말라고, 특히 그것이 자유라면 절대로 빼앗지 말라고 했나 보다.

티베트라는 단어를 쓸 때마다 마치 양심을 시험대에 올려놓는 것 같아 괴롭다. 나는 티베트를 말할 자격이 있는가? 이 나라 저 나라 글자로 된 책을 쌓아 놓고, 또 티베트 사람들이 쓴 글에다 줄을 치면서, 좀 더 '객관적'이라고 불리는 통계 책을 펼치면서도 나는 쉽사리 결론을 낼 수 없다. 나의 어쭙잖은 말이 또 토끼 다리를 묶는 끈이 될까 봐 두렵다. 그래서 나의 글이 토끼를 죽인 사람의 고백 정도로만 읽혔으면 좋겠다.

장중한 히말라야는 나 같은 인간도 다 용서할 것이다.

3
하늘의 법이
땅에서 길을 잃다

3월 14일, 그날

3월 14일. 열차에서 내리니 열차 역 광장에서 새로 만든 대로까지 군인과 경찰들이 쫙 깔렸다. 좌우로 총을 든 이들은 경찰이 아니고 군인인 듯하다. 총구는 바로 승객들을 향해 있다. 슬그머니 몸이 움츠러든다. 열차 역에서 라싸 시내는 꽤 멀기에 네 명이 모여서 시내로 들어가는 택시를 탔다. 겨우 500미터쯤 갔을까? 경찰들이 차를 세운다.

"신분증."

나의 여행은 여기서 끝났나 보다. 체념의 한숨이 나온다. 승객들은 모두 신분증을 꺼내고, 나도 여권을 꺼낸다. 나가라면 나가야 한다. 작은 희망을 걸었다. 저이들이 하나하나 다 볼 수는 없다. 명함을 끼워 둔 여권 첫 장만 보여 주었다. 얼핏 보면 신분증 같다. 절망적인 상황에서 한 과감한 행동은 옳았다. 차는 점점 밀리고, 신분증을 흘끗 보고 건네받지는 않는다. 통과.

택시를 타고 모 여관으로 가는 길에 포탈라 궁을 지났다. 장갑차에, 무장한 경찰들이 지나가는 사람들보다 훨씬 많다. 어찌다 이 높은 곳에 사는 사람들이 관리 대상이 되고 말았을까?

하늘에서 내려온 사람들

세상 만물을 오로지 자신만의 기준으로 해석하는 중국의 오랜 문사(文史) 전통에 따라 토번(티베트인들의 조상이 세운 나라)은 오르도스 서쪽에서 청장고원으로 이어지는 광범위한 지역에 살던 강족(羌族)이 계속 남서쪽으로 이동하여 세운 나라라는 해석이 생겼다. 한자 기록인 『통전』이나 『수서』, 『당서』 등에 의거한 해석이지만 그 기록들의 신빙성은 일찌감치 의심받았다. 나 또한 그런 기록들을 의심한다.

물론 강족의 일부는 티베트 고원으로 이동했을 것이다. 고대 유목 민족의 이동이란 자연스러운 현상이다. 그러나 어떤 부족들이 고원으로 이주해 들어갔든지 간에 이미 신석기 시대에 티베트 고원의 광범위한 지역에서 인간들이 살고 있었다. 그리고 최소한 기원전 10세기에는 고원도 이미 청동기 시대로 돌입했다. 그렇다면 고원에 광범위하게 퍼져 있던, 혹은 고원으로 이동한 유목 부족들과, 얄룽 강 일대에서 농경에 종사하던 민족이 융합하여 토번을 만들어 냈다고 추측할 수 있다. 이런 융합적인 요소는 현재까지 그대로 이어진다. 티베트 고원 북부의 유목 지대를 암도라고 부른다. 이 지역은 오늘날의 청해, 감숙 남부, 사천성 북서부를 포함하는 광대한 고산 초원 지대로 유목이 주된 생산 방식이다. 고원의 동쪽으로 히말라야 조산대의 습곡 운동으로 만들어진 거대한 협곡과 가파른 고산, 그리고 중소 규모의 평원이 반복되는 지형이 나오는데 이 지역을 캄이라고 부른다. 오늘날의 티베트 동부에서 사천성 서부, 운남성 북부를 포괄하는 이 지역은 목축과 농업이 혼합되어 있다. 다음으로 오늘날 티베트의 핵심 지대가 된 라싸를 중심으로 한 얄룽 강 일대를 짱이라고 부른다. 이 지역은 티베트의 곡창으로 농업을 위주로 하되, 반건조 초원 지대에는 목축도 병행된다. 그리고 이들 지역보다 훨씬 넓은 광대한 북서부는 극도로 한랭·건조한 황무지로 인간이 거주하기에 부적합하다.

그 이름이 중국의 역사서들에 등장할 때 이미 토번은 당시 세계 제국이라는 당나라를 위협할 정도로 강력한 군사 대국이었다. 그들은 청해성 일대의 북방 선비계 유목 부족들을 병합하면서 당조와 국경을 나란히 한다. 이들의 위세에 눌려 당나라 태종이 화해의 표시로 문성(文成)공주를 송첸감포에게 시집보내고, 8세기 치송데첸의 치세에 당나라가 조공을 바치지 않자 토번군이 수도 장안(서안)을 함락시켰음은 잘 알려진 이야기다.

이들은 북방의 돌궐이나 위구르 등의 유목 제국과 비슷한 군제를 가지고 있었던 것으로 보인다. 그러나 이들은 북방의 유목 제국과는 달리 정주 지대에서 농산품을 직접 얻었는데, 그 정주 지대의 중심이 라싸다.

7세기 송첸감포 시기 인도에서 불교가 티베트 땅으로 들어왔다고 한다. 자연히 불경을 번역할 필요가 생기고 그와 함께 티베트 문자도 만들어졌다. 이념과 문자를 갖추면서 티베트 문화는 고원 전체로 확산된다. 그러나 불교의 융성은 토착 종교 본교의 견제를 받고 불교도를 옹호하던 왕이 암살되는 사건이 발생한다. 싸움은 이어져, 이번에는 본교의 부활을 노리던 랑다르마 왕이 불교도들에 의해 피살됨으로써 전통적 왕조 시대는 막을 내린다. 불교와 티베트 사회의 끈질긴 인연은 이렇게 시작되었다.

하늘의 법으로
땅을 다스리다

그 후 토번은 토착 종교과 불교가 갈등하면서 분열하고, 또 정주적인 요소가 강화되면서 군사적으로는 볼품없는 나라가 되었다. 그래서 송대(宋代) 중원 사람들은 고원의 일을 잊고 있었다. 그러나 고원에서 불교만은 진화를 거듭하여 이론적으로나 승단의 규모나 이미 세계적인 수준이 되었다.

13세기 몽골이 아시아 전체를 통합하는 일이 벌어지자 몽골의 힘이 도저히 대적할 수준이 아니라는 것을 간파한 티베트는 1207년 싸움 없이 항복했다. 그러나 칭기즈칸 사후 티베트가 몽골에 조공을 바치지 않자 우구데이 칸의 둘째 아들 쿠텐(고단)이 티베트를 정벌하러 왔다. 여러 지방 영주들로 쪼개져 있던 티베트가 몽골에 대항하기는 힘들었다. 다른 지역들처럼 몽골의 말발굽에 사단이 날 것인가? 아니면 무사히 살육을 면할 수 있을까? 여기서 불교가 힘을 발휘한다.

쿠텐은 티베트가 지도자급 명사들을 대표로 파견하여 정식으로 몽골에게 항복할 것을 요구했다. 그리하여 사캬파의 고승

사캬 판디타가 사절로 가서 조공을 약속했다. 그는 위대한 승려인 동시에 정치가였다. 그는 티베트의 지도자들에게 이런 편지를 보냈다.

> 지금 몽골은 수도 없는 군사를 거느리고 있습니다. 내가 보기에 세상 모든 민족들이 그들의 지배를 받게 될 것입니다. 그와 협조하는 민족은 그와 똑같은 대우를 받습니다. 그러나 어떤 이가 그가 하는 말에 진심으로 복종하지 않는다면, 그는 항복할 여지도 주지 않고 그를 파괴할 것입니다.
> 위구르 지역은 그의 통치 아래 파괴되지 않고 혜택을 입었습니다. (중략) 중국, 탕구트, 그리고 몽골(칭기즈칸에 대항한 몽골의 부족들) 등은 저항하지 말고 항복하라는 칸의 전갈을 받았으나 곧이듣지 않았습니다. 그래서 그들은 공격을 받았고, 더는 달아날 곳이 없을 때 결국 굴복하는 수밖에 없었습니다. (중략) 항복하지 않으면 우리 인민들은 노예나 종이 될 것입니다. Shakabpa, *One Hundred Thousand Moons*(BRILL, 2010)

그러나 그는 이 상황을 티베트 불교의 힘을 확장시킬 계기로 여겼다.

쿠텐 왕은 지금 나를 특별하게 생각합니다. 그 때문에 중국, 티베트, 위구르, 탕구트 등지에서 온 모든 승려나 중요한 인물들이 나에게서 종교적인 가르침을 받고자 합니다.

그리고 대체로 일은 그의 생각대로 풀려 갔다. 이리하여 불교는 강력한 후원자를 얻었다. 티베트의 왕이 아니라 세계의 지배자인 몽골 대칸의 아들이었었다. 사캬 판디타가 쓴 『선설보장론(善說寶藏論, 사캬 렉세)』에는 어쩌면 그 자신의 정치 철학이 배어 있는지도 모르겠다.

> 방법을 현명하게 쓰면 위대한 자라도
> 종으로 만드는 것이 어찌 어려우랴?
> 가루다는 (싸움에서) 힘이 셌어도
> 비쉬누의 탈것이 되었다.

승리에 도취한 독수리 신 가루다가 힘으로 비쉬누에게 이기고도, 비쉬누의 지혜에 져서 그의 탈것이 되었다는 이야기다. 그에게 자신의 종교는 지혜 그 자체였을 것이다.

> 지혜를 갖추었으면 힘이 약해도

힘을 갖춘 적이 어찌할 수 있으랴?
백수의 왕이 힘을 갖추었어도
지혜를 갖춘 토끼에게 죽었던 것처럼

과연 고원의 지혜가 전파되는 속도는 빨랐다. 일단 몽골 사회에 알려지자 티베트 불교는 빠른 속도로 확대되어 얼마 지나지 않아 이제는 왕자가 아니라 몽골의 대칸이 불법의 수호자를 자처하게 된다. 단순한 유목 제국을 정주와 유목을 아우르는 세계 제국으로 만들고 싶었던 대칸은 제국의 이데올로기를 찾고 있었고, 티베트 불교는 불안한 할거 시대를 종식시킬 든든한 후원자를 찾고 있었다. 그 칸이 쿠빌라이였으며 상대는 사캬 판디타의 조카이자 후계자 팍파였다. 이리하여 팍파는 단순한 승려가 아니라 원나라의 국사가 되었다. 그가 설교를 할 때는 심지어 칸도 그 아래 자리에서 들어야 했다.

혼돈의 고원

몽골의 후원을 얻은 사캬파, 카르마 카규파 등의 승단이 세속까지 지배하는 정교일치 사회의 기초는 이렇게 만들어졌다. 그러나 하늘의 법으로 땅을 다스리는 것은 쉽지 않은 일이다. 결국 지방에 뿌리를 내리고 있던 토호들, 원나라 시절에는 만호(萬戶)라 불리던 세력을 끌어들이지 않으면 승단 자체로는 권력을 유지할 수 없었다. 이렇게 승단은 내외부에 토호와 원나라를 후원자로 둔 독특한 권력체가 된다.

권력을 행사하면서 종단이 세속화하고 타락하는 것은 보편적 현상이다. 급기야 원나라 조정의 공식적 후원을 받았던 사캬파 내부에서도 분열이 일어나 파당끼리 서로 살인을 일삼는 지경까지 이른다. 더군다나 한때 강력한 질서의 주관자였던 몽골(원)은 이제 힘이 다해서 고원의 일에 개입하지 못했다. 문제는 곪고 있었다. 그때 또 한 명의 고승이 등장한다.

티베트에서 몽골 지배가 끝날 무렵 암도에서 젊은 승려 한 명이 스승을 찾아 짱 지역으로 내려왔다. 거기에서 그는 승단의 타

락상을 보고 경악하고 만다. 해탈을 염원하던 한 젊은 승려가 보기에 세속의 권력을 누릴 대로 누리는 기존 종단의 행태는 경악할 만했을 것이다. 사캬파보다 더 종교적으로 충실했던 그는 "허망한 세속의 부귀를 버리고 최상승(最上乘)인 금강승을 익혀 윤회를 끊어 버리라."라고 역설하며 다녔다. 그는 엄격한 금욕과 경전 공부를 통한 해탈을 주장하며 개혁의 기치를 내걸었다. 승단의 세속화와 이에 따른 개혁의 대립 관계는 종교 권력이 강한 사회에서는 어디서든 목격되는 현상이다. 이리하여 개혁파에서 시작하여 현재 티베트의 지배적 종단이 된 겔룩파가 탄생한다.

그가 총카파다. 곧 이 열렬한 수행승 아래 수많은 승려들이 모여들었는데 그들은 기존의 사캬파나 카르마 카규파가 쓰던 붉은 모자 대신 개혁파를 상징하는 노란 모자를 쓰기 시작했다. 그래서 겔룩파를 '노란 모자를 쓰는 종단', 즉 황모(黃帽)파라 부르기도 한다. 총카파의 제자들은 라싸에 세라, 데풍 등 거대 사원들을 세우기 시작하는데 1950년 중국의 침략을 받기 전까지 이 사원들에는 1만 5000명이 넘는 승려들이 살고 있었다고 한다. 1445년 타쉴훈포 사원이 시가체에 건설됨으로써 티베트 중부 일대의 중요 지역들이 모두 겔룩파의 수중으로 들어온다.

"목숨을 걸고 계율을 지키라."라는 총카파의 개혁은 종단을 정화하려는 것이었지만 원인을 제거하지 못한 개혁은 한계가 있었다. 이 겔룩파도 지배적 위치를 차지하자 기존의 홍모파들과 비슷한 길을 걸을 수밖에 없었다. 그들은 여전히 종단을 보호해 줄 시주자가 필요했고, 겔룩파가 찾은 시주자는 지방을 장악하고 있는 토호 정권들이었다. 원나라가 멸망했기에 외부의 보호자를 찾기가 어려웠기 때문이다. 토호 정권에 기댄 거대 사원들이 생겨나면서 종단의 재산은 날로 늘어났다.

그렇다면 홍모파는 사라졌던 것일까? 시주를 확보하기 위한 경쟁은 그치지 않았다. 각파들은 시주자들을 얻기 위한 경쟁에 돌입했고, 시주자들은 나름대로 각파들을 이용할 궁리를 했다. 당시 짱 지역에서 가장 강력한 시주자는 일대의 세속 권력을 잡고 있던 림풍 가문이었다. 이들은 간단히 말해 티베트 전역을 다스리던 통일 왕조가 무너진 후 지방의 권력을 장악한 토호라고 볼 수 있다. 림풍 정권의 뒤를 이은 것이 짱파 정권이다.

림풍 정권이든 그 뒤를 이은 짱파 정권이든 이들이 짱 지역의 가장 강력한 세속 권력이라면 불교 종파들이 이들 세속 권력의 후원을 얻고 싶어 하는 것은 당연했다. 시주를 얻기 위한 종단들의 경쟁이 가속화되었다. 그리고 이 지방 정권 역시 불교 승단을 자신들의 의도대로 조정함으로써 정권의 영속화를 꾀했다. 이들이 거대 사원들을 장악하고 막대한 승단을 구축한 겔룩파를 견제하려 한 것도 권력의 속성으로 보면 어쩌면 당연한 일인지도 모른다. 림풍 왕과 그 뒤를 이은 짱파 왕은 모두 겔룩파를 견제했다.

다시 몽골을 찾아

이런 갈등 구조는 비교적 전형적인 경로를 따라 해소되었는데 바로 종단이 다시 외부의 시주자를 찾는 것이었다. 겔룩파는 대체로 라싸 일대를 장악하고 있었고, 짱파 정권은 시가체를 중심으로 하고 있었다. 림풍 정권을 이은 짱파 정권이 카르마 카규파와 연계하여 겔룩파를 견제하자, 총카파의 수장 소남 갸초는 짱의 지방 정권보다 훨씬 강력한 몽골의 칸을 찾았으니 알탄이었다.

그들은 암도에서 회동을 갖고, 소남 갸초가 알탄에게 불교의 수호자인 쿠빌라이 칸의 현생이라는 칭호를 주고 그 알탄이 소남 갸초에게 달라이 라마라는 칭호를 줌으로써 겔룩파와 몽골의 결합이 시작되었다. 내부에서 권위 있는 시주자를 찾을 수 없거나, 적대적인 종파가 세속 정권을 독점할 때 밖에서 시주자를 찾는 것은 향후에도 계속 되풀이된다. 그리고 이 행태는 불행의 씨앗이 된다.

4대 달라이 라마는 종단의 숙적인 짱파 왕을 저주했다. 짱파 왕도 가만히 있지 않았다. 4대 달라이 라마가 입적하자 짱파 왕은 입적한 달라이 라마의 환생을 찾는 것을 금지했다. 이 환생이라는 제도는 원래 카르마 카규파에서 시작되었다. 카르마 카규파의 창시자인 카르마 카규가 입적하자 그의 제자들이 그의 후생을 찾아서 종단의 지도자로 세운 것이다. 이 특이한 제도는 종단의 분열을 막고 사원의 재산을 지키기 위해서 고안된 것으로 보인다. 겔룩파도 이 제도를 모방했다.

환생은 선대 종정의 권위를 빌려 오는 가장 직접적인 방법이었다. 현재의 종정의 권위는 선대 종정에 의해 자연스럽게 보증되기 때문이었다. 경쟁 관계에 있는 카르마 카규파가 환생 제도에 의해서 종단을 유지하고 있는데, 겔룩파가 환생을 찾지 못한다면 권위가 떨어질 것이 분명했다. 그리고 구심점을 찾지 못하면 종단이 와해될 수도 있었다.

짱파 왕의 탄압이라는 위기 상황에서 겔룩파는 외부의 강력한 시주자에게 구원을 요청했다. 입적한 4대 달라이 라마 자신이 알탄 칸의 손자였기 때문에 겔룩파가 몽골의 후원을 받는 것은 더욱 쉬웠다. 1617년 드디어 몽골 군대가 라싸로 진주해 겔룩파 승려들의 지원을 받아 라싸에 진주하던 짱파 정권의 군대를 공격했다. 그러나 짱파 왕은 반격하여 몽골군을 몰아냈다. 그리고 겔룩파는 피의 보복을 당하게 된다. 세라 사원과 데풍 사원은 점령당하고 수많은 겔룩파 승려들이 학살당했다. 학대와 추방은 라싸를 넘어 캄까지 확대되었다. 이때 짱파 정권이 승단을 배제한 완전한 왕정을 구축하려 했는지, 단순히 종단 간의 투쟁에 개입하여 강대한 겔룩파를 견제하려 했는지 확실하지 않다. 그러나 짱파 왕은 몽골의 존재를 과소평가했음이 곧 드러난다.

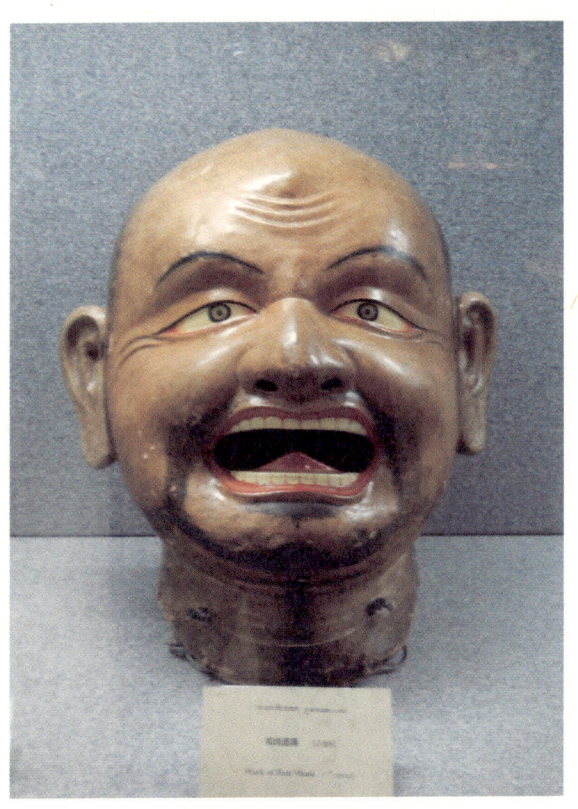

겔룩파는 이번에는 더욱 강력한 몽골 부족에게 구원을 청했다. 서서히 신흥 청에 복속되어 가던 할하 몽골(동몽골) 대신 그 대체 세력으로 떠오르고 있는 오이라트(서몽골)의 호쇼트 부족에게 구원을 청했던 것이다. 호쇼트의 구시 칸은 이 구원 요청이 달가웠다. 자신이 이미 오이라트 전체 부족의 정교가 된 티베트 불교의 구원자가 된다면 오이라트 내부에서 그의 지위는 크게 올라갈 것이다. 또한 이 일을 구실로 격렬한 내부 투쟁을 겪고 있는 서몽골 땅을 떠나 청해(쿠쿠노르)의 비옥한 초지로 들어갈 계산도 있었다.

드디어 차이담 분지의 모래 먼지를 뚫고 호쇼트 구시 칸의 1만 대군이 청해로 이동했다. 1636년 북쪽에서 내려온 정예 호쇼트 군에 의해 암도와 캄의 반(反)겔룩파 세력들은 일소되기 시작했다. 1641년 그들은 드디어 짱으로 들어왔고, 이듬해 짱파 왕의 근거지인 시가체를 함락했다.

짱파 왕은 참수되었고 구시 칸은 이제 실질적인 티베트의 세속 왕이 되었다. 카르마 카규파의 승려들이 축출되고, 그 재산이 강제로 겔룩파에 귀속되는 등의 보복 조치가 이어졌다. 이리하여 달라이 라마의 겔룩파가 종파 투쟁에서 승리하게 된다. 강력한 시주자를 얻었고 경쟁 종파는 무너뜨렸다. 그러나 문제는 남았다. 호쇼트의 칸이 달라이 라마의 가르침을 받는 얌전한 시주자일까, 아니면 달라이 라마가 호쇼트 칸의 손바닥 위에서 춤

추는 꼭두각시에 불과한 것일까?

길을 잃은 고원

17~18세기 티베트 불교는 몽골 세계 전역에 퍼져 절대적인 영향력을 행사했다. 샤머니즘은 정교한 불교의 교리에 의해 하나둘씩 깨어지고, 불교는 동서 몽골의 모든 칸들이 신봉하는 종교가 되었다.

반면 몽골의 야심가들에게 불교는 중요한 지렛대였다. 티베트 고원은 물론이고 몽골 초원에서도 달라이 라마의 권위는 절대적이었다. 당시 유라시아는 만주의 등장으로 요동치고 있었다. 그리고 유라시아 정치라는 유기체의 향방을 결정한 이념은 티베트 고원에 있었다. 그러자 이번에는 시주자들 사이의 경쟁이 다시 벌어진다. 티베트 불교를 등에 업으면 경쟁자들을 압도하는 권위를 가질 수 있었던 것이다.

호쇼트의 칸이 티베트의 세속 지배자가 되었을 때 중국 본토에서도 일대 격변이 일어났다. 1644년 명나라 동북쪽의 작은 부족이었던 만주족이 북경으로 들어갔다. 이어서 만주족의 제국은 팽창에 팽창을 거듭하고, 결국은 티베트까지 손을 뻗친다. 또 하나의 시주자가 경쟁의 대열에 들어온 것이다.

경쟁하는 시주자들이 티베트의 종단에 개입하는 구실이 된 것이 환생 제도였다. 이 환생 제도는 통치 기술적 측면에서 치명적인 약점을 가지고 있다. 일단 선대 달라이 라마가 입적해야 그 다음 달라이 라마가 지정될 수 있다는 점이다. 지명한 달라이 라마가 무능한 경우도 있지만 대부분의 문제는 새로 지명한 달라이 라마가 어릴 때, 그 권력의 공백을 메우지 못해 발생한다. 그러니 달라이 라마가 어릴 때 정치를 담당할 섭정이 반드시 필요하다. 대대로 왕위를 계승하는 세습 왕조에서도 부왕이 어린 아들을 두고 사망하면 혼란이 발생하기 마련인데, 필연적으로 어린아이를 내세워야 하는 티베트 사회에서의 불안은 더 심했다.

1682년 5대 달라이 라마가 입적했을 때 섭정 상예 갸초는 이 사실을 비밀에 부쳤다. 격동하는 국내외 정치 상황을 어린아이로 헤쳐 나가기는 어렵다고 생각했던 것일까? 하지만 이런 성급한 음모는 사태를 점점 더 복잡하게 만들었다. 그때는 마침 당시 서몽골을 거의 통합하고 강력한 세력을 구축한 준가르의 갈단이 동몽골로 쳐들어가 할하 각 부족들을 몰아세우며 위세를 떨치고 있던 시기였다. 갈단 자신도 한때 라싸에서 공부한 독실한 겔룩파 승려였다.

청나라의 강희제는 그 나름대로 달라이 라마를 끌어들여 갈단을 제지하려 했다. 그는 5대 달라이 라마가 이미 죽은 줄 모르고 정중한 편지를 보냈다.

"그대 달라이 라마의 은혜로움으로 싸움을 멈추게 해 주십시오."

한데 섭정은 내심 준가르를 지지하고 있었다. 준가르를 지지한 배경은 아마도 암도에서 서서히 남하하여 라싸를 앞마당처럼 사용하는 호쇼트 몽골에 대한 경계심 때문이었을 것이다. 시주자가 너무 커지면 종단을 무시하게 된다. 실제로 호쇼트의 칸은 티베트를 다스리는 대신들을 직접 뽑고 관리함으로써 종단을 무력화하고 있었다. 구시 칸의 손자 라짱 칸도 자신들의 길에 방해가 되는 섭정이 못마땅했다. 따뜻하고 아늑한 라싸가 좋았을까? 그는 티베트에서 더 큰 영향력을 원했다. 그러나 노련한 섭정은 그를 시종일관 경계했다.

그때 전설적 시인이자 세속적 사랑을 가슴에 품은 6대 달라이 라마 상양 갸초가 일선에 등장한다. 그는 뛰어난 시인이었지만, 계율을 지키는 데는 열의를 보이지 않았다. 라짱 칸은 6대 달라이 라마가 이렇게 된 것이 섭정 때문이라고 몰아세웠다. 급기야 라짱 칸은 역시 섭정이 준가르를 후원했다는 의심을 품고 있는 청나라의 후원을 업고, 라싸 내부의 반섭정 파벌의 지원을 얻어 섭정을 제거하고 말았다. 이 호쇼트 후원자는 애초에 티베트의 불교 종단이 통제할 수 없는 큰 세력이었다. 이어서 라짱 칸은 '행실이 나쁜' 것으로 알려진 상양 갸초를 폐위시키고, 예세 갸초를 6대 달라이 라마로 삼았다. 그리고 상양 갸초는 안타깝게도 북경으로 호송된다.

라짱 칸이 6대 달라이 라마로 세운 예세 갸초는 티베트 민중들과 승려들의 지지를 받지 못했다. 라짱 칸은 착각한 것이었다. 티베트인들에게 달라이 라마란 입맛대로 교체할 수 있는 이가 아니었다. 그들은 라짱 칸이 마음대로 세운 이를 거부했다. 사람들은 여전히 상양 갸초를 6대로 인정했다.

천성이 시인이었고, 격정적인 연정을 품고 있었던 이 섬세한 청년은 동쪽으로 떠나기 전에 어떤 처녀에게 이 시를 썼다고 한다. 어떤 이들은 이 시를 자신의 환생을 예언한 것이라 하지만, 내가 보기에는 곧 돌아오겠다는 청년의 희망을 노래한 것 같다. 그러나 그의 희망은 실현되지 않았다. 그는 호송 중에 사망하고 말았다.

> 강력한 날개를 빌려 주렴, 하얀 두루미야
> 나는 멀리 가지 않으리, 리탕을 한 바퀴 돌고는 곧
> 돌아오리

라짱 칸이 달라이 라마를 폐한 행동은 티베트의 겔룩파 종단이 새로운 시주자를 찾을 완벽한 구실을 주었다. 그들은 섭정이 한때 시주자로 기대했던 준가르 몽골족에게 손을 내밀었다. 그들은 라짱 칸을 몰아내고 상양 갸초의 예언에 따라 리탕에서 7대 달라이 라마를 모셔 올 계획을 세웠다.

그러나 중국과 유라시아 초원에서 벌어지고 있던 사태들에

대한 무지와, 일만 벌어지면 외부의 힘을 빌리는 데 익숙해진 종단의 판단 착오는 더 큰 참상을 불러온다. 사냥개를 피해서 호랑이 굴로 달려 들어간 격이라고나 할까? 세상에 공짜는 없다. 청과 이데올로기 전쟁을 벌이고 있던 준가르는 티베트의 승려들과는 완전히 다른 생각을 하고 있었다.

티베트 불교의 심오함에 대해서 내가 얼마나 알겠는가? 나는 다만 속세의 일을 탐구하는 사람일 뿐. 그러나 사원과 사원, 시주자와 시주자, 시주자와 사원이 벌였던 난마 같은 싸움들을 그저 아름답게 볼 용기는 없다. 땅에는 땅의 법이 있고, 하늘에는 하늘의 법이 있는 것인지. 하늘의 법은 종종 고원에서 길을 잃었다.

4
남쵸의 악몽

하늘의 호수 남쵸에서의 밤

라싸에서 암도로 가는 길은 하나밖에 없다. 암도의 남쵸 호수에 가려고 9인승 승합차에 몸을 실으니, 기사까지 모두 열다섯 명이다. 아, 돌도 안 된 꼬마까지 합치면 열여섯 명이다. 그리고 여자 세 명에, 나와 귀여운 미성년자 하나를 빼면, 흡연자는 아홉 명이다.

최악은 아니다. 아홉 명이 동시에 불을 뿜지는 않는다. 한족 한 명, 외국인(나), 그리고 나머지는 다 장족인 우리 승객들은 모두 인상이 좋았다. 특히 내 옆에 앉은 상계(桑杰)는 나에게 껌을 무려 예닐곱 개나 나누어 주었다. 광서성에서 온 한족 친구 리(李)도 재미있었다. 이 친구도 인심이 좋았다. 껌을 열 개 이상 받았으니까.

라싸를 떠나 고도를 높이니 바로 반응이 온다. 고원은 알고 있다. 우리가 어디서 왔는지, 또 우리가 걸어서 왔는지 차를 타고 왔는지 비행기를 타고 왔는지. 우리가 비록 아주 낮은 곳에서 왔다고 하더라도 만약 한 걸음씩 고도를 높이며 정직하게 걸어왔다면 고원은 우리에게, 자연이 줄 수 있는 최고의 찬사와 장엄함을 건네줄 것이다. 검은 바위, 하얀 눈보라, 얼룩 야크, 하얀 양, 누런 대지와 봄을 전하고 있는 짧은 풀. 그리고 초원을 배회하는 검둥이, 누렁이 등의 덩치 큰 강아지들. 겁쟁이 타르박과 게으름뱅이 고양이, 얼룩이, 오총이까지…….

고원에서는 생물과 자연이 한 치의 오차도 없이 서로 맞물려 있다. 고원은 장엄하지만 약한 곳이다. 그래서 고원은 온대의 인구 수십분의 일도 부양하지 못한다. 양이 많아지면 초원이 줄어들 것이고, 초원이 줄어들면 말과 야크가 살지 못할 것이다. 이렇게 거대한 고원은 이 불안한 생태계를 감추고 있다. 그래서 라싸로 내려가 본 사람이라면 반드시 거기서 머물고 싶어 하는 것 같다. 라싸는 북쪽의 고원에 비해 턱없이 아늑하다. 강을 따라 들판이 열려 있고, 또 더 남쪽에는 큰 건물을 지을 목재들이 즐비하다.

남쵸로 가기 전에 광서 리와 나는 이미 새파랗게 질려 있었다. 그러나 오기를 부렸다. 배는 고파서 의외로 음식은 잘 들어갔다. 쇠고기 편육까지 곁들였다. 광서 리가 주문했다. 고기가 안 들어간 것은 쌀밥밖에 없다. 그래 일단 먹어야지. 먹고 나니 벌써 배에서 소식이 온다.

앞이 툭 터진 화장실에서 리와 나는 칸막이 하나를 두고 나란히 앉았다. 서부 여행의 절정은 역시 똥 탑이다. 바닥에서 약

2미터까지 솟아오른 작은 화산. 보통 화산보다는 경사가 훨씬 급하다. 중력에 가장 잘 견딜 수 있도록 겨울 내내 진화한 이 흑갈색의 탑은 건축 기하학의 결정체다.

아래로 뚝 떨어진 반액체 상태의 물질은 탑의 표면을 흐르다가 순식간에 굳는다. 그러면 방금 전과는 또 다른 흠집 없는 원추가 된다. 똥 탑의 유미함에 빠져 있을 때 리의 목소리가 들린다.

"설사 소리가 나네. 안 좋은 것 같아?"

"맞아. 좀 안 좋아."

'꼭 그렇게 지적해 줘야 하겠나, 리? 고지식한 인간.'

당슝에서 남쵸까지 그대로 달렸다. 낮은 곳에 사는 인간들의 생리를 모르는 상게가 추천했고, 어리숙한 광서 리가 의욕을 불태웠다. 그보다 더 나을 것이 없는 나는 여비를 줄여 보려고 그와 동승했다. 하지만 고소증을 수도 없이 겪은 나는 불안했다. 오늘밤 아무 일도 없을 것인가?

남쵸. 수면이 해발 4718미터다. 라싸와는 비교할 수 없다. 오늘 우리가 이곳으로 바로 가는 것이 옳은 일일까? 결과는 곧 밝혀질 것이다. 나는 남쵸에서 할 일들을 꼼꼼히 계산해 놓았다. 그러나 꿈에도 그리던 남쵸에서 한 일은 두 종류의 포유류와 좀 깊은 우정을 쌓은 것밖에 없다.

당슝에서 한 시간 30분쯤 가면 남쵸다. 겨울이라 표를 받지 않는다. 믿음직한 우리 티베트인 운전사의 말로는 자기가 가면 안 받는단다. 여하튼 매표소에 사람은 없었다.

해발 5500미터의 녠칭탕구라 산 고개를 넘으니 남쵸가 보인다. 누런색 대지, 하얀색 호수, 파란색 하늘의 지평선에서 선명하게 경계를 이루고 있는 모습을 보고 최소한 시라도 한 수 읊어야 정상이다. 그러나 서서히 심해지는 두통 때문에 경치가 눈에 들어오지 않는다. 앞으로 무엇이 찾아올지 나는 알고 있다. 두통에 복통이 가세했다. 광서 리는 오늘 밤 어떤 일이 벌어질지 아직 모르는 것 같다. 그는 아직 고소증을 경험한 적 없는 신출내기다. 나는 벌써 힘이 다했다. 순진하게 감기 때문이라고 믿는 그에게 모든 수속을 맡기고 샌드위치 패널로 된 여관으로 들어갔다. 난방 장치도 화장실도 없다. 화장실이 있어 봐야 얼어서 쓰지도 못할 것이다. 뜨거운 물을 따라 놓으면 금방 언다. 그래서 보온병은 고원에서 가장 요긴한 문명의 이기다.

이미 리도 숨이 턱까지 찼다. 우리 둘이 한 일은 바로 침대로 기어들어가는 것이었다. 호수를 둘러보거나, 대화를 하거나 하는 등의 일은 사치였다. 얼마 후 리가 끄억끄억 토하는 소리가 들렸다. 그래도 자존심은 센 친구여서,

"고소증 때문이 아니고, 감기 때문이야."

그렇게 계속 자기 암시를 주고 있었다. 물론 나는 속으로 말

해 주었지. '참으로 지독한 감기로세, 이 친구야.'

심장은 맷돌에 눌리고, 머리는 다듬이 방망이로 얻어맞는 기분인데, 옆에서 친구는 열심히 비닐봉지에 먹은 것을 반납하고 있다.

'친구, 제발 밖에 나가서 토하면 안 되겠나? 이렇다가 내 침대에 튀겠네.'

그래도 고원의 추운 공기 때문에 구토 물은 냄새가 거의 나지 않는다. 고소증 때문에 냄새가 나도 지저분하다는 느낌도 들지 않는다. 다만 음식물이 식도를 타고 넘어오는 소리와 친구의 신음 소리가 정적을 깬다.

해도 덜 떨어진 7시에 이미 이불로 들어가니 잠이 올 리가 없다. 강아지 녀석들은 잠도 없는지 끝도 없이 짖어 댄다. 저놈들은 고소증을 모르나? 아마도 달을 보고 저러는 것이겠지.

밤이 깊어 간다. 억지로 잠을 청하는데 갑자기 오른쪽 얼굴에 까끌까끌한 혀의 감촉이 느껴진다. 아름다운 여인이 여기에 올 리도 없고, 또 나에게 입맞춤을 해 줄 리도 없다. 꿈을 꾸는 것인가? 머리가 지독히 아픈 것을 보니 꿈은 아니다.

'그렇다면 쥐?'

갑자기 모골이 송연해진다.

이놈이 이불로 파고든다. '쥐치고는 엄청 큰데.'

다행히 고양이였다. 추워서 내 침대로 파고든 것이다. 골골

거리는 소리를 들어 보니, 어릴 적 내가 데리고 있던 놈과 비슷한 의지박약형 고양이가 분명하다. 그놈의 임무도 쥐잡기가 아니라 생선 먹기였지. 또 그놈의 특기도 거친 벌판을 버리고 밤이면 사람 이불로 기어들어오는 거였지.

'오늘은 쥐를 먹지는 않았겠지, 고양이 군.'

고소증에 시달리는 밤은 유달리 춥다. 그리고 쫓아낼 힘도 없다.

'그래, 나와 같이 온기를 나누자.'

추위는 이렇게 종족이 다른 우리 둘을 묶어 두었다. 점점 괴로움의 강도가 더해 간다.

'라싸에서 괜찮다고 너무 쉽게 생각했어. 하루 만에 고도를 1000미터나 올리다니. 어리석었어.'

속에서 신물이 올라온다. 거의 채식만 하는 나였지만, 점심을 얻어먹은 탓에 고기가 몇 점 들어갔다. 울렁거림이 심해진다. 하나밖에 없는 봉지는 광서 리가 이미 써 버렸다. 그는 침대 옆에 봉지를 그대로 두고 잔다. 그러고는 계속 중얼거린다. "이놈의 감기." 그 봉지를 재활용할까 생각도 해 봤지만 이미 거의 가득 차 있었다.

할 수 없다. 온기를 사정없이 빼앗기겠지만 마당으로 나가서 토해야겠다. 별이 총총하다. 이 순간에도 별을 볼 수 있다는 사실에 감사한다. 몇 걸음을 더 가서 마당 밖에 구토할 생각을 했지만, 그것마저 힘겹다. 그냥 마당에 엎드렸다.

"웩, 웩, 웩."

'남쵸 호반의 신령이시어. 나를 용서하소서. 너무 괴로웠나이다.'

얼어붙은 구토의 흔적이 아름다울 리는 없지. 내일 빨리 떠나야겠다. 그런데 웬일인가? 그 순간 신령님의 더벅머리 사자가 나타났다. 책으로 읽은 전형적인 짱아오(티베탄 마스티프)보다는 작았지만 서울에서 보는 보통 개들보다는 충분히 큰 검둥이였다. 이건 또 무슨 강적이냐? 하지만 놈은 위협적이지 않았다. 놈의 목적은 내 구토물이었으니까.

순하고, 유익하고, 귀여운 동물이다. 구토를 할 때마다 바짝 붙어서 맛있게 먹는다. 그다음 날 부끄러운 흔적을 찾아갔더니, 토양에 남아 있는 아주 약간의 변색 흔적 빼고는 아무것도 없었다. 대단한 녀석이다. 고원의 청소부라고 불러 주리라. 그날 밤 모든 대지는 얼어 있었다.

아침이 되자마자 우리는 지금 나는 당승 현성(縣城)으로 탈출했다. 우리의 목표는 무조건 낮은 곳으로 가는 것. 나는 일단 여관을 찾았다. 1미터라도 낮은 곳에 있고 싶어서 객실이 시작하는 2층 방을 선택했다. 2층 방을 오르는 것도 힘들다. 리는 잽싸게 라싸로 달아났다. 밤새 끙끙거리기만 했지만 우리는 이미 정이 쌓였고, 사실 정상적인 상황이었다면 술이라도 한잔했을 것이다. 그러나 리는 마음이 급했다. '감기'가 심했던 것이다. 대충 연락처를 적어 주었다. 리는 이미 힘이 풀린 눈으로도 한사코 내게 차비에 보태라고 100원을 건넨다. 나처럼 좀 못생겼지만 멋진 녀석이었다. 아마도 연락이 올 것이다.

방에 들어가서야 지난밤 본 얼음의 바다를 생각했다. 아주 높은 고원에도 물이 있다. 히말라야는 거대한 저수조다. 그러나 고원에 물이 있는 것은, 하늘이 고원에다 더 많은 물을 뿌리기 때문이 아니라 고원이 그 물을 아끼고 아꼈기 때문이다. 고원은 얼마 안 되는 물을 얼음으로 바꾼다. 그리고 봄과 여름, 그 얼음의 아주 일부를 녹여 흘러 보낸다. 고원의 식물들은 얼음 위에서 살 수 있도록 진화했다. 그들은 아주 작은 물을 이용하는 법을 배웠다.

물이 얼음으로 바뀌지 않으면, 고원은 금방 사막이 된다. 추위는 참을 수 있어도 물이 없는 것은 참을 수 없다. 4~5월이 되면 천천히 얼음이 녹는다. 그리고 대지는 스펀지가 물을 빨아들이듯이, 그 물을 빨아들인다. 설산에서 내려오는 물이 모여 출구가 없는 분지에 모이면 호수가 된다. 그중 가장 큰 것이 티베트인들이 말하는 남쵸, 몽골인들이 말하는 텡그리(하늘) 호수다. 고원이 역사의 격랑으로 휘말려 들어갔을 때, 이 호수는 누구에게는 삶의 조건이 되었고 누구에게는 죽음의 조건이 되었다.

준가르가 나타났다

1717년 여름 7월. 무려 6000명에 이르는 말 탄 사내들이 남쵸 호반에 나타났다. 천산 너머 이리에서 출발하여 사막을 건너고 야르칸트를 거쳐 카라코람을 오른 후, 가끔씩 야생 영양만 등장하는 아리의 광대한 무인 지대를 통과하고, 끝없이 펼쳐진 황량한 고원과 설산을 건너 이들은 여기까지 왔다. 이 철의 사나이들은 따로 식량도 준비하지 않고 데리고 다니는 개를 잡아먹으며 이곳까지 왔다.

7월의 남쵸는 풍요의 요람이다. 물, 풀, 그리고 엄청난 수의 가축과 야생 동물이 그들을 기다리고 있었다. 이제는 배고프지 않을 것이다. 반년 이상을 고원에서 허기를 달랬던 이 사나이들은 바로 준가르 몽골이었다. 이들은 이제 끝없이 펼쳐진 초원과 물줄기를 따라 라싸로 들어갈 것이다. 남쵸는 그들에게는 생명의 호반이었다.

첩보는 받았다. 그러나 바로 얼마 전에 혼인 동맹을 맺기로 한 그들이 왜 침공해 온다는 것인가? 그들은 과연 적일까? 응큼하게도 준가르 군대는 자기들 라짱 칸의 신부가 될 사람을 호위하여 오고 있다는 핑계를 대면서 서북부 유목민들을 속이며 점점 동쪽으로 움직였다.

준가르 군대가 남쵸에 닿았을 때 라짱 칸은 남쵸에서 겨우 하루 이틀 진격 거리인 당숭에서 여름휴가를 보내고 있었다. 그리고 그들은 적이 분명하다는 첩보가 도착했다.

라짱 칸이 다급하게 방어진을 쳤다. 남쪽에서 티베트군이 라짱 칸을 지원하기 위해 북상했고, 준가르 군은 남초에서 후방을 기다리며 서서히 전열을 가다듬었다.

싸움이 벌어졌을 때 양측의 사기는 천양지차였다. 반년을 사지에서 보낸 준가르 군대는 싸워 이기는 것이 곧 살아남는 길이었다. 퇴로는 없었다. 라싸의 달콤한 생활에 길들여져 있던 라짱 칸은 무인 지대를 건너온 준가르인들을 보자 기가 질리고 말았다. 초원에서 싸움이 벌어지자 호쇼트-티베트 연합 부대는 즉각 뒤로 밀렸다. 특히 티베트 부대의 사기는 취약했다.

평원에서 패배한 라짱 칸은 라싸로 들어가 공성전을 펼치기로 했다. 그는 포위되어 절망적으로 강희제에게 지원군을 보내달라고 요청했다. 사방이 산으로 둘러싸인 라싸를 기병으로 공략하기는 쉽지 않다. 그런데도 그는 미처 지원군이 오기 전에 무모한 탈출을 시도하다 죽음을 당했다. 겔룩파 종단의 일부 지도자들이 내부에서 준가르에 호응했기 때문이다. 또 티베트군이 준가르와 싸울 의지가 별로 없었기 때문이다.

준가르의 군주 체왕 랍단은 라싸에 있는 조무라기 음모가들에 비해서는 훨씬 주도면밀한 사람이었다. 라싸의 겔룩파 종단을 손에 넣는다면 그는 이제 준가르의 칸인 동시에 몽골 전체의 신앙을 대표하는 사람이 될 것이다. 라싸에 안주하려고 하는 라짱 칸은 알타이의 동서 양쪽은 물론 천산을 오가면서 제국을 건설하려고 하고 있던 그에 비하면 세상의 험한 꼴 못 본 신출내기에 불과했다. 다만 할아버지 구시 칸과 강희제의 후광을 얻고 있었을 뿐이다.

라싸에 들어온 준가르군은 티베트인들이 견디기에는 너무 거칠었다. 라짱 칸에 협조한 수많은 승려들과 귀족들이 죽음을 당했고, 이들 대군은 허약한 라싸의 농업 경제에 바로 타격을 주었다. 라싸는 이 수천의 탐욕스러운 사내들의 욕망을 채워 주기에는 너무나 허약했다. 준가르 군대는 약탈의 충동을 억제하지 못했다. 사원을 불태우고, 라짱 칸에 협조한 승려들을 죽였으며, 민가를 약탈했다. 결정적으로 그들은 티베트인들이 상양 갸초의 환생으로 믿는 리탕의 어린 소년을 7대 달라이 라마로 세우는 데도 실패했다. 청군이 이미 손을 써서 그 소년을 가로챘기 때문이다.

티베트는 이렇게 '배신'당했다. 그러나 이번에는 티베트 내부에서 자생적인 게릴라 운동이 벌어져 준가르를 위협했다. 준가르의 약탈에 대한 대응이었다. 그리고 밖에서는 강희의 아들이 사천과 서녕에서 압도적인 수의 군대를 이끌고 진격해 들어왔다. 결국 준가르 군대는 퇴각했다. 그들이 입은 타격도 심각했다. 극소수의 준가르인들만 다시 험난한 산을 넘어 이리까지 탈주했다.

그리하여 보호자는 바뀌었다. 청의 대군이 라싸로 진주했고, 무려 3000명이 라싸에 주둔했다. 그렇다면 청이라는 보호자는 선량하기 그지없는 이였을까? 최소한 100년 동안 그들은 몽골 이상의 보호자였다. 그러나 이 일은 청이 티베트 문제에 지속적으로 개입하는 계기가 되었다. 티베트 내부에서 겔룩파와 카르마 카규파의 분란이 호쇼트, 준가르, 청을 차례로 불러들였고, 결국 청의 군대가 티베트에 상주하게 된다. 몽골과 만주가 항상 티베트를 예의 주시하고 있던 것은 사실이지만 스스로 끌어들이지 않았다면 들어오지 못했을 것이다.

청은 몽골인들처럼 거칠지는 않았지만 교묘했다. 여러 번 고원에서 청을 밀어내려는 시도가 있었지만 청이 멸망할 때까지 티베트는 그들의 손아귀를 벗어나지 못했다. 티베트는 계속해서 청의 개입이 강화될 기회를 줬다. 기본적으로 그들은 극심한 영토 경쟁으로 대표되는 근대 국가들의 알력 속에서 자신들의 영토를 지킬 힘이 없었다. 1788년 구르카인들이 시가체로 들어와 타쉴훈포 사원을 약탈할 때 그들은 불과 수천의 적을 몰아내지 못하고 다시 청에 구원을 청했다. 청의 대규모 군대가 티베트로 들어가고, 1792년에는 급기야 구르카의 본거지로 원정까지 떠났다.

문제의 심각성은, 이 사건의 본질은 아닐지라도 카르마 카규파 10대 활불 초드룹 갸초가 티베트 내부의 종파 투쟁으로 인해 구르카로 망명한 것이 발단이 되었다는 점이다. 중국 측의 기록에 의하면 이 싸움은 입적한 판첸 라마의 동생 초드룹 갸초가 동생의 자격으로 유산 분배를 요구했으나, 겔룩파의 고승들은 그가 홍모파에 속한다는 이유로 상속을 거부했다. 그러자 그가 앙심을 품고 구르카를 끌어들였다고 한다. 이런 기록을 믿지 않더라도, 구르카 침공 시 일부 홍모파가 길잡이 역할을 한 것은 사실이다. 홍모파와 겔룩파의 싸움은 끊임없이 외부자를 끌어들였고, 그럴수록 청의 입김은 거세졌다.

티베트 원정을 끝낸 후 원정군 사령관 푸캉안은 카르마 카규파의 활불 제도를 아예 금했다. 건륭은 티베트 문제에 지속적으로 개입함으로써 드는 비용을 절감하기 위해 종단의 안정을 원했다. 그는 달라이 라마의 겔룩파를 지지했다. 또 그는 일종의 개혁 지침인 「흠정장내선후장정(欽定藏內善後章程)」에서 하나의 기막힌 제안을 해서 관철시키는데, 달라이 라마와 판첸 라마의 후생은 이제 금 항아리에 후보자들의 이름을 넣고 추첨을 통해 뽑자는 것이었다. 건륭은 이 방법을 통해 티베트 종단의 기득권 세력들이 자신들의 의도에 맞는 후계자를 선정하지 못하도록 했다.

5
달라이 라마는 어디에?

달라이 라마를 놓아주세요

『티베트, 달라이 라마의 나라』라는 책도 있지만 아마도 달라이 라마는 그런 표현을 좋아하지 않을 것이다. 티베트는 티베트 사람들의 나라이고, 달라이 라마는 그중 한 명이다. 티베트는 어떤 개인의 것이 아니다.

'누구의 무엇'이라는 생각은 언제나 제국주의자들에게는 좋은 구실이 되었다. 똥 묻은 개가 겨 묻은 개에게 달려들듯이 제국주의는 어떤 사회를 파괴시킬 때 '해방'이라는 구실을 댄다. 중국이 티베트를 침공하던 구실은 '사원의 착취 아래 있는 농노들을 해방시킨다'는 것이었다. 그 사원의 수장이 물론 달라이 라마였다.

14대 달라이 라마 스스로 말하듯이 그는 수행승이며, 한 명의 자연인이다. 역사의 격랑은 그를 이리저리 내동댕이치다가, 급기야 험한 암초 위에 던지고는 '티베트 민족의 바꿀 수 없는 지도자'로 이름 지어 버렸다. 그러나 그는 그 암초 위에서 여전히 뛰어난 정치인이자 수행자의 삶을 살고 있다. 온화한 미소,

정제된 말, 그리고 세속 생활 속에서 얻은 지혜들이 모여서 탁월한 수행자를 만들어 냈다. 그는 여전히 자연과 자유를 사랑하는 개인(個人)이다.

> 나는 공부하는 중간중간에 정원으로 나가 그 꽃들과 나무들 사이를 달리며 놀았고, 공작과, 길들인 사향노루들과 숨바꼭질을 하기도 했습니다. 거기 호숫가에서 놀다가 물에 빠져 죽을 뻔한 적도 두 번이나 있었습니다. 물고기들은 내 발걸음 소리를 들으면 기다렸다는 듯이 고개를 내밀었습니다. 지금도 가끔 그 물고기 생각이 납니다.
>
> 우리는 늘 저 야생 동물들이 자유의 상징이라고 생각했어요. 아무도 저들을 제지하지 못해요. 저들은 마음껏 달리지요. 그래서 저들이 없다면 말이에요. 아름다운 풍경도 뭔가 빠진 듯한 느낌이 들 거예요.
> 게일런 로웰, 이종인 옮김, 『달라이 라마 나의 티베트』(시공사, 2000)

14대 달라이 라마는 언제나 한 사람의 자연인으로서 말한다. 티베트의 미래는 달라이 라마가 아니라 티베트인 다수가 만들어 가는 것이며, 이제 그에게서 과도한 대리인의 짐을 내려

줄 때가 된 것 같다. 여러 사람이 나누어야 짐은 줄어든다. 그가 "우리는 보편적 책임 의식을 가져야 합니다."라고 할 때 그의 사랑 이면에 있는 외로움이 읽힌다. 인간은 서로에게 무한한 책임을 가진다. 달라이 라마가 외부 세계에 책임을 가지듯이 외부도 달라이 라마에게 책임을 느껴야 한다.

언제나 성(聖)과 속(俗)이란 함께 가기 어려우니, 그래서 안목이 있는 사람이 "카이사르의 몫은 카이사르에게 주어라."라고 말했는지 모르겠다.

나 또한 한 사람의 속인이자 불교도로서, 티베트 불교가 융성한 지역들을 다니면서 나는 항상 괴로운 화두를 들고 다녔다. '언젠가 달라이 라마를 놓아줄 때 티베트는 독립할 수 있을 것이다.' 그 독립이 어떤 의미에서든지 말이다. 카이사르의 몫을 카이사르에게 던질 때 카이사르의 몫마저 가져올 수 있을 것이다.

이렇게 말하면 많은 사람들이 내가 티베트 사회에 무지하다고 비난할 것이다. 그리고 더 많은 사람들은 달라이 라마를 부정하는 태도는 중국 당국의 폭력을 인정하는 것에 지나지 않는다고 비난할 것이다. 단언컨대 그렇게 말하는 이는 선량한 사람들이다. 그런 사람들에게 그런 비난을 받는 것은 영광스러운 일이다.

또 어떤 사람들은 현실적인 '전략'의 관점에서, 달라이 라마의 대표성을 포기하면, 인도에서 외로운 섬처럼 고립되어 있는 티베트 망명 정부도 대표성을 잃어버리고 이제 티베트 민족은 영원히 자신들의 정체성을 잃어버리게 될 것이라고 걱정한다. 그들은 분명히 안목 있는 사람들이다.

그러나 여전히 나의 생각은 바뀌지 않는다. 책임을 달라이 라마 한 사람에게 던져 두면 독립이 소리 없이 다가올 것인가?

14대 달라이 라마는 앞으로도 자연인으로서 살아갈 것이고, 앞으로 후대 달라이 라마가 태어나 존경을 받는 것은 티베트인들의 자유다. 중국이 자신들의 침략을 '원래부터 중국의 국토였던 곳에서, 착취 계급을 몰아내어 농노를 해방시킨 것'이라고 기만하는 것은 티베트 망명 정부의 상식적인 반박으로도 극복된다. 즉 다른 나라의 체제가 마음에 들지 않는다고 침략할 수는 없는 것이다. 또 정복 이후의 성과라는 것이 '해방'이라는 수사를 무색하게 할 정도로 초라했다. 그리고 티베트인들은 스스로를 개혁할 능력이 없단 말인가?

오늘날 티베트 불교 사원들 정문에는 거의 예외 없이 무표정한 스님들이 서 있다. 티베트 안에서는 스님들에게 말을 건네기도 힘들다. 묵묵히 입장권만 검사할 뿐. 저 멀리 중국령 몽골의 둥커얼 사원까지 옮겨 봐도 사정은 마찬가지다.

"에이, 에이. 표, 표, 표."

성급하게 법당 앞으로 들어가려던 한 아주머니가 라마승에게 곤욕을 치른다. 아주머니도 표를 흔들며 응수한다.

나는 물어보았다.

"스님. 이 사원 안에 있는 유물들에 대해 여쭤 봐도 될까요?"

"관광객들과 개인적으로 이야기하지 못하게 되어 있어요. 규율입니다."

아예 다른 데를 쳐다본다. 중국 본토 사원들의 스님들은 부적을 파는 것이 거의 주업이 되었고, 티베트 불교 사원들의 스님들은 입장권 검사에 열심이다. 어쩔 수 없다. 승려들을 근본적으로 믿지 않고 언제나 통제의 대상으로 생각하는 국가의 우두머리가 있는 한 승려들은 자기 사원에서 신도들과 마음 놓고 이야기를 나누지도 못할 것이다. 국가에서 주는 돈이 아니면 사원을 유지하기도 힘들 테니.

하지만 관광지를 조금만 벗어나면 스님들의 눈빛이 달라진다. 불과 10년 전만 해도 어디에서든 그 눈빛은 다정스러웠다. 스님들 뒤에 서면 하다못해 사탕 한 개라도 얻을 수 있었다. 실제로 보리 볶음을 얻어먹으러 아담한 초원 가운데 있는 탑공사(塔公寺) 마당에 들어섰을 때, 시주로 받은 물건들을 나눠 주는 젊은 스님들의 눈빛에는 여유가 있었다. 웃음, 교감, 그리고 젊은 여인들의 장난기 따위가 어울려 사원 마당은 자그마한 행복의 도가니가 되었다. 구도의 욕구가 삶의 욕구만큼이나 강한 정직한 구도자의 시선은 언제나 봄볕이다.

티베트가 지금처럼 살벌한 계엄 상태가 되지 않았을 때 내가 본 라싸 세라 사원의 선방 방장은 커다란 체구에도 불구하고 연신 참배객들을 웃게 만드는 유쾌한 사나이였다. 좁은 복도에서 사람들이 밀릴 때 방장은 슬그머니 그 솥뚜껑 같은 손을 사람들의 어깨에 올려놓고는 조용히 타일렀다. 나의 어깨는 아직도 그의 넓은 손을 기억하고 있다. 앉아서 경을 읽는 어린 승려들이 집중하지 못하도록 그는 연신 일부러 장난을 걸었다. 그때는 모두 웃고 있었다. 스님들은 많은 것을 이야기해 주려 했다. 정치가 개입하지 않은 공간에서 수행자들은 자유롭고 유쾌하다.

혹독한 질시의 시선 속에서 혼자 따뜻함을 뿜어내기는 쉽지 않다. 구도자도 사람이기에. 그 반대도 똑같다. 지금 달라이 라마는 너무 큰 짐을 지고 있다. 그것은 내가 보기에 별로 성공스럽지 않아 보이는 제도의 짐이다. 2011년 3월 달라이 라마는 이제 티베트의 정치를 맡지 않겠다고 다시 선언했다. 그는 "민주적인 선거에 의해 선출된 이가 정치를 맡기를 원한다."라고 분명히 밝혔다. 그는 역사상 달라이 라마라는 제도가 겪은 어려움을 가장 잘 이해하고 있는 사람이다. 나는 그를 지지한다. 그러나 그가 원하는 미래가 올지는 의문이다.

세 번의 부재

멋진 시체들

태평천국 봉기에서 신해혁명 전야까지 19세기 중엽 이후 중국은 더는 아시아의 최강자가 아니었다. 덩치는 크지만 오만 군데에 작은 구멍이 나 있던 커다란 배가 제국주의의 파고에 직면해서 좌초하는 형국이었다. 더 이상 고원에 영향을 미칠 여력이 없었다. 드디어 1877년 13대 달라이 라마는 청나라가 강요한 금 항아리 추첨제가 아니라 여러 고승들에 의해 직접 선택되었다. 그리고 그는 나라를 다스릴 관리들을 직접 선택했다. 중국의 '보호'를 명시적으로 부정하지는 않았지만 실질적으로는 거의 독립 상태였다.

그러나 이번에는, 중국보다 더 적나라한 제국주의의 종주국 영국이 끼어들었다. 인도의 식민지 담당자들은 무역을 통해 치부하려는 개인적인 탐욕 반, 러시아의 남하라는 부풀려진 두려움 반으로 티베트의 문을 두드렸다. 13대 달라이 라마는 영국의 속성을 잘 알고 있었기에 명목상의 종주국인 중국을 핑계로 인도 식민지 당국과 직접 교섭할 수 없음을 천명했다. 그는 명민한 사람이었기에 일단 대비할 시간을 벌고 싶었다.

한데 아편 전쟁 이래 영국에게 끊임없이 당해 오던 중국은 티베트가 영국과 직접적으로 충돌함으로써 자신들이 개입하게 되는 상황을 바라지 않았다. 힘도 쓸 수 없는 지경에서 충돌이 일어나면 중국의 위신만 떨어질 것이라는 계산이었다. 중국은 달라이 라마에게 영국과 충돌하지 말고 협상에 들어가라고 계속 종용했다. 그러나 달라이 라마는 이를 거부했다. 그는 항전을 결심했다.

네팔과 인도인 용병을 거느리고 도착한 영국 식민지군은 압도적 화력을 보유하고 있었다. 영허즈번드가 이끄는 '사절단'은 병력 1000, 짐꾼 1만, 노새 7000마리, 야크 4000마리로 구성되어 있었다. 그들이 고원으로 들어간 때는 1903년 말이었다.

이번에는 티베트인들도 물러나지 않았다. 아무런 합리적인 이유도 없는 그야말로 순수한 침략이었기 때문이다. 감히 대영 제국의 무력에 대항하는 중세의 적들에 대해 영허즈번드는 가소로움을 숨기지 않는다.

> 나는 그런 시도(티베트인들의 요청대로 그들의 진지로 가서 협상하는 것)가 티베트인들에게 우리가 약한 것처럼 보이게 할 수 있다는 것을 너무나 잘 알고 있었다.

> 그러나 그들이 대영 제국의 힘에 대항하는 것의 결과가 어떤 것인지 너무나 모르고 있다는 것을 알았기에, 나는 그들에게 마지막 순간까지 설명을 해 주고, 무지의 대가로부터 그들을 구해 내는 것이 나의 의무라고 느꼈다. Francis Younghasband, *India and Tibet* (1910)

침략자의 비할 바 없는 무지와 자의적인 왜곡에도, 티베트 사령관과 대표단들은 침략을 반대하면서도 지극히 우호적이었던 것 같다. 그들은 싸움을 기대하지 않았다. 그러나 침략자들은 구루에서 무장도 제대로 되지 않은, 협상을 원했던 티베트인들을 기관총으로 학살해 버렸다. 명목상으로 학살자의 우두머리였던 영허즈번드 자신도 이 학살에 경악하고 말았다. 그러자 티베트의 저항도 거세졌다. 학살한 후 라싸와 시가체에서는 크든 적든 계속 증원군이 도착했다. 이윽고 간체에서 일전이 벌어진다.

싸움에는 티베트 정규군 2000에 민병 1500 정도가 투입되었던 것 같다. 1904년 간체. 영국 식민지 군대에 의한 대도살이 시작되었다. 그때 영국군을 제지하기 위해 동원된 민병대의 무장 상태를 정리한 문건을 보니, 이런 참담한 기록들이 있었다.

> 91인. 총 7정, 칼 7자루, 창 3자루.
>
> 6인. 총 4정, 칼 2자루, 창 2자루.
>
> 89인. 총 13정, 칼 10자루, 창 89자루, 전마 20필.
>
> 19인. 큰 총 1정, 보통 총 1정.

그리고 민병을 차출하라는 명령에 사원의 책임자들이 한 대답이 있다.

> 어쩔 수 없이 모두 차출하라는 명을 받았습니다. 그러나 본 사찰에는 원래 상주하는 승려가 적습니다. 더욱이 올해에는 환속한 이들이 매우 많아 지금 남아 있는 이들은 모두 나이 많은 늙은 승려들뿐으로, 그중에 싸움에 참여할 수 없는 이들이 다섯입니다. (중략) 그 외에 전장에 나갈 수 있는 이들이 모두 세 명입니다. 우리가 늑장을 부리는 것도 아니요, 속이는 것도 아닙니다. 차후에 만약 이 보고 정황에 문제가 있으면 어떤 처벌이라도 받겠습니다." ─사원의 각 책임자가 공동으로 서를 올립니다. 이국주(李國柱), 『서장강자(西藏江孜): 1904년 항영 투쟁적 역사 기억』(중국장학출판사(中國藏學出版社), 2004)

사원에 속한 백성도 나갔고, 귀족의 속민도 나갔다. '봉건 지배층'인 귀족도 나섰고, 심지어 나이 많은 승려들도 전선으로 나갔다. 그들 중에 총을 가진 이는 거의 없었다. 그것은 전쟁이 아니라 학살이었다. 간체종 요새에 몰린 장정들 중 최후까지 저항하던 이들은 자결을 택했다. 나는 언젠가 어떤 잡지에서 이 싸움을 "무결한 반제국주의 투쟁"이라고 평한 적이 있다. 침략자 자신은 당시의 승리를 이렇게 묘사한다.

> 우리는 작은 구르카인들과, 로열 퓨질리어(Royal Fusilieer, 소총병들)들이 부서진 성벽을 통해 밀려들어 가는 것을 보았다. (중략) 요새들이 하나하나 점령되었고, 마지막으로 우리 군인들이 요새의 가장 높은 건물 꼭대기에 유니언 잭(영국 국기)을 설치하는 것을 보았다. 티베트인들은 곤두박질치듯이 달아났고, 간체는 우리 것이 되었다. *India and Tibert*

싸움을 처음부터 끝까지 목격했던 영국인 참전 군인은 침략자의 정신적 교란 상태를 여과 없이 드러낸다.

> 막심 기관총이 이른바 전쟁의 장관에 더하는 예술적 효과는, 내가 보기에 대포보다 낫다. 간격을 두고

발사되는 대포알은 그 끔찍한 소음으로 인해 전쟁의 비극을 명백히 드러내지만, 막심 기관총의 재빠른 핑! 핑! 핑! 하는 소리는 당신의 피를 끓게 하여 정말로 흥분시킨다. 대포, 다이너마이트, 막심 기관총 소리에 맞추어 난공불락처럼 보이는 요새의 파손된 틈을 뚫고 나가는 구르카인들과 그 동료들의 돌진은 가장 순수한 평화주의자들도 흥분시킬 것이다.

Powell Millington, *To Lhassa at Last* (1905)

그리고 약탈할 수 있는 것은 모두 약탈했다.

물론 간체에 체류하는 동안, 간체와 체친 시가지와 불교 사원들은 우리의 가장 행복한 사냥터였다. 어떤 커다란 방 하나에서만 우리는 보릿가루 8000몬드를 찾아냈는데, 모두 깨끗하게 자루에 담겨서 티베트의 공식 봉인으로 밀봉되어 있었다.

풍요로운 간체의 들판에서 유린당한 것은 재물만이 아니었다.

싸움 후 식량을 찾아다니던 며칠 동안 우리가 가는 길에는 시체들이 널려 있었다. 티베트 군대의 다수를 차지하는 캄에서 온 전사들은 죽어서도 영광스러웠다. 이 긴 머리카락의 거한들은, 자기들이 떨어뜨린 조악한 무기들과 함께 누워 있었는데, 대체로 평화롭고 담담한 표정들이었다. 육체적인 능력 면에서는 그들을 따를 종족이 별로 없을 것이다. 나는 어느 날 캄 출신의 포로 한 명이 내가 곡식을 갈기 위해 물레방아의 맷돌을 설치하는 것을 도왔던 일을 기억한다. 내 지휘관이 내가 일을 잘 해내는지 확인하러 왔다가 그 포로를 목격했다. 그는 경탄스러운 눈으로 그 죄수를 바라보더니 소리쳤다.

"대단해. 죽으면 정말 얼마나 멋진 시체가 되겠는가!(By Jove! What a fine corpse he would make!)"

그에게는 아주 잔인한 이야기지만, 나는 더 많은 시체들을 보고 나서야 그 말의 진정한 예술적 통찰력을 깨달았다.

그때 달라이 라마는 무얼 하고 있었나? 그는 몽골의 울란바토르로 달아났다. 그는 거기서 영국인의 적인 차르의 도움을 받고자 했다. '첫 번째 부재(不在)'였다.

무산된 유언

영국인들은 고원에서 얻을 수 있는 것이 적다는 것을 곧장 알게 되고 사실상 중국의 종주권을 인정하고 물러난다. 그러자 이번에는 사천과 운남의 티베트인 지대를 관리하고 있던 한족 관료 조이풍(趙爾豊)이 영국의 행동에 자극을 받아서, 캄에서 티베트인 토호들을 제거하고 이들 지역을 사천과 운남의 정식 행정 구역으로 편입시키는 일에 착수한다. 달라이 라마에게는 커다란 위협이었다. 이런 불안한 상황에서 청나라 주장대신은 사천군을 불러들였다.

그때 달라이 라마는 어떻게 행동했을까? 사천군이 라싸로 진입하기 전 달라이 라마는 인도로 탈출했다. 영국인들에게 쫓겨 몽골로 탈출한 후 돌아온 지 겨우 두 달 만이었다. 이 망명을 '두 번째 부재'라고 부르자. 1911년 신해혁명이 성공하여 청나라가 무너지자 달라이 라마는 다시 돌아올 수 있었다.

두 번이나 외국 생활을 하고 돌아온 13대 달라이 라마는 국제 정치를 보는 눈이 성숙해 있었다. 그는 외부 세계의 흐름을 감지하고 있었다. 그래서 그는 정력적으로 근대화 개혁에 착수한다. 그 핵심은 상비군이었다. 그러나 달라이 라마는 민주적인 지도자도 아니지만 강력한 독재자는 더욱 아니다.

언제나 개혁은 반대파를 동반한다. 티베트에서 토지를 소유한 귀족 반대파와 보수적인 종단의 힘은 막강했다. 그래서 잠깐 찾아온 평화의 시기 동안 앞으로 영토를 지킬 때 필요한 군대를 양성하고, 근대적 교육 기관을 통해 세계의 정세에 대응할 수 있는 인재를 기르려던 노력들은 거의 진척되지 못했다. 그러나 그가 개혁에 성공하지 못했다고 해서 그런 의지가 없었던 것은 아니다. 그는 이런 유서를 남겼다.

> 그러므로 지금 방안들을 취하라. 두 강대국, 즉 중국 및 인도와 우호적인 관계를 맺으라. 국경을 지키는 유능한 군인들을 징집하여, 우리와 국경 분쟁을 일으키고 있는 나라들을 물리칠 수 있도록 그들을 충분히 훈련시켜라. 우리를 위협하는 이들을 극복하기 위해서, 무장 병력은 잘 단련되고 규율을 갖추고 있어야 한다. 1933년의 유서, 영문 번역판

13대 달라이 라마의 염원은 결국 실현되지 못했고, 이제 갓 태어난 14대 달라이 라마 텐진 갸초의 어깨에 20세기 중반 격동의 시절이 기다리고 있었다.

공산군에 점령당하다

1949년. 중국의 지루했던 국공 내전은 공산당의 승리로 마무리되었다. 티베트는 공산당의 승리를 두려워하고 있었다. 공

산당원들은 기본적으로 무신론자였다. 국제 사회에서 독립국임을 인정받지는 못했지만 사실상 독립 상태로 발전한 티베트이기에 더욱 긴장했다. 이번 상대는 청나라 군대와는 비교도 할 수 없이 잘 훈련된 인민 해방군이었다.

1950년 모택동은 티베트를 '해방'시키겠다고 선포했다. 당시 중국은 피폐해진 상황에서도 한국 전쟁에 참전할 정도로 공산주의 혁명의 열정이 넘치는 분위기였다. 이듬해 인민 해방군은 서쪽으로 움직였다. 비록 과거보다는 규모가 커졌다고 해도 티베트의 상비군은 현대화된 무기를 가진 인민 해방군을 상대하기에는 역부족이었다. 참도에서 해방군을 저지하려던 1만 명의 군대는 막상 공격이 개시되자 뿔뿔이 흩어져 뒤로 물러났다. "잘 단련되고 규율을 갖추기"는 그렇게 쉽지 않았던 것이다.

모택동은 신중한 사람이었다. 티베트의 권력 구조를 꿰뚫고 있던 그는 한편으로는 군사적으로 압박하면서 한편으로는 계속 달라이 라마를 협상 테이블로 불러냈다. 이미 영국이나 미국도 적극적으로 개입하려 하지 않는다는 것이 증명된 지금, 티베트 당국은 더 모호한 국제 연합에 티베트의 처지를 호소했다. 그러나 이른바 '독립국들'의 연합체인 국제 연합은 티베트의 지위를 인정하지 않았다. 어쩔 수 없는 상황에서 티베트의 대표단이 협상에 나서고, 이른바 '티베트의 평화적인 해방 17 합의 17 조항(和平解放十七條協議)'이라는 협정문이 만들어진다.

"서장(西藏) 인민들이 단결하여, 제국주의 침략 세력을 서장에서 몰아내고, 인민들이 중화인민공화국의 대가족으로 돌아오기를 희망한다."라는 제1조를 필두로 시작되는 17개 조항은 상투적 문구들이 다소 들어가 있음에도 모택동의 유연한 현실주의 노선이 짙게 반영되었다. 그 핵심은 국방과 외교로 대표되는 중국의 종주권은 인정하나, 현행 티베트의 제도를 인정하겠다는 것이었다.

"중앙은 서장의 현행 행정 제도를 바꾸지 않는다. 또한 중앙은 달라이 라마의 고유 직위와 직권을 변경하지 않는다."(4조)에서, "'중국 인민 정치 협상 회의 공동 강령'이 규정한 종교 신앙의 자유 정책을 실행하고, 서장 인민의 종교 신앙과 풍속 습관을 존중하며, 라마 사원은 보호한다. 중앙은 사원의 수입(구조)을 변경하지 않는다."(7조), "중앙은 서장의 각종 개혁 사안을 강제적으로 추진하지 않는다. 서장 지역 정부가 응당 스스로 개혁을 진행하며, 인민들이 개혁을 요청할 시 서장의 지도자들과 협상하는 방법을 통해 문제를 해결할 것이다."(11조)까지, 중공 당국의 진심은 알 수 없으나 최소한 당분간 급진적인 변화를 추진하지는 않을 것이라는 느낌을 준다.

또한 6조는 "달라이 라마와 판첸 에르데니(판첸 라마)의 고유 지위와 직권은, 13대 달라이 라마와 9대 판첸 에르데니 양자가 서로 화합·공존하던 시절의 지위와 직권을 일컫는다."라고

되어 있다. 이 조항은 미묘한 해석이 필요하지만 공산당 중앙은 티베트 내부 양대 지도자의 지위와 권한에 대해서 직접 개입하지 않고, 관습적 관계를 인정하겠다는 것이었다.

협상이 조인되었을 때 달라이 라마는 어디에 있었을까? 그는 라싸를 떠나 유사시 인도로 들어갈 수 있도록 인도 국경에 가까운 야동에 있었다. 거기서 그는 협상 조인 소식을 들었다. 인도로 망명할 것인가, 조인된 협상을 인정할 것인가? 결국 그는 망명하지 않고 돌아왔다. CIA가 개입하여 강력하게 망명을 종용했으나 그는 결국 남기로 했다. 그리고 인민 해방군의 라싸 입성을 받아들였다. 나는 이 상황에서 달라이 라마의 태도를 '반쯤의 부재'라고 부르고 싶다. 비록 국경 밖으로 떠나지는 않았지만 그는 협상에 대응하지 못했다. 그는 그때의 참담함을 이렇게 회고한다.

> 의원들은 중공군이 라싸로 진격하여 언제라도 점령할지 모른다고 지적했다. 그래서 그들은 내가 수도를 벗어나야 한다고 결정했다. 나는 전혀 가고 싶지 않았다. 나는 내가 있던 곳에 머물러서 민족을 도울 수 있는 일을 하고 싶었다. 그러나 내각도 내가 가야 한다고 주장했으며 결국 나는 그 말에 따랐다.
>
> Dalai Lama, *My Land and My People* (Warner, 1997)

아무 나라도 도와주지 않았고, 힘으로 중국군을 막을 도리도 없었다. 그는 고립의 아픔을 토로한다.

> 이제 우리는 어떤 한 민족이 전혀 악의 없는 고립 속에서 살아가기엔 세상이 너무 좁아졌다는 쓰디쓴 교훈을 얻었다.

17개조 조약의 내용이 조인된 것을 보고 그가 할 수 있는 일은 없었다.

> 그 조약의 조건들을 들었을 때 그것은 말할 수 없는 충격이었다. (중략) 우리가 바라는 유일한 희망은 중국인들이 일방적이고 강압적인 조약이나마 잘 지켜주기를 바라는 것이었다.

마지막 부재

그나마 공존의 시간은 그리 오래가지 않았다. 티베트에 있는 중국인 관리들의 이른바 '혁명적 열정'은 제어하기 힘들었다. 그런대로 라싸는 협상의 상징성에 의해 유지되고 있었지만, 중국은 캄에서 공산주의적 개혁을 실시하기 시작한다. 그리고 다시 티베트에 폭풍이 불어닥친다.

1959년 달라이 라마의 인도 망명을 도운 캄 지역 게릴라 중 한 명인 쿤가 삼텐은 놀랄 만큼 솔직하게 1959년 이전 캄의 상황을 설명해 준다. 당시 캄에서 라싸까지 물건을 운반하는 유일한 수단은 당나귀와 야크였다. 그는 그때 캄에 "바퀴가 없었다."라고 진술한다. 그렇다면 캄은 달라이 라마가 착취할 수 있는 공간이 아니었다. 그는 세금 징수관들과 싸움을 벌이고, 이에는 이 눈에는 식으로 사적인 원한을 해결했다. 깊은 협곡과 고산으로 격절되어 있는 캄의 마을들은 그야말로 사원을 중심으로 한 독립적 공동체였다. 대신 그들은 문화적으로 라싸를 동경했다.

성공한 상인인 쿤가는 해방군이 라싸에 진출했을 때 바로 거기에 있었다. 그리고 그때까지의 분위기는 우호적이었다고 평한다. 그는 장사 상대로 중국인들이 정직하다고 믿고 있었으며, 중국인들에 대한 악감정도 거의 없었다. 그러나 캄에서 '개혁'이 시작되자 상황은 급변하고 말았다. 중국은 사천성 행정 구역 안에 있던 캄을 17조 합의의 대상으로 보지 않았기 때문에 개혁은 강제적이었다. 종교를 부정하는 학습, 사유 재산 부정, 새로운 행정 제도의 주입 등은 모두 현지인들의 분노를 일으켰다. 특히 대자산가들의 재산을 강제로 처분하게 한 것은 지방의 유력가들의 반감을 샀다.

곧 게릴라 운동이 펼쳐졌고, 그 핵심은 캄 지역의 상인들이었다. 그들은 한때 중국의 관원들에게 가장 우호적이었던 세력이었다. 그러나 이제는 가장 강경한 저항자가 되었다. 개혁이 캄에서 시작되었고, 또 캄은 티베트에서 가장 자유로운 지역이었기 때문이다.

게릴라 전투가 벌어지자 중국은 점점 더 강경화되었고 무수한 사원들이 무너졌다. 사원 경제에 의존하던 사람들이 터전을 잃는 것은 당연했다. 캄과 암도에서 온 피란민들이 달라이 라마를 찾아 라싸로 몰려들었다. 그들은 17조 협의를 취소하라고 소리쳤다. 1959년 3월 군중들은 달라이 라마가 머무는 노블링카 여름 궁전을 둘러쌌다. 중국인들이 그를 어떻게 할지도 모른다는 생각 때문이었다. 달라이 라마 스스로 고백했듯이 그는 인민 해방군 진영으로 가서 협상하고 싶었다. 그러나 그가 노블링카를 나서려 할 때 군중들이 막아섰다. 그는 군중의 띠로 격리되었고, 중국인들에 대한 적개심을 통제할 수 없는 상황이었다. 회고록에는 이렇게 적혀 있다.

> 나는 마치 언제 터질지 모르는 두 화산 사이에 있는 것처럼 느껴졌다.

그때 그는 아직 서른 살도 안 된 청년이었다. 그러나 군중들이 그를 막아섰다. 군중들은 티베트의 독립을 외쳤다. 청년의 괴로움은 극에 달했다. 온갖 소문들이 나돌았다. 중국군이 곧 궁을 폭격한다는 소문들이 끊임없이 들렸고, 실제로 3월 16일 중국군 진지에서 날아온 박격포판 두 발이 궁전 밖 연못에 빠졌다. 이제 떠나야 할 것인가?

> 그들에게 있어 달라이 라마의 존재는 말할 수 없이 소중한 것이었다. (중략) 만일 나의 생명이 중국인들에 의해 사라지게 된다면, 티베트의 생명 또한 끝나게 되는 것이라고 그들은 확신하고 있었다.
> 그래서 죽음을 경고하는 듯한 중공군의 포성을 들었을 때, 궁내의 모든 관리들과 궁전 주위의 모든 사람들 마음속에 떠오른 첫 번째 생각은 나의 생명을 구해야만 하며, 내가 즉시 궁전과 도시로부터 떠나야 한다는 것이었다.

그러나 어디로 갈 것인가? 그가 떠난다면 군중들의 목숨을 구할 수 있을까?

> 만일 내가 라싸를 탈출한다면 어디로 갈 것이며, 어떻게 망명처에 도착할 수 있을까? 만일 내가 간다면 중국이 우리의 성스러운 도시를 파괴하고 우리의 국

민을 대량 살상할 것인가? 또는 군중들이 내가 떠났다는 소식을 듣는다면, 그들은 해산을 하고 그럼으로써 얼마만큼의 생명을 구할 수 있을까?

"얼마만큼의 생명을 구할 수 있을까?" 이 질문이 핵심이었다. 결국 그는 떠나는 것이 그 답이라고 생각했다. 1959년 3월 17일, 캄에서 온 전사들의 호위를 받으며 그는 극비리에 노블링카를 떠난다.

그러나 그의 비원은 실현되지 못했다. 남아 있던 사람들은 학살당했다. 어떤 이들은 8만 혹은 9만이 학살당했다고 주장한다. 이 수치를 믿어야 하는가? 현재 라싸의 인구는 50만 남짓이다. 달라이 라마는 10만이 라싸가 수용할 수 있는 최대의 인구였다고 한다. 그렇다면 저 숫자는 당시 라싸의 전체 인구와 맞먹는 것이다. 얼마나 학살되었는지 모르지만 맨주먹으로 맞서는 사람들에게 총탄이 떨어졌다. 그때 달라이 라마는 이미 산을 넘고 있었다. 이것을 나는 '마지막 부재'라고 부르겠다. 사실 그가 그밖에 더 무엇을 할 수 있었을까만.

고원은 충격에 약하다. 달라이 라마 스스로 말하듯이 라싸는 중국 군대 1만을 부양하기도 힘들었다. 역대 라싸로 들어온 군대가 맞은 운명은 모두 똑같다. 점령, 식량의 부족, 그리고 퇴각이었다. 그러나 "그들은 아무것도 가지고 오지 않았으며, 모든 것이 우리의 빈약한 공급으로 충당되길 기대했다. 곡가가 갑자기 열 배로 치솟았다." 그리고 "우리의 보잘것없는 경제는 파산되었다." 달라이 라마는 모택동에게 기대를 걸고 있었다. 중국으로 초대되어 모택동을 만난 그는 담담히 기록한다.

> 내가 중국을 떠나기 전, 나는 모택동의 뛰어난 인품에 큰 감명을 받았다. (중략) 나는 또한 그가 폭력으로 티베트를 공산화하지 않으리라 믿었다. 확실히 나는 그 후 티베트에서 중국 당국이 실시한 박해에 환멸을 느꼈다. 그러나 나는 여전히 이런 압제가 모택동의 지지와 승인을 얻었다고 믿기는 어렵다는 것을 안다.

'폭동'은 결국 일어났다. 동티베트의 게릴라 투쟁이 격화되어 돌이킬 수 없는 지경이 된 원인을 그는 이렇게 말한다.

> 만약 중국인들이 티베트 사람들을 그들의 조국에 충성하는 시민으로 만들길 원했다면 그들은 분명히 그들이 시도한 일, 적어도 동부 지역에서와 같은 일은 하지 말았어야 했을 것이다. 어떤 위협이나 공포로도 티베트 사람들을 침묵시킬 수는 없다. 우리의 가

> 장 귀한 소유물인 우리의 종교를 공격하는 것은 어
> 리석은 정책이었다. 이러한 행동의 결과는 폭동을
> 확산시키고 강화시킬 뿐이었다.

 얼마 전에 달라이 라마가 티베트 망명 정부의 정치적 수장 자리를 마치겠다고 선언하고,

> 우리 불교는 정부 제도 안에서 민주주의와 같은 것
> 을 발전시키지 못했지만, 저는 개인적으로 세속적인
> 민주주의에 대해 큰 존경심을 가지고 있습니다. 달
> 라이 라마, 이윤숙 옮김, 『티베트의 자유를 위하여』(미지의코드, 2008)

 미래 티베트는 선출 권력이 맡게 될 것이라고 했을 때 신심 깊은 사람들은 이것을 지극히 우려했다. 그러나 나는 달라이 라마가 옳다고 할 것이다. 거친 현대사에서 정치 체제로서 달라이 라마 제도의 운명은 '부재' 그 자체였다. 그것은 달라이 라마 개인의 선량함이나 능력과는 관계없는 일이었다. 13대와 14대 달라이 라마가 무능해서 부재했던 것은 아니다.
 어쩌면 달라이 라마의 선언이 그 오랜 부재를 극복할지도 모르겠다. 그는 뛰어난 종교인으로 정치 지도자 이상의 일을 해낼 것이다. 2008년 4월 8일 비참한 봉기가 진압된 후에도 그는 동

포들에게 호소했다.

> 아무리 상황이 심각하더라도 비폭력을 실천하면서 이 길에서 결코 흔들리지 않아야 한다는 것을 다시 한번 호소드립니다.

그는 불살생의 화신이다. 이제 그는 날아가려 하고, 사람들을 그의 비상을 막지 말아야 할 것이다. 코끼리가 넝쿨을 짓밟듯, 전생의 업보와 낡아 버린 제도를 밟고.

6
하늘 아래 땅 위에

지옥 혹은 천국

1956년 6월 1일 리탕사가 폭파되었다. 수백 명의 승려가 학살되었고, 리탕은 거의 폐허가 되었다.

3년 전 리탕에서는 이런 이야기를 들었다. 쿤가(가명)는 다람살라를 다녀온 청년이다. 한때는 훌륭한 승려가 되고 싶었지만 이제는 예쁜 여자 친구가 있다. 그는 환속했다. 나는 그때 호쇼트 몽골 부족의 후예들을 찾아다니고 있었다. 여자 친구가 돈을 보내서 사 줬다는 극도의 저성능 지프차를 타고 산을 오르다가 쿤가가 내렸다. 그러고는 한 골짜기를 가리켰다.

"저기, 저기서 라마들이 처형당했어요. 문화 대혁명 때."

문화 대혁명 때? 정확히 그때 어떤 일이 벌어졌는지는 모르겠다. 그러나 결국 달라이 라마의 망명으로 귀결된 캄의 게릴라 작전이 리탕에서 시작했고, 거기서 수많은 승려들이 처형당했다는 것은 안다. 커다란 초원 건너편에 거의 7000미터에 육박하는 가섭봉을 거느린 고원 도시의 사원들은 포격을 받았고, 끝내 저항하던 일부는 살해당했다. 이곳에서 활동하던 게릴라 부대

'추시 강둑'의 대원들이 달라이 라마의 탈출을 도왔다. 정말 사원은 포격을 당해야 할 정도로 악마의 소굴이었을까?

8년 전 운남을 통해 처음 티베트로 들어갔을 때 이런 일을 겪었다. 때는 겨울이었다.

참도는 정말 걸인들이 어마어마하게 많았다. 물을 사이에 둔 자그마한 시가지 두 개가 전부인 이 도시에 어떻게 그렇게 많은 걸인들이 있을까? 탁발을 하는 라마들도 상당하다.

저녁에 중국 식당에 간단히 요기를 하러 갔더니 라마 한 명이 탁발을 하러 왔다. 음식은 나왔고 한창 먹던 중이었다. 그날 나는 보지 못할 것을 보았다. 그 주인이라는 자가 라마를 보더니 대뜸 발길질이다. 걷어차인 라마의 그 황당한 표정이란. 그런 모습을 보고는 더욱 모질게 찬다. 그러고는 얼굴을 들고 나를 쳐다보며 동의를 구한다.

"일을 하지 않고 밥을 먹으려 하다니, 되겠어요?"

나는 대꾸도 없이 밥숟가락을 놓고 나왔다. 저 부박한 얼굴을 더 보기는 힘들었기 때문이다. '이 겨울에 저렇게 얻어맞았으니, 몸이 상하지 않았을까?' 창망간에 일어난 일이라 끼어들지도 못했다. 식당에 손님이 없는 것을 화풀이하는 걸까? 손님이 없는 것은 그대가 만든 것이 도저히 요리라고는 할 수 없기 때문인데.

해방? 언어도단

중국인들은 언제나 티베트 침공이라는 말 대신 '해방(liberation)'이라는 말을 쓰기에, 티베트 지구에 들어가면 해방이라는 말을 귀가 닳도록 들어야 한다. 해방. 그들이 이 말의 개념을 서구의 이념에서 가져왔으니 영어식으로 해석해 본다. 해방은 어떤 속박에서 벗어나 자유(liberty)를 얻는다는 뜻이다. 남의 앞마당에서 주인을 때릴 자유, 나의 신념을 강제로 주입시킬 자유 등이라면 티베트에서 해방은 분명히 있었던 것이다. 그들이 말하는 자유가 거짓이라면, 그들이 말하는 해방도 거짓이 된다.

그러나 이데올로기는 점점 더 강고한 실체로 변한다. 남을 해방시키는 것이 침략의 이유가 될 수는 없지만 동정심을 품을 이유는 될 수 있다. 침략자가 진정한 동정심에서 침략했다고 주장하니, 동정심을 받아야 할 이들의 상태를 살펴볼 필요는 있다. 그래서 나는 몇 가지 의문을 품었지만 결국은 포기하고 말았다. 그러고는 매우 모호한 결론만 얻었다. 한쪽은 지옥이었다고 하고, 한쪽은 천당이었다고 한다. 나의 결론은 '하늘 아래 천

당도 지옥도 없다.'라는 것이다.

'해방' 전의 티베트가 지옥이었다는 중국 측의 주장을 보려면 관영 CCTV의 문화나 교육 프로그램을 틀어 놓고 소파 위에서 하루만 기다리면 된다. 분명히 그 지옥도에 대한 자세한 묘사가 생동감 있고, 다소 섬뜩한 기록물들과 함께 나올 것이다. 그리고 그 내용들에 대한 반박은 인도의 티베트 망명 정부의 홈페이지에 들어가면 충분히 볼 수 있다. 그들의 공방을 정리하면 이런 식이다.

— 농노는 자기 토지가 없으며 소작으로 비참한 생계를 이었다.
— 아니다. 침공 이전 티베트에서 가장 가난한 사람들 중의 하나였던 돈둡 초덴의 말을 들어 보라.

"우리 식구는 여섯이었다. 우리 집은 담으로 둘러싸인 2층 건물이었다. 1층에서는 동물들을 키웠다. 우리는 야크 4마리, 양과 염소 27마리, 당나귀 2마리, 그리고 0.37헥타르의 땅이 있었다. 우리는 생계를 유지하는 데 아무 문제가 없었고, 우리 지역에는 거지가 한 사람도 없었다."

— 농노들은 지주들의 학대와 억압 속에서 자유가 없는 생활을 했다.
— 아니다. 티베트의 역사에서 지주의 학대와 억압은 법으로 금

지되었다. 1909년 14대 달라이 라마는 모든 농민들이 자기에게 직접 청원할 수 있는 법을 만들었다. 티베트인들은 불교의 관점에서 사람은 물론 동물들도 학대하지 않는다.

— 티베트 농노들은 지배자의 혹독한 신체형을 감수해야 했다.
— 아니다. 티베트에서 사형은 금지되었으며, 신체형은 라싸의 중앙 정부만 행할 수 있었다. 그런 식의 형벌은 반역이나 내란 등을 저지른 경우에만 행해졌다.

— 농노들은 토지가 없었다. 그들은 가혹한 소작료에 시달렸다.
— 아니다. 모든 땅은 국가 소유였으며, 이것을 사원과 개인들에게 빌려 준 것이다. 국가는 그 대가로 이들에게서 세금을 걷었다.

— 사원은 거대 부동산을 가지고 농노들을 착취했다. 또한 상업이나 고리대로 폭리를 취했다.
— 아니다. 사원은 국가를 위한 종교적 기능을 수행했고, 특히 민중들을 위한 학교 역할을 했다. 일부 사원들은 거대한 토지를 가지고 있었지만 나머지는 개인들의 시주에 의해 운영되었다. 개인 시주로는 수많은 승려들의 생계도 해결할 수 없어서, 승려들 중 일부는 상업이나 대부업에 종사했다.

— 농노들은 지주, 사원, 국가에 의해 다중으로 착취당했다.
— 아니다. 티베트 토지의 대부분은 국가에 직접 세금을 내는 농민들의 몫이었다. 그들이 내는 세금으로 관료 체제를 운용하고, 이를 사원에 분배하고, 또 군대를 유지했다. 농부들에게 수요된 토지는 상속, 대여될 수 있었다. 인구의 매우 적은 부분만 소작농이었다. 이들은 특히 우짱 지역에 집중되어 있었다. 이들은 소유주에게 현물을 내거나 가족 중 한 명을 노동력으로 제공했다. 나머지 가족들은 완전히 자유로웠다. 그들 중 일부는 꽤 부유했다.(이상, 티베트 망명 정부 영문 발표문, 'Traditional Society and Democratic Framework for Future Tibet'의 내용에 근거해서 정리)

지옥같이 비참하지는 않았다 하더라도 티베트는 분명히 농노 사회였다고 주장하는 이들이 있다. 그 주장의 핵심은 "농노의 인신이 봉건 영주에게 속해 있으며, 그의 신분은 상속받은 것이다. 그리고 그는 달아날 수 없다."라는 것이다.(Melvyn Goldstein, "Serfdom and Mobility: An Examination of the Institution of 'Human Lease' in Traditional Tibetan Society," *Journal of Asian Studies* (1971)) 이 사실은 부인할 수 없을 것 같다. 우리는 1950년 이전의 티베트 사회를 제대로 알 길이 없다. 그래서 섬세한 관찰자들도 결론을 유보한다. 분명히 유목민들을 정부나 사원의 지배로부터 자유로웠다. 또한 캄과 암도의 농민들도 이렇다 할 지주를 섬기지 않았다. 수가 틀리면 세리들이 얻어맞았고, 사원은 일종의 작은 공장이었지 착취의 공간이랄 것이 별로 없었다. 그러나 라싸를 위시한 짱 지역이 농노 사회였음도 사실이다. 비참한 생활을 하는 이들도 많았다. 문제는 "1950년대 이전의 농노에 관한 자료는 거의 남아 있지 않다."라는 점이다.(Tom Grunfield, *The Making of Modern Tibet* (East Gate Book, 1996))

천국도 지옥도 아닌, 인간 세계

나도 좀 알고 싶었다. 논란의 대강이라도 알기 위해서는 남의 이야기를 듣는 것보다 초보적이나마 스스로 판단하는 것이 낫다. 나는 논란의 여지를 없애기 위해 비교적 통계를 내기 쉬운 암도 지구의 유목지를 대상으로 중국인들이 벌인 현장 조사를 참고해 보았다.(격륵(格勒) 편저, 『장북목민(藏北牧民)』(중국장학출판사, 2004), 115~181쪽) 책의 내용에 의거해 정리해 본다.

대체로 '해방' 전 암도 지구의 목장은 부락 단위의 공유제였다. 부락 대표자의 사유지도 있었지만 그 비율은 작았다. 그렇다면 가축으로 상황을 알 수 있다. 가축은 대체로 사유물이었다. 목장의 전체 가축들 중 사유 부분의 비율이 대체로 80퍼센트 이상이었다. 나머지는 이른바 3대 영주로 불리는 정부, 귀족, 사원의 몫이었다.

대체로 80퍼센트 이상이 사유 부분이라고 파악하면 이제 매 호의 구체적인 소유량만 파악하면 된다.

매우 가난한 것으로 평가된 흑하종(黑河宗)의 츠와루와(赤哇如瓦)

부락의 매 호당 양으로 환산한 가축의 두수는 다음과 같았다.

	호수	점유 가축 수	호당 평균
부유호	3	5,530	1,843
중간호	29	23,076	796
빈호, 극빈호	106	20,294	192
총계	138	48,900	354

쿠르망(庫爾茫) 부락의 상황은 이렇다.

	호수	점유 가축 수	호당 평균
목장주	2	6,111	3056
부유호	2	3,387	1694
나머지	123	40,992	333
총계	127	50,490	379

평균적으로 85퍼센트의 가축이 개인의 몫이라고 하자. 그리고 대부분의 목장은 부락 단위로 경영되기 때문에 거의 항구적인 사용권이 있다고 하자. 이 자료를 보면 대체로 최상위 소득자들이 최하위 소득자의 약 10배를 소유하고 있다고 볼 수 있다. 그런데 최상위 소득자의 수는 매우 적다. 이른바 3대 영주가 '착취'하는 몫은 전체의 15퍼센트 미만이다. 대단히 살 만한 사

회인가? 아니면 지옥 같은 사회인가? 그냥 오늘날보다는 좀 더 평등한, 똑같이 사람 사는 사회였다.

흑하종 17개 부락을 대상으로 한 더 광범위한 조사의 결과를 보자.

	호수	전체 호수 대비 비율(%)
1000두 이상	23	1.80
500~1000두	54	3.22
500두 이하	1590	95.40

전체 두수는 40만 3417두, 그래서 호당 평균은 214두다. 그중 자체의 가축으로는 생계를 이어갈 수 없는 극빈층이 6퍼센트였다. 이들은 고용 노동으로 보충하거나, 가족의 수를 줄여야 할 것이다.

비교적 부유하며 티베트와 청해 및 신강의 경계에 있던 도마 마을의 경우 티베트 정부와는 거의 독립적으로 생활했는데 면양을 기준으로 500마리 이상의 중간층이 80퍼센트, 6000마리에 달하는 부유층이 5퍼센트, 1만 1000마리 이상의 극상층은 4호로 1퍼센트가 되지 않았다.

감이 오지 않을 것이기 때문에 통계청의 자료로 2010년 한국의 자산 분포를 비슷한 표로 만들어 보겠다.

	1분위	2분위	3분위	4분위	5분위	6분위	7분위	8분위	9분위	10분위
점유도 (%)	0.5	0.7	1.6	2.8	4.3	6.0	8.3	11.7	17.9	47.2

자본주의 사회에서 자산의 불균형은 이 정도다. 상위 10퍼센트가 전체 자산의 50퍼센트를 차지하고 하위 50퍼센트는 전체 자산의 10퍼센트도 가지지 못한다. 미국은 이보다 더 심하고, 갓 사회주의에서 벗어난 중국도 마찬가지다.

통계가 말하는 것은 분명하다. 유목민들의 삶은 목장에 따라 결정되었다. 좋은 목장을 차지한 부락은 극소수의 매우 부유한 이들과 대다수의 부유한 이들로 나뉘고, 이들은 대부분 적극적으로 자신들의 목장을 방어하기에 유리한 먼 변경의 사람들이었다. 그러나 대부분 내지의 부락들은 극소수의 부유층과 대부분의 가난한 사람들로 구성되어 있었다. 천당도 아니고 지옥도 아니었다.

그러나 짱의 농민들은 그보다 훨씬 어려웠던 것 같다. 달라이 라마는 자신이 어렸을 때 청소부들의 도움으로 듣고 본 이야기를 담담히 들려준다.

"순수한 그들에게서 천천히 알게 되었지요. 누군가 꼭 바로잡아야 한다고 생각했습니다. 당시 섭정과 대신들은 부패하고 태만했습니다. 예를 들면 팔라라는 귀족 가문이 있었는데 그들의 땅에서 일하던 농노 하나가 팔라 가문을 고발하겠다고 찾아온 적이 있었지요. 농노가 한 이야기를 듣고 섭정실에서 벌을 내렸습니다."

"어떤 혐의였습니까?"

"한 할아버지가 며칠 동안 섭정실에 왔는데, 청소부들이 손을 써서 어떤 이야기를 하나 몰래 같이 들었습니다. 섭정실 관리들은 팔라 가문과 긴밀하게 연결되어 있었지요. 그래서 농노의 불평을 들으면서 싸움이 시작되었습니다. 참 억센 할아버지였습니다. 관리들이 권력으로 밀어붙여 할아버지가 말을 못하게 했습니다. 저는 이런 과정에서 벌어지는 부정에 대해 알게 되어서 좋았습니다. 심각한 결과를 가져올 법한 것들은 대신들이 보고하지 않았거든요. 특히 그때는 제가 힘이 없고 정권을 넘겨받기 전이라 청소부와 일반 승려들이 많은 것을 알려 주었고, 그래서 제가 세상 물정을 아는 데 도움이 많이 되었습니다." 토머스 레어드, 황정연 옮김, 『달라이 라마가 들려주는 티베트 이야기』(웅진지식하우스, 2008)

중국이 주장하듯이 유목 사회보다 농업 사회에서 하층민들의 삶은 더 고단했던 것 같다. 달라이 라마도 전통 티베트 사회의 문제들은 최소한 인식하고 있었다. 그가 추진할 개혁이 점령군에 의한 개혁보다 못하리라고 짐작할 근거는 없다. 정작 문제는 가장 형편이 나쁘다는 짱의 '농노'들이 아니라 티베트 정부의 간섭에서 비교적 자유로웠던 캄의 반농반목 지대 사람들이 '폭동'을 개시했다는 점이다. 최소한 그들은 그들의 인간 세계에 만족하고 있었다. 짱 사람들은 처음에는 공산주의 경제 개혁을 반겼다. 티베트 땅은 어마어마하게 크고 사람들의 삶도 모두 다르다.

중국에 대체적으로 협조적이었던 판첸 라마의 탄식은 더 가슴에 와 닿는다. 그는 유명한 「7만 자 탄원서」에서 "인구 120만에 1만 명이 감옥에 있는 사회는 비정상적이며, 예전에는 봉건 통치 아래 고생했지만 곡식이 부족한 적은 없었다."라고 점령 당국을 비판했다. 그는 과거 티베트인의 생활이 부유하지는 않았지만 공산군 점령 당시와 같은 지옥은 아니었다고 항변한다.

특히 유목과 농경 혼합 지대, 혹은 유목 지대에서 격렬한 반항이 일어난 것은 상대적으로 많은 사유 재산을 가지고, 상대적으로 많은 자치를 누리던 사람들이 현재에 만족하고 변화를 원하지 않았기 때문일 것이다. 하늘 아래 완전한 지옥도 완전한 천당도 없다. 그러니 '해방'이라는 말은 침략자들이 쉽사리 입에 담을 만치 가볍지는 않다.

7
라싸 일지

순박한 전사들의 거리

결론부터 말하자면 이번에 나는 다시 라싸에서 겨우 이틀 만에 추방당했다. 열심히 기록한 일지는 겨우 3일분이다.

3월 14일. 3월 14일이 라싸 봉기일이었다는 것은 여관 프런트에서야 알았다. 오늘은 2008년 라싸 봉기 3주년이다. 굳이 이 시기에 들어온 것은 고의가 아니라, 나의 무지 때문이었다. 그러나 이 기막힌 우연을 어떻게 설명할까? 뭔가 좋은 일이 생길 것 같은 조짐이다.

알아 둔 여관의 프런트에서 작은 키에 까만 피부에 눈빛만은 샛별처럼 고운 아가씨가 맞아 준다. 아마도 분명히 티베트인일 것이다.(나중에 알아보니 광서 장족(壯族)이었다.) 나는 외국인임을 밝히고 재워 달라고 했다.

짐을 두고 나와 다시 아가씨를 찾아 라싸에서 살아갈 작전을 구상했다. 그녀는 내 편이 분명하다. 눈빛만 봐도 알 수 있다.

"시가체 가는 버스 터미널은 어딘가요?"

"서교요."

"닝트리는?"

"동교요."

"당슝은?"

"어디지? 전화 걸어 볼게요. (얼마 후) 아, 동교요."

"시가체 갈 수 있을까요?"

"좀 힘들걸요."

"일단 들어가서 못 나오면 어떡하지요?"

"들어가면 나올 수 있을 거예요."

"못 들어가면 벌금도 내야 할까요?"

"아닐걸요? 아직 벌금 냈다는 사람 소식은 못 들었어요."

"닝트리는요?"

"닝트리는 더 힘들걸요."

"닝트리에서 라싸 들어오기가 아주 어렵다던데요."

"네. 검문소 있어요."

"그럼 내 짐을 여기에 두고, 못 들어가게 하면 돌아오지요. 일단 들어간 후에 다시 나올 때는 '라싸에 짐을 다 두고 나왔다. 라싸로 꼭 가야 된다.' 이렇게 말하면 되겠지요. 짐 맡겨도 되지요?"

"네. 공짜로 맡아 줄게요."

"아주 좋은 작전이지요?"

"네."

그래 그 말 '네.'가 나에게 힘을 주는구려. 그대에게 행운을. 시간이 많이 늦었다. 고원에 적응하기 위해 빨리 잠이 든다.

3월 15일. 라싸 거리를 나섰다.

3월 14일, 순박한 전사들의 날이다. 나는 그들을 지지한다. 뭔가를 얻었든 얻지 못했든. 그들이 없었다면 강한 자들은 세상에 자기 말고 사람이 하나도 없는 듯이 행동할 게 아닌가? 하지만 아니다. 한 사람의 전사가 태어나기 위해 얼마나 많은 어머니들이 울어야 했을까? 더욱 화사하게 단장된 포탈라 궁 앞에 서니 전사들 생각이 난다. 그 전사들의 이름을 부르지 않으면 포탈라 궁은 돌덩어리, 나무 덩어리에 불과하다. 오늘 이곳을 찾은 이들 중 누가 지금 그 전사를 부르고 있을까?

이렇게 엄격한 경비, 무장 경찰관들이 쫙 깔린 라싸 시내. 사람들은 오늘도 열심히 일하고 열심히 속는다. 그리고 라싸에 남은 유일한 외국인인 나는 중국인 행세를 하면서 다니고 있다.

엉뚱하게 라싸가 아니라 북경 걱정이 떠오른다. 보통 사람의 소득은 최소한 인플레이션 이상으로 오를 것이다. 그러나 그들이 가지고 있는 알량한 금융 자산은 인플레이션이 다 먹어 치울 것이다. 이것이 현재의 중국 경제의 본질이다. 얼마간 더 잘나갈 터이다. 그러나 실물 자산을 가지지 못한 사람들은 점점 더 현실이 불만스러워질 것이다. 그때 봉기는 라싸가 아니라 북경에서 시작되겠지.

봄이 올까? '강단 있는 사내들은 다 전쟁터에서 스러지고'라는 빅토르 최의 노래 가사가 귓속에 윙윙거린다. 뭔가를 걸었던 사람들은 다 넘어지고, 남은 이들은 그저 그런 나날들 속에서 패배감을 씹는다. 왕몽(王蒙)의 「봄의 소리(春之聲)」 몇 구절 한 자 한 자가 쇠꼬챙이가 되어 가슴을 찌르고 지나간다.(나중에 돌아와서 다시 그 구절을 확인해 보았다.)

> 정말 기적처럼 도저히 이해하기 어려운 일이다. 벌써 가득 찬 객차 안에 또 그렇게 많은 사람들을 집어넣을 수 있다니. 아무도 고통의 비명을 지르지 않았다.
> 한 명이 비명을 질렀다. "이 상자는 누르면 안 돼요!" 수건을 쓰고 아이를 안고 있는 아주머니 한 명이 상자 위에 앉을 수 있는지 한번 시험해 보았던 것이다.

정작 고통스러운 것은 남들이 고통스러워할 줄 모르기 때문이 아니라, 고통스러워야 할 것에 고통스러워하지 않고 그러지 않아야 할 것에 고통스러워하기 때문이다. 나는 봄의 소리를 듣

고 있나? 문득 길 가운데 서서 오른쪽에 있는 커다란 궁과 왼쪽에 서 있는 서장해방비(西藏解放碑) 둘로부터 모두 소외당한 나 자신을 발견한다.

포탈라 궁을 보면서 나의 짧은 선방 생활을 떠올린다. 저 궁은 너무 춥고 어둡다. 수련하는 집을 너무 크게 지었다. 달라이 라마가 한 고백을 읽은 적이 있다. 포탈라 궁은 너무 크고 추웠다고. 추웠을 것이다. 그곳은 이미 외피만 남은 권력이 머무는 곳이었으니까. 권력과 선(禪)이 양립할 수 있을까?

포탈라 궁은 장엄한 건물이다. 단순한 선과, 하중을 이기기 위해 가장 간단한 기하학을 써서 만든 기둥과 보. 내부 사진은 일절 찍지 못하게 한다. 건륭이 8대 달라이 라마에게 보낸 불상도 있다. 나머지 수많은 불상들을 내 머리로 기억하기는 처음부터 역부족이다. 그러나 방 한쪽을 차지하고 있는 겔룩파의 창시자 총카파 조상의 눈만은 형형하다. 아직도 할 일이 있다는 듯한 표정은 온화하기보다는 엄격하다.

미로 같은 복도를 지나간다. 어떤 이는 등에 업힌 아이에게 잔돈을 잔뜩 들려서 복도 옆의 불상 아래 틈으로 연신 끼우게 한다. 멀리서 순례 온 사람이다. 어떤 이는 아이를 업고 가면서 큰돈을 줍게 한다. 이곳에 사는 사람이다. 그것이 삶이다. 이상한 것도 없다. 그 돈이 사원으로 가든 가난한 그 어머니에게 가든 무슨 상관인가. 갓난아이는 다 잊을 것이다. 사원으로 올라와 시주 돈을 거두는 이가 있음은 누구나 다 알고 있을 터이다. 이것이 이른바 재분배다. 사원은 그런 기능을 해 왔다. 포탈라 궁도 그 정도 일은 해야지.

포탈라 궁 앞으로 서장화평해방 기념비가 보인다. 언어도단의 완성체인 돌덩어리. 썩지 않는, 가장 견고한 재료에, 가장 기이한 이데올로기를 담아, 가장 멀리 보내고 싶어 하는 권력자들이 말(言)을 죽인 흔적이다.

오후 노블링카를 걷는다. 따듯하고, 고요하고, 아늑하다. 100년이 넘은 나무들은 이곳 라싸의 지하에 풍요로운 물이 있음을 보여 준다. 그러나 오늘은 이 고요가 밉살스럽다. 1959년 3월 꼭 이맘때 바로 여기에서 사람들이 스러졌다. 그들이 지키고자 했던 달라이 라마는 떠났다. 중국식으로 지은 이 정원의 고요함은 가식적이다. 새로 칠한 회벽, 새로 놓은 지붕의 기와는 모두 천치들처럼 감정이 없다. 남은 목격자는 저 나무들밖에 없다.

다리 아래로 고니와 물고기가 함께 헤엄친다. 고니는 물고기를 먹는다. 하지만 하루에 다 먹을 수 없다. 먹지 않을 때 그 둘은 같이 논다. 고양이 두 마리가 나무 아래서 무언가를 뜯는다. 물고기일까? 저 물고기보다 더 많은 사람들이 죽었다고? 고니가 다 먹을 수 없는 저 물고기보다 많은 사람들이? 물고기와 고니가 같이 논다. 고니는 물고기를 그렇게 많이 죽일 수 없다.

저녁에 빈관에 돌아와서 고소증을 다스리고 있었다.
따르릉. 불길한 벨 소리다. 나를 찾을 사람이 없을 텐데.
"네."
"카운터입니다."
"네."
"중국어 할 수 있나요?"
"네."
"좀 내려와 주시겠습니까?"
내려가니 새까만 얼굴에 새까만 눈동자의 그 아가씨 얼굴이 먼저 눈에 들어온다. 무슨 일인지 단번에 알 수 있었다. 사장이 내게 말한다.
"공안국에서 연락이 왔어요."
"네."
"시가체 간다고요?"
"네."
"내일 아침 여기서 기다리랍니다."
"나는 내일 아침 일찍 시가체로 갈 건데요."
"뭘로?"

"버스로."

"버스는 안 돼요."

그는 여러 군데 전화를 건다. 여행 수속을 할 수 있다는 여행사를 하나 찾았다. 나와 그 여행사 사장과 통화한다.

"시가체 가는 데 비용은요?"

"가이드 하루에 160, 수속비 300, 렌트비 이틀 기준으로 2200원이에요."

"알겠습니다."

사장에게 말했다. 나는 그런 돈이 없소. 그냥 버스로 가겠소. 그러다가 못 가게 하면 돌아오지요.

방으로 돌아왔다. 공안국의 전화를 받으면 여관 주인도 공안이 되나 보다. 사람을 오라 가라 하는 폼이 심히 무례하다.

얼마 후 누가 문을 두드린다. 누군지 보지 않아도 알 수 있다.

"들어오세요."

"네. 라싸 공안국의 캉런××입니다."(잠깐 본 사람 이름이라 다 기억이 나지 않는다.)

"지금 라싸에 계실 수 없습니다."

"네, 압니다. 허가증을 내주지 않더군요."

"그것이 정책입니다."

후덕한 사람이다. 눈은 부드럽고, 검은 피부는 정감이 간다. 갑자기 넋두리를 늘어놓는다.

"어쩔 수 없습니다. 다음에 오실 때는 제가 우대를 해 드리지요. 3월에는 외국인이 여기에 있으면 안 돼요."

"저같이 별 볼 일 없는 사람도요? 그냥 사원이나 구경하는 사람인데요. 시가체로만 가게 해 주세요. 그러고 바로 떠나겠습니다."

"저도 어쩔 수 없네요. 벌써 라싸에서 하루 계셨어요. 이것도 안 되는 일이거든요."

어쩔 수 없는 것은 어쩔 수 없는 것이다. 나는 그의 어려움을 이해한다.

시가체, 그리고 얄룽창포의 대협곡은 다시 희망 사항의 목록에 넣어야 한다. 내가 다른 쪽으로 가다가 걸리면 이 후덕한 사나이가 분명히 곤욕을 치르리라. 그가 무슨 죄가 있으랴.

"북쪽으로 가는 것은 괜찮겠지요? 저는 난주에서 왔어요. 돌아가는 거지요."

"괜찮습니다."

"중간에 머무는 것도요."

"네. 괜찮아요."

"고맙습니다."

슬픈 밤이다. 고소증도 갑자기 멈춘 밤이다. 어쩔 수 없는 밤이다. 이제 곧 방 안은 영하로 내려갈 것이다. 시가체는 나를 기다렸을 것이다. 나는 할 말이 있었다. 라싸와 시가체 사이에서 벌어진 일들을 확인하고 싶었다. 그러나 나는 갈 수 없다. 내가 나중에 라싸를 편들더라도 너는 노여워하지 말라. 어차피 역사는 완전하지 않고, 나 또한 완전하지 않다.

얄룽창포야 또 오마. 언젠가 아들과 함께 올 것이다. 그리고 뗏목을 타고, 밀림을 지나, 갠지스 강까지 갈 것이다. 거대한 열대 거머리를 다리에 달고, 뗏목으로 국경을 넘을 것이다.

울지는 말자. 북쪽으로 간다. 북쪽에서 나는 물과 초원과 놀 것이다. 아무 문제도 없다. 그런 것이 삶이다. 두려운 것도 없지만 사람을 속일 수는 없겠다.

여행 계획을 세울 때 새까만 얼굴의 아가씨는 말했지.

"중국인인 줄 알 거예요."

"그렇겠죠."

그렇게 우리는 웃음을 나누었다.

지금 우리의 계획은 깨어졌다. 우리의 공모(共謀)가 깨어지면서 우리들의 작은 희망도 사라졌다.

그녀는 말했다.

"저는 경험이 별로 없어요. 라싸밖에 몰라요."

언젠가 그대와 나의 마음을 이어서, 그대의 마음을 라싸 밖으로 멀리 날려 보낼 날이 오리다. 그때까지 라싸를 잘 기억하고 계시오.

이렇게 라싸를 떠나는 것은 허무하다. 라싸의 고도에는 약간 적응이 되었다. 술을 한잔해야겠다. 여관 안에 있는 작은 카페로 들어갔다. 해남도에서 온 삼(三), 산동에서 온 한(韓), 북경에서 온 빈(彬), 난주에서 온 빈의 아내, 그리고 너무 마지막에 합류해서 정확한 이름을 모르는 친구 한 명이 다였다.

남자들은 모두 음악을 하는 사람들이다. 북경에서 온 빈은 라싸에 놀러 왔다가 주저앉았고, 난주에서 온 여인은 티베트 대학에서 영어를 가르친다. 처음 전공은 한국어였다고 한다.

카페에 들어갔을 때 빈의 아내는 울고 있었다. 나는 합석한 후 영문을 모른 채 당황하고 있었다.

"남편이 때렸어요."

남편도 어쩔 줄 모르고 있었다. 술고래(海量), 공자의 후손, 『황제내경』의 정수 등, 별 의미 없는 이야기들로 술판은 무르익었다. 나는 갓 결혼 수속을 마친, 아직 정식으로 식을 올리지는 않은 두 부부의 신혼 상담자가 되었다. 빈과 아내에게 말했다.

"때리고 맞아 가면서 유지해야 할 관계는 없을 거요."

술을 잘 못하는 빈도 독주를 마셨다. 일부러 먹었다. 응어리를 풀어라, 그 때리는 마음을 녹여라. 부부는 결국 웃었다. 빈은 한국을 방문하겠단다. 이제 쉬어야 한다. 술값은 내가 계산했다.

삼이 자기 집에서 자자고 한다. 그러면 공안 걱정할 것 없다고. 그러나 나는 이미 동으로도 서로도 가지 못하는 몸이다. 북으로 돌아갈 수밖에.

16일 아침. 라싸 외사처의 최(崔)가 왔다.
"선생께서 공식적으로 라싸에 남아 있는 최후의 1인입니다."
일등이란 좀처럼 하기 쉬운 것이 아니지. 나쁘진 않다.
"북쪽으로 가면서 공안이 계속 성가시게 굴면 어떻게 해요?"
"북쪽은 문제없어요. 돌아가는 길이니까."
"전화번호하고 이름 좀 적어 주시오. 문제 생기면 공안한테 보여 주게."

좀 기가 막혔을 것이다. 도리어 외무부 직원의 전화번호를 받아가는 사람은 많지 않았겠지. 최도 후덕한 아줌마다. 나는 그들에게 아무런 나쁜 감정이 없다. 호금도와 온가보 그 환상의 조합에게는 유감이 참 많지만. 그래 나는 갑니다. 더 멋진 곳으로.

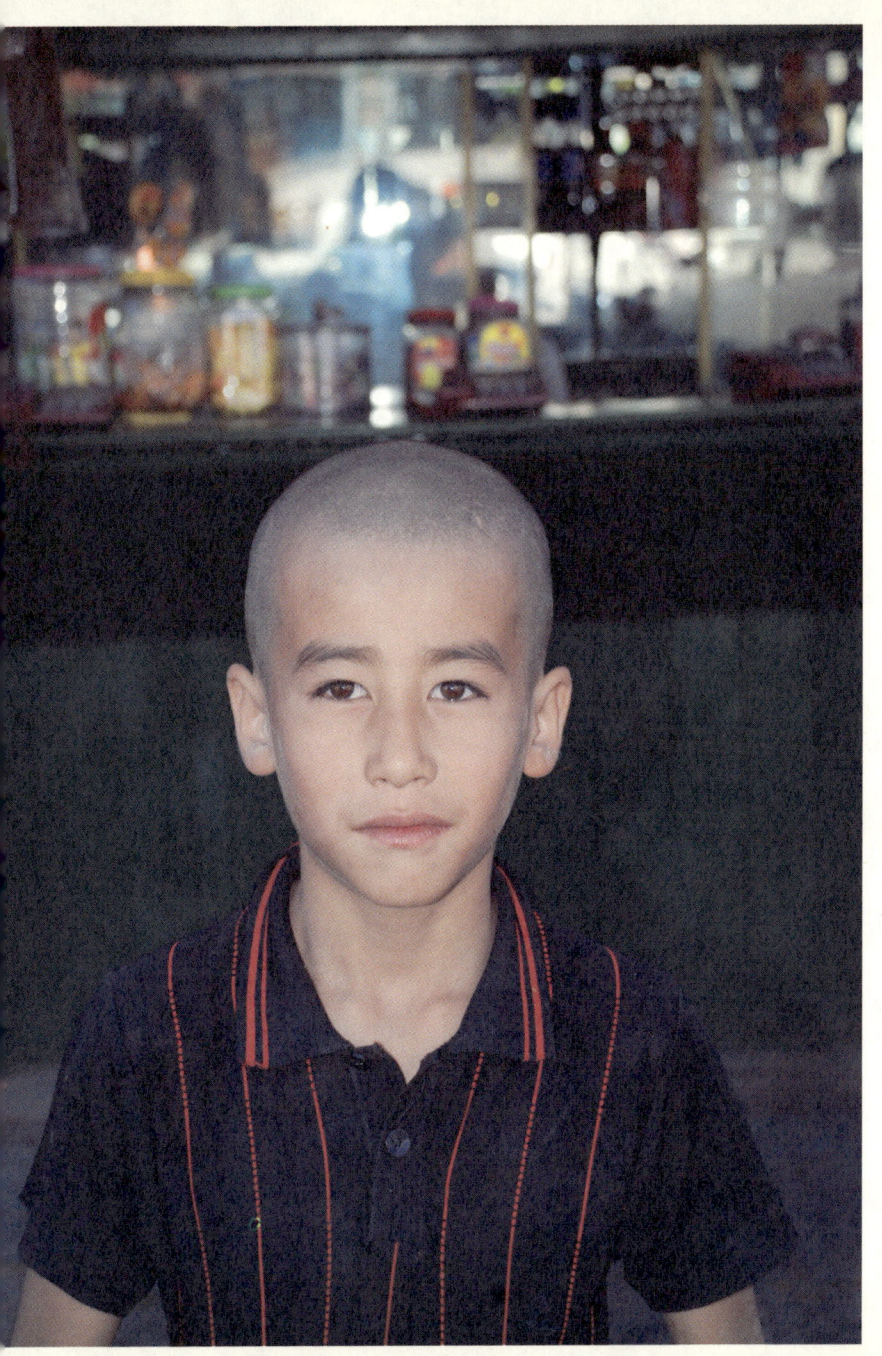

엎드리는 의미

아침 라싸를 떠나며 108배를 했다.

아침 조캉 사원은 언제나 사람들로 붐빈다. 서부는 해가 늦게 뜬다. 아마도 북경보다 두 시간은 늦게 뜰 것이다. 아침 9시쯤에 도착하면 여명과 함께 조캉 사원 앞에서 절을 하는 사람들을 볼 수 있다.

그들은 이렇게 절을 한다. 우선 두 손을 모은다. 절의 출발점이다. 그리고 무릎을 꿇고, 손을 바닥에 대고 완전히 밀어 올린다. 그러면 온몸으로 대지와 가장 넓게 접촉할 수 있다. 어떤 타인도 공격할 수 없고 어떤 공격도 방어할 수 없는 완전한 무저항, 무방비의 상태가 된다.

나는 그들의 절을 잘 모른다. 다만 그들의 절이 더 깊은 복종의 의미를 간직하고 있는 것 같다. 나의 절은 더 단순하다.

손을 모은다. 오른손과 왼손이 만나면 좌우로 온기가 전해진다. 그리고 엄지발가락만을 이용해서 무릎을 구부린다. 허리는 완전히 펴야 한다. 그리고 오른손을 왼손에서 떼어 내어 대지를 짚고, 이어서 왼손도 대지에 댄다. 방석을 깔지 않은 대지는 차갑다. 이어서 이마를 다시 땅에 댄다. 그러면 구수한 향 내음이 코를 타고 온몸으로 퍼진다. 그냥 이대로 이 땅에 엎드려 있고 싶다.

대충 30번 절을 하면 등으로 한 줄기 열기가 퍼져 나간다. 60번에 달하면 코로 약간 열기가 나온다. 90번이 되면 그동안 잘 통제하던 상념이 일어날 것이다. 그리고 100번이 넘으면 상념의 무게를 이기지 못하게 된다. 나의 절은 실패했다. 고요하지도 않고, 아름답지도 않았다.

다만 절 한 번 한 번에 내 염원을 걸었다. 절하는 사람들 옆에 서 있는 저 군경(軍警)들의 우스꽝스러운 모습이 언젠가는 사라지길.

절이란 무엇인가? 대지를 느끼는 것이다. 천천히 내려가고 용수철처럼 튀어 오른다. 반복을 통해, 육신과 마음의 한계를 느낀다. 그리고 같이 엎드리는 사람들과 함께 대지를 느낀다.

'대지에 복종하는 우리는 형제입니다.'

함께 절을 하면 이곳이 얼마나 유쾌한 공간인지 바로 느끼게 될 것이다.

절이 끝나갈 때 태양이 사원을 넘어오고 있었다. 태양의 머리를 보았다. 이 대지에 태양의 향기가 울려 퍼질 때 이 자질구레한 역사의 질곡은 끝날 것이다. 그때까지 시지프스처럼 나는 엎드리고 또 일어날 것이다.

라싸에서 본 공안들. 우리는 똑같은 사람들 속에서, 똑같은 산을 보며, 똑같은 소리를 듣고 있다. 우리는 같은 공간에 서서 비슷한 심장을 가지고 있다.

그러나 그들은 파란 하늘과, 겨우 깨어나는 대지와는 한참 어울리지 않는 차갑고 삐죽한 금속을 어깨에 걸치고 있다. 장난감 같이 유치한 것, 그러나 무서운 것. 그 쇠 부리에서 불이 뿜어 나오면 거대한 야크도 쓰러뜨리는 것.

그것을 들고 있는 계면쩍은 눈들. 어떤 사람들은 그들의 눈이 독사 같다고 한다. 그렇게 느낄 것이다. 맞는 말이다. 하지만 나에게 그들은 독사가 아니다. 이렇게 차고 건조한 곳에서 어떻게 피가 차가운 이들이 살아갈 수 있겠는가? 언제나 그들을 잡아서 길을 물어본다. 대개가 20대 초반인, 조금 피로에 지쳤지만 여전히 맑은 젊은이의 눈이다. 1980년 광주에 투입된 병사들이 악마가 아니었듯이 그들도 악마가 아니었다. 그들은 명령에 움직이는 장난감 병정, 그러나 심장에는 피가 흐르는 보통 젊은이들이었다. 1989년 천안문에 투입된 그들도 악마는 절대 아니었다. 유치하지만 잔인했던 역사가 갑자기 그들의 목에 쇠사슬을 드리웠다.

"조캉 사원으로 가려면 어떻게 해야 하나요?"

"앞으로 가서서 첫 번째 골목에서……."
 어떤 늙은이 몇몇은 미워지고 어떤 젊은이 몇몇은 안타까워지는 날들이었다.

8

티베트를
떠나며

3월 18일 당슝에서 거얼무로 가는 열차 안.

남쵸에서 심하게 나를 괴롭히던 고소는 전혀 물러날 줄 모른다. 들쑥날쑥 고도는 4000에서 5000 사이를 움직인다. 이럴 때는 쫓겨나는 것도 감사하다는 엉뚱한 생각이 든다.

21세기인 지금도 여행의 백미는 열차다. 버스는 너무 좁다. 편리하지만 장거리에는 맞지 않다. 버스 안에서 10시간 이상 있으면 왠지 닭장 속에 들어 있는 씨암탉 같은 느낌이 든다. '인간을 그런 조그마한 상자에 집어넣다니.' 비행기는 지나치게 공업적이다. '이럴 때는 이렇게 하시고, 저럴 때는 저렇게 하시고,' 구시렁구시렁을 좀 듣다 보면 날아오르고 풍경을 볼 여지도 없이 곧 내려온다. 그동안 옆에 있는 사람이 누군지 알 여유야 애초에 없다. 좀 평등하기는 해도 모든 사람에게 똑같이 '하사되는' 음식도 너무 공학적이다. 날아다니는 버스라고 할까.

열차는 다르다. 열차는 오히려 육지를 달리는 배와 비슷하다. 여행을 즐기는 사람들은 배라는 물건이 얼마나 매력적인지 알 것이다. 연근해를 오가는 배를 타는 사람들은 짐이 많은 사람들이다. 짐을 옮기는 사람들은 생활인들이고, 그들의 이야기는 모두 살아 있다. 모두 바다 위에 떠 있다는 묘한 공통점, 그리고 상대의 짐을 훔쳐 보고 싶은 은밀한 욕구. 새치가 물결을 따라 뛰어 오르면 사람들은 뭔지 모를 동질감을 느낀다. 보따리장수 아주머니의 신세 한탄을 들으며 맥주 캔을 세다 보면 날이 밝는다.

열차는 꼭 육지의 배다. 일단 화장실이 있어서 마음대로 맥주를 먹을 수 있다. 창밖으로 공짜 영화를 보면서 맥주를 한잔 즐긴다. 맥주가 아니라도 좋다. 차 한잔도 좋다. 맥주와 차가 있으면 친구가 없을 수 없다. 열차에서 누군가가, '어디 가슈?'라고 묻는다고 이상하게 생각할 사람들은 없을 것이다. 그러나 비행기에서 그렇게 물었다가는 당장 '별놈 다 보겠네. 비행장 가지 어딜 가냐?'라는 힐난 어린 눈빛이 되돌아올 테지. 버스? 그 좁아터진 공간에서 발 냄새를 공유하는 우리들에게 우정을 요구하는 건 잔인한 일 아닌가?

열차는 어김없이 정을 나누어 준다. "특급 열차 타고 싶지만 왠지 쑥스러워서" 완행열차를 타는 사람에게 완행열차는 그 자체가 시커멓고 커다란 어깨를 가진 친구다.

벤귀(邊果)와 벤마궁부(邊碼貢布)는 열차라는 쇳덩이를 살아 있

는 것으로 바꾸어 주었다. 세 번째 티베트 여행의 허탈감을 달래 준 친구들이었다.

당승에서 낙추까지 가는 길에서 티베트 여행의 본질이 그대로 드러났다. 육체적인 고통과 정신적인 고독이다. 고통과 고독이라는 녀석은 왜 항상 같이 다니는지 모르겠다. 고통이 여행자의 뒤통수를 한 대 호되게 갈기면, 갑작스레 감성을 관장하는 호르몬이 올라가면서 평소에 제일 가까운 사람의 얼굴과 함께 고독이 찾아온다. 그럴 때 알코올이라도 한 방울 들어가면, 비애, 격정, 짧은 환희 등 고독의 친구들이 동시에 달려드니 조심해야 한다. 차라리 찬물이나 한잔하면서 고통이 먼저 사라지기를 기다라는 것인 묘책이다. 한참 있으면 고독은 미적거리며 물러날 것이다.

낙추에서 나는 바로 그런 상황에 있었다. '제발 좀 아래로 내려가자.' 라싸에서 보낸 시간이 너무 짧아서 몸은 고도에 적응을 못하고 있었다. 남쵸에서 받은 일격이 결정적이었다.

그때 시커먼, 꼭 털을 면도당한 반달곰 같은 사나이 둘이 내 앞에 앉았다. 씨익 웃는다. 누런 이빨이지만 그 검은 얼굴에 대비되어 하얗게 보인다. 아, 이 웃음.

벤궈는 중국 말을 잘한다. 손에는 건강 등기 카드를 들고 있다. 이리 굴리고 저리 굴리더니 나한테 뭐라 묻는다. 아마 볼펜을 달라는 소리겠지. 좀 불명확한 티베트 친구들의 중국어 발음을 잘못 알아듣고 나는 볼펜을 건네기만 했다. 뭔가 더 요구하는 것 같았는데, 제대로 듣지 못했다.

그러더니 그분들은 몸을 돌려 뒤쪽 한족들에게 건강 등기 카드를 내민다. 이제야 발음이 잘 들린다.

"글씨 좀 써 주세요."

'아 한자를 몰랐구나.'

앞자리에서 부탁을 받은 한족 친구들은 특유의 순종주의를 드러낸다. 넓은 초원에 살고 있는 사람한테 자질구레하게 묻는다.

"구역은요? 집 번지는요?"

장족이 승객의 대부분인데 한자로 된 카드를 주는 인간이나, 대충 써도 하등 우리네의 미래에 큰 영향을 미치지 않는 시시콜콜함에 골몰하는 이들이나, 우리 서부의 사나이들로서는 영 못마땅했다. 우리의 삶은 도대체 어디까지 '등기'되어야 하는가? 보다 못해 내가 나섰다.

"내가 써 주리다."

대충 휘갈겨 썼다. 지역 '당승', 주소 '목장'. 커다란 곰 두 마리가 하얀 이를 드러낸다. 꿀을 만났을 때의 표정이 저럴까? 그 웃음에는 한자를 모른다는 부끄러움은 하나도 없다. 다만 도와주는 이에 대한 고마움은 가득 담았다. 초원에서 한자 따위가 무슨 상관이란 말인가. 벤궈의 집은 야크 30마리, 벤마의 집은

무려 60마리나 키우는 유목민 집안이었다.

나이를 물어보았다. 벤궈는 29세, 벤마는 30세다. 얼굴로는 최소한 나의 삼촌뻘인데. 그 둘은 처남 매부지간이다. 벤마의 누이가 벤궈의 아내다. 큰 눈과 오뚝한 코, 당당한 몸집. 그의 누이도 분명 아름다우리라.

그들은 서녕으로 간다. 누워 가지 않고 앉아 간다. 열차에 앉아서 밤을 새워 본 사람들은 알리라. 시큰거리는 목과 어깨를 으쓱거리며 차에서 내리면, 목적지 플랫폼에 말라붙은 가래마저도 정답다는 것을. 고원의 사나이들은 이런 것은 아무것도 아니라는 듯 태연하다. 강인하다. 그들과 대화를 나누는 중에 고소증이 서서히 사라지고 있었다.

벤궈의 자루는 그야말로 요술 주머니. 그 안에는 아마도 우리 같은 낮은 곳에 사는 백성이 약 2주일을 버틸 수 있는 열량이 들어 있다. 허리 가는 도시 여자라면 두 명이 2주일을 버틸 수 있으리라.

건강 등기 카드를 써 줬더니 '농부산천' 광천수 한 병과 껌을 나에게 안긴다. 고원에서 껌은 사교의 수단인가 보다.

"어디서 왔어요?"

"한국에서."

"한국? 형, 한국이래."

둘이 서로 마주 보며 호기심을 드러낸다.

"한국어로 '안녕하세요.' 어떻게 말해요?"

"안녕하세요."

"티베트어로 '안녕하세요.'는?"

"라미시."

대화가 된다. 초등학교 1학년 수준의 대화. 그들의 말은 사랑스럽고 고귀하다. 어린아이처럼 좌석에 무릎을 꿇고 번갈아 가며 창밖을 바라본다.

"노르!(야크다!)"

그러고는 '야크는 노르.' 하고 가르쳐 준다. 조금 있다 풍경이 바뀌고, 새로운 동물이 나타나면,

"룩!(양이다!)"

그러고는 또 '룩은 양'이라고 가르쳐 준다.

"따!(말이다!)"

"치!(개!)"

"라!(산양!)"

대화는 이런 식이다.

"한국에도 소 있어요? 얼룩이 아니면 검둥이(야크)?"

"누렁이."

우리의 대화는 어린아이의 대화다. 원래 낯선 두 종족이 만나면 그런 이야기를 해야 한다. 태곳적부터 인간은 그렇게 교류했다. 정치 이야기 따위는 쥐어 줘도 안 가져올 것이다.

우리의 대화는 띄엄띄엄 이어졌기 때문에 대각선 자리에서 떠들어 대는 소리도 다 들을 수 있다. 뱃가죽이 두꺼운 것을 매우 자랑스럽게 생각하는, 그리고 승무원에게 들키지 않고 줄담배를 피울 수 있는 특이한 재주를 가지고 있는 중국인 하나가 열심히 떠든다. 옆구리에 있는 실금 하나는 그 사람의 재산 목록 1호인가 보다.

"옛날에 여기 찔렸어."

"……."

"지금은 다 나았지."

"……."

"거기는 여자가 50원(한화 만 원)이야."

"……."

굳이 새겨들을 말이라고는 없었지만 이렇게 기록한 이유는 그의 목소리가 특이하게 컸기 때문이다. 목욕탕에서 수채화를 자랑하는 뚱보들처럼 그도 뱃가죽의 상처를 자랑하고 있었다. 찔린 건지 긁힌 건지는 아직 모르겠지만 그의 엄포는 좁은 열차 안에서는 충분히 효과를 가지고 있었다. 그리고 그는 무려 10시간을 수시로 담배 피웠지만 한 번도 발각되지 않았다. 그 기술 하나는 인정한다. 그 정도 기술이라면 초원에서 맨몸으로 태어나도 살아남을 것이다. 허풍쟁이가 무섭지는 않지만 그 적나라하게 큰 음성이 자꾸 거슬린다.

우리는 식당 칸으로 갔다. 여기서는 내가 한턱냈다. 한심한 음식에 무시무시한 가격을 자랑하는 청장 열차의 식당 칸이다. 그러나 이 식당의 교양 없음에 어울리지 않는 풍경이 하나 있다. 각 식탁마다 카네이션 생화를 한 송이씩 물컵에 꽂아 놓은 것이다. 이 계절 고원에서는 생화를 볼 수 없다. 벤궈가 꽃을 건드리면서 감탄한다.

"와, 진짜네."

속으로 생각했다. '이 인간들 진짜네.'

인간의 의식은 몸의 노예인가 보다. 요리를 시켰지만 속이 나빠서 도무지 먹을 수가 없다. 그들은 두 그릇씩 먹었다. 고원의 인간들은 위장도 강철로 된 것일까?

자리로 돌아와서 다시 한참 인고의 시간을 보내자니 고소증이 한층 더 가라앉았다. 자신감이 붙는다. 이제 나도 고원의 사나이다. 물도 먹기 싫은 끔찍한 시간이 지나자 음식이 들어가기 시작했다. 벌써 다섯 끼를 굶었으니까. 그들이 나의 몸을 위해 쏟은 정성을 나열해 본다.

우선 과자가 들어간다. '왕왕(旺旺)' 두 봉지를 내 놓는다.

"물을 많이 마셔야 돼."

농부산천 광천수 두 병이 다시 추가된다.

"저녁 먹읍시다."

'강사부' 사발면 하나에 봉지 라면 하나 더. 고원의 사나이들은 사발면에 봉지 라면을 합쳐서 먹는다. 오래전 이등병 시절에 시작하여 상병 시절에 끝내고 말았던 '사발면 두 배로 즐기기'가 아닌가? 호의는 고맙지만 사발면을 먹을 정도로 위가 안정되지는 않았다.

그리고 30분 정도가 지났을까? 쇠고기 한 근이 온다.

"노르, 쇠고기야. 많이 먹어야 돼."

살짝 익힌 후 고원의 냉기 속에 그대로 말린 육포다. 야크의 지방과 힘줄이 그대로 살아 있는 것, 초원의 정기 그 자체다. 나는 육식을 거의 하지 않는, 꽤나 철저한 채식주의자다. 그러나 그 고기를 건네는 손은 뭔가 거부할 수 없는 따듯함이 깃들어 있었다.

"반만 줘."

"그래."

소고기 반 근과의 싸움이 시작되었다. 맛은 담백하다. 아무런 첨가물도 없다. 소금도 치지 않았다. 사원에서 느끼던 버터 향이다. 오늘은 이 고원의 정기를 먹으리라. 내려가서 다시 육식을 끊더라도 오늘은 이것을 먹으리라.

소고기 반 근. 거의 나의 직간접적인 1년 치 육식을 30분 만에 끝냈다. 또 건넨다.

"너무 먹었어. 이제 못 먹어."

"가지고 가."

그러면서 자루를 들어 보인다. 앞서 말한 1주일 치 식량이다. 10킬로그램은 될 정도의 쇠고기다. 그날 그들은 각자 세 근씩은 먹은 것 같다.

창밖으로 커커시리에 눈이 내린다. 티베트 영양 몇 마리가 뛰어다닌다. 자유의 대가로 얻은 추위가 안쓰럽지 않다. 양이 눈을 즐긴다. 뛴다. 이번에는 내가 소리쳤다.

"라!(산양이다!)"

웃는다.

"라는 아니야. 영양이야."(영양을 뭐라고 했지?)

모두 웃는다.

고소증에 시달린 지가 얼마나 됐다고 벌써 맥주를 빼 들었다. 벤마와 나는 맥주를 들이켠다. 벤마가 제안한다.

"서녕까지 가자."

"신강 가야 돼. 서녕까지 가면 너무 돌아."

"전화번호는?"

전화번호를 건네자 바로 전화해 본다. 그러나 지방의 서비스로는 국제 전화가 될 리 만무하다. 내가 전화한다. 신호가 온다. 웃는다.

앞의 앞자리는 소녀 나이의 여승들과 동자승이 타고 있다. 웃는다. 라싸에서 사진을 꽤 찍었다. 주지 스님이 라싸로 여행을 보내 주었던 모양이다. 그냥 소녀처럼, 그냥 악동처럼 놀고 웃는다. 입는 것, 먹는 것, 믿는 것. 우리는 얼마나 비슷한 사람들인가?

아직도 태양은 지평선에 미련을 버리지 못하고 끈질긴 고백을 하고 있다. 드디어 태양이 내려간다. 밤이 시작된다.

사막에서 쓴 편지

벌써 스무 날 째, 타클라마칸 사막을 벗어나지 못하고 있습니다.

내가 움직일 때마다 사막의 위치가 동서남북으로 바뀌는 것 빼고는 큰 변화가 없군요. 아, 사막에 물을 보내는 산들이 바뀌는군요.

나는 사막에 흐르는 물을 보면 절을 합니다. 계속 이 물줄기들이 시작하는 곳과 사라지는 곳을 따라다니고 있습니다. 발원지로 올라가고, 다시 사막으로 내려가는 이런 여행을 하는 사람들이 많지는 않을 것 같습니다. 그러다 보면 저절로 물에다 절을 하게 됩니다.

수도 없는 생각들이 교차하지만 결국은 다 살아 있다는 사실로 귀착됩니다. 주체할 수 없는 생명력을 뿜내는 무엇이든, 이미 쇠락한 무엇이든, 비틀거리는 무엇이든 변화하는 것은 다 아름답게 느껴집니다.

"경계가 생기면서 역사가 시작되었다."라는 말은 곱씹을수록 명언입니다. 타클라마칸에서는 이른바 지적인 고민을 버리려고 노력해 봅니다. 그러나 밤에 하는 일은 습관처럼 책을 읽는 것입니다. 정말 이것은 병입니다. 지병. 지식에 대한 생각을 버리다가 남은 것이 저 말입니다. 타클라마칸하고는 관계없는 어떤 인간의 생각이 타클라마칸을 따라 도는 한 인간의 머리를 떠나지 않습니다. 참으로 인생은 모순 그 자체입니다.

거대하고 척박한 협곡 안에서 작은 생물들이 자유를 누리는 것을 봅니다. 얼음, 가시덩굴, 벌레, 도마뱀, 새가 저마다의 삶을 누리며 또 서로 경쟁하고 있습니다.

휘어진 지층을 보면 자연의 엄청난 힘을 느낍니다.

갈대에 흰 수염이 닿도록 허리를 깊이 숙여 인사하는 늙은 노인에게서 갈대처럼 높이 자란 인격을 봅니다.

한 행인이 버린 담배꽁초가 키 작은 가로수를 하나 태웁니다. 이 바싹 마른 대지에서 불은 왕입니다. 한 위구르 할머니와 나는 불을 밟고, 흙을 붓습니다. 그러나 나무는 순식간에 재가 되고 맙니다.

상류에 관개지가 많아지면서 하류의 농지는 말라갑니다. 댐이 생기면서 사막은 말라 갑니다. 그러나 다 먹고살기 위한 것입니다. 참으로 욕하기 힘든 일들입니다. 농민들은 가난하고, 사람들은 고기를 먹어야 하니까요.

박경리 선생께서 돌아가셨다는 소식을 여기서도 듣습니다. 한때 나는 『토지』의 미적지근함을 싫어했습니다. 거기에는 무언가가 빠져 있다고 생각했습니다. 그러나 나는 그 '토지'와 계속 화해해 왔다는 것을 잘 알고 있습니다. 언제 우리는 역사와 화해할 수 있을까요?

이제 정리할 시간입니다. 하나의 명제를 정리했습니다. 정말 우리는 상황에 따라 사람은 극단에 접근할 수 있다는 것을 믿어야 합니다. 그렇지 않으면 하류(下類)의 인식만 나옵니다. 경계까지 접근하지 않으면 우리는 경계를 건널 수 없습니다. 그 경계에는 무수히 많은 아픔들이 있지만, 또 무수히 많은 화해가 있음을 확인합니다.

키질 석굴의 벽화는 누가 거의 떼 갔더군요. 금으로 입힌 벽화의 가사는 누군가 다 긁어 갔습니다. 대단히 안타깝지는 않습니다. 파괴의 흔적을 통해 어떤 시대, 어떤 인간들의 인식을 볼 수 있으니까요.

석굴보다 아름다운 것은 밭입니다. 부부가 같은 밭에서 일을 하고 있네요. 각양각색의 얼굴을 한 부부들입니다. 서로 끊임없이 두런두런거립니다. 이때 민족이란 무슨 소용이 있을까요? 들판에서 민족은 의미가 사라집니다. 가끔 이렇게 의미들이 사라지는 공간에서 나는 강렬한 희망을 느낍니다. 사막에서는 많이 너그러워집니다.

언제나 맑은 미소로 거친 마음을 정화시켜 주는 아내 왕환,

여행이 지속될 수 있도록 만방으로 도와준 박찬철 형에게 고마움을 표합니다.

여행하는 인문학자
타클라마칸에서 티베트까지 걸어서 1만 2000리
한국 최초의 중국 서부 도보 여행기

1판 1쇄 펴냄 2012년 4월 20일
1판 3쇄 펴냄 2018년 1월 9일

지은이 공원국
발행인 박근섭, 박상준
펴낸곳 (주)민음사
출판등록 1966. 5. 19. 제16-490호
서울특별시 강남구 도산대로1길 62(신사동)
강남출판문화센터 5층 (우편번호 06027)
대표전화 515-2000/팩시밀리 515-2007
www.minumsa.com

ⓒ 공원국, 2012. Printed in Seoul, Korea

ISBN 978-89-374-8464-3 (13910)